SALES PROMOTION

担当になったら
知っておきたい

「販売促進」
実践講座　岩本俊幸　Iwamoto Toshiyuki

日本実業出版社

はじめに

　本書は「販売促進」を学ぶための入門書です。　「これから販売促進を担当するビジネスパーソン」「販売促進の業務に携わっているものの、もう一度基礎から見直したい実務担当者」「営業部門に所属しているが販売促進と関連があるので、イチから学びたいビジネスパーソン」「企業の販売促進部門を志望している学生」といった方々を読者として想定しています。

　販売促進の概念的な知識よりも、実践を想定した手法（販促手法）を中心に解説しているのが特徴です。

　常に手元においておくことで、実践にあたって、新しいアイデアが必要なとき、疑問が生じたときにすぐに役立てられます。

　特にこの本では、BtoC（消費者向けビジネス）の中でも「店舗ビジネス」において効果を上げられる販促手法を網羅しました。

　小売業（一般小売業、量販店）、飲食業、サロン系（理・美容室、ネイルサロン、エステサロン）、医療系（整体、カイロプラクティス、介護）、住宅業（建築、リフォーム、引越し関連）、スクール系（学習塾、スポーツクラブ、カルチャーセンター）、レジャー産業（旅館・ホテル、旅行代理店、ゴルフ場、ゴルフ練習場）、冠婚葬祭（ブライダル関連、葬儀業）、金融業（保険、証券）など、その適用範囲は幅広いといえます。

　さらに、「通販ビジネス」はもとより、BtoB（法人向けビジネス）にも役立てられることが少なくないはずです。

　ぜひ、知識を習得され、皆さんそれぞれのフィルターを通したうえで、実践に活かされることを期待しています。

　本書は、販売促進の基本をわかりやすく説明するために、３ページの図のような構成で書かれています。

　まず、販売促進とは何かの【基本】を解説します。次に、販売促進での【目標設定】【計画】【実行】の知識や技術を実践に即した内容でお伝えします。その後、販促活動の精度を上げるため【評価・改善】を解説します。販売促進の知識と技術、そしてその評価と改善を押さえたあとに、【ケー

ススタディ】で販売促進の現場の疑似体験ができるようになっています。

　販売促進の観点から押さえておくべき大切なことをお伝えしたいと思います。

　まず大前提として、「何のために販売促進をするのか？」という問いを考えてみましょう。

　一時的に売上を上げること、利益を確保することは、販売促進のやり方によっては可能なことですが、一時的ではなく「いかにビジネス・商売を長く継続していくのか？」が、私たちの常なる課題であることは改めていうまでもありません。

　そのために、多くのお客様に来店してもらい、そのお客様に何度も繰り返し来店してもらって、お店のファンになってもらう必要があることは、本書の大前提のテーマです。

　では、このように長期的に商売繁盛を続けていくために、いったいどのようなことを押さえておかなければならないのでしょうか？

①約束していることを変えない！

　当たり前のことですが、商売はうまくいっているときと、うまくいっていないときがあります。うまくいかなくなると、販売促進のやり方を変えたくなり、そこで問題が生じることが少なくありません。

　変えること自体を否定しているのではありません。「変えてもいいこと」と、「変えてはいけないこと」があります。また、うまくいっているときでも、「本当にこのまま続けても良いのだろうか？」という心の動きが、くせものになることもあります。どちらにしても、まさに“不安との戦い”なのです。

　では、変えてはいけないこととは、いったいどのようなことなのでしょうか？　それは、消費者のマインドに届けているメッセージの中で「約束していること」です。

　約束していることとは、お店や商品・サービスのコンセプトのことでもあります。これは変えてはいけません。この「約束していること」を変えるということは、いままでのお客様や消費者を無視した行為になるからです。

主 な 内 容

第1章 【基本】	●基本知識 ●活動領域と業務
第2章 【目標設定】	●目標設定の重要性に関する知識 ●顧客の階層と心理目標 ●集客ステップ
第3章 【計画】	●計画に関する知識 ●販促企画の要素 ●競合店、商圏の捉え方 ●課題やチャンスの発見 ●販促テーマ開発
第4章～第8章 【実行】	第4章 ── 販売時点での直接的な販促活動 第5章 ── 媒体による販促活動（新規顧客向け） 第6章 ── 媒体による販促活動（既存顧客向け） 第7章 ── イベントによる販促活動 第8章 ── インターネットによる販促活動
第9章 【評価・改善】	●PDCAサイクル ●効果測定 ●スタッフのモチベーションマネジメント
第10章 【ケーススタディ】	●実践的ケーススタディ

このようなことは、企業規模にかかわらず当てはまるケースをよく見かけます。不用意に、いままでの消費者、顧客のマインドに届けているメッセージを変更することは、「約束をしていること」を破る危険性を秘めていることを認識しておきたいものです。

②勝ちパターンを見出そう！

　販売促進を毎回「やりっぱなし」にしている例を見かけることがありますが、これはいけません。実施後には、必ず検証しましょう。

　当然、うまくいかないときは「何がうまくいかなかったのか？」を検証し、改善して、次の実施につなげなければなりません。

　逆にうまくいったときでも、反省をする必要があります。それは、「何がうまくいったのか？」を確認する作業です。うまくいったときは反省せずに「やりっぱなし」にしてしまうことが多いように思いますが、とてももったいないことです。なぜなら、うまくいった販売促進の施策の中には、"勝ちパターン"の要素が含まれていることがよくあるからです。

　何度か検証していくうちに、共通の勝ちパターンが見えてきます。このような勝ちパターンを見据えた販促計画は、企業利益に大きなインパクトをもたらすことはもとより、長期的に使えます。そして、コスト効果的にも大きな威力を発揮します。

　販促効果の測定方法は第9章で述べましたが、ぜひ、コツコツと仮説と検証を繰り返し、勝ちパターンを見出していきましょう。

③販売促進は万能薬（魔法の杖）ではない！

　販売促進だけで、販売上のすべての問題が解決できるわけではありません。お客様が試しに買う、来店するといった行為に至ったとしても、実際に商品・サービスのクオリティが悪ければ、どんなに緻密でインパクトのある販売促進を実施したとしても、まったく意味がありません。それどころか、むしろ逆効果になる可能性もあります。

　販売促進とは、あくまでもターゲットに向けて、購買の直接的な動機付けを行う活動にすぎません。商品・サービスをはじめ、ホスピタリティも含めた接客など、お店とそこで働くスタッフのクオリティを向上する努力

を怠るべきではありません。そのことなしには、せっかく販売促進の知識と知恵を身につけても、台無しとなってしまいます。

これらのことを念頭に置く必要があるでしょう。

なお、本書では、販売促進活動におけるコンプライアンス（法令遵守）については扱っていません。景品提供方法に関する規制、表示に関する規制、個人情報保護法などは、実施にあたって必要な知識ですので、他の書籍や資料を確認してください。

本書の執筆にあたって、合同会社オルトの秋田昌康さん、株式会社ジーニアスウェブの小園浩之さんに、多大なるご協力をいただいたことを、この場を借りて御礼申し上げます。また、弊社の榎本をはじめ、社員や多くのブレーンの方々からもご協力いただきました。ありがとうございます。そして、事例をご提供いただきました弊社クライアントさんをはじめ、ご協力いただいたみなさまに感謝します。

2017年9月　岩本俊幸

目　次

はじめに

第1章 【基本】販売促進とは何か？

基本 01	販売促進の目的とは？	12
基本 02	販売促進はマーケティング活動の一部	14
基本 03	販売促進は、なぜいま必要なのか？	16
基本 04	販売促進の活動領域	18
基本 05	販売促進の業務	20
基本 06	社内のモチベーションアップも販売促進の役割	22

第2章 【目標設定】販売促進の仕組み

目標設定 01	マインドシェアの獲得	26
目標設定 02	顧客の階層	28
目標設定 03	顧客のマインドシェアを拡大していくステップ	30
目標設定 04	顧客コミュニティと販売促進	32
目標設定 05	集客のための6つのステップ	33
目標設定 06	集客ステップ①	35
目標設定 07	集客ステップ①*	37
目標設定 08	集客ステップ②	38
目標設定 09	集客ステップ③	39
目標設定 10	集客ステップ④	40
目標設定 11	集客ステップ⑤	41
目標設定 12	課題に合った販促手法を選ぶ	42

第3章 【計画】販売促進のプランニング

| 計画 01 | 販売促進の企画立案の進め方 | 46 |
| 計画 02 | 店舗の現状を把握する | 50 |

計画 03	ターゲットの絞り込み	53
計画 04	商圏の捉え方	58
計画 05	競合店の捉え方	61
計画 06	課題やチャンスの発見	66
計画 07	顧客の購買行動を考える	69
計画 08	顧客インサイトを変える	74
計画 09	販促テーマの開発	78
計画 10	目標を意識した施策の検討	80
計画 11	販促アイデアはできるだけ広げる	82
計画 12	効果的な販促施策を選ぶ	86
計画 13	販促企画の構成要素	87
計画 14	スタッフを巻き込む販促活動	90
計画 15	販促活動と店舗ブランドの関係	92
計画 16	個人の能力に応じた役割分担	94
計画 17	販促活動を推進するマネジメント	98
計画 18	販促活動の戦略的な計画	102

第4章 【実行 —— 販促手法1】
販売時点での直接的な販促活動

販促手法1 実行 01	販売時点直接型① 試用体験手法	108
販促手法1 実行 02	商品サンプル配布	110
販促手法1 実行 03	お試し体験	112
販促手法1 実行 04	モニター制度	114
販促手法1 実行 05	デモンストレーション	116
販促手法1 実行 06	カウンセリング	118
販促手法1 実行 07	診断サービス	120
販促手法1 実行 08	販売時点直接型② 価格訴求手法	122
販促手法1 実行 09	クーポン	124
販促手法1 実行 10	キャッシュバック	128
販促手法1 実行 11	各種割引制度	130
販促手法1 実行 12	均一価格	132
販促手法1 実行 13	増量パック	134
販促手法1 実行 14	販売時点直接型③ キャンペーン手法	136
販促手法1 実行 15	オープン懸賞	138
販促手法1 実行 16	クローズド懸賞	140
販促手法1 実行 17	キャンペーンアイデア	142

販促手法1	実行18	販売時点直接型④ プレミアム手法	146
販促手法1	実行19	総付プレミアム	148
販促手法1	実行20	抽選プレミアム	150
販促手法1	実行21	販売時点直接型⑤ 制度手法	152
販促手法1	実行22	ポイント制度	154
販促手法1	実行23	メンバーシップ制度	156
販促手法1	実行24	紹介制度	158
販促手法1	実行25	下取り制度	159
販促手法1	実行26	保証制度	160
販促手法1	実行27	レンタル制度	164
販促手法1	実行28	販売時点直接型⑥ 店頭手法（イベント除く）	166
販促手法1	実行29	POP広告	168
販促手法1	実行30	接客系アプローチ	170
販促手法1	実行31	「待ち時間」の活用	174

第5章 【実行──販促手法2】 媒体による販促活動（新規顧客向け）

販促手法2	実行01	新規顧客向け・媒体活用型① 折込チラシ	178
販促手法2	実行02	新規顧客向け・媒体活用型② ポスティング	181
販促手法2	実行03	新規顧客向け・媒体活用型③ 街頭配布（ダイレクト・ハンド）	182
販促手法2	実行04	新規顧客向け・媒体活用型④ 店頭・屋内設置（テイク・ワン）	183
販促手法2	実行05	新規顧客向け・媒体活用型⑤ ダイレクトメール（DM）	184
販促手法2	実行06	新規顧客向け・媒体活用型⑥ FAXDM	186
販促手法2	実行07	新規顧客向け・媒体活用型⑦ 同封・同梱広告	188
販促手法2	実行08	新規顧客向け・媒体活用型⑧ フリーペーパー	190
販促手法2	実行09	新規顧客向け・媒体活用型⑨ 交通広告	192
販促手法2	実行10	新規顧客向け・媒体活用型⑩ 屋外広告	196

第6章 【実行──販促手法3】 媒体による販促活動（既存顧客向け）

販促手法3	実行01	「顧客情報」から「顧客リスト」へ	202
販促手法3	実行02	顧客情報の収集方法	204
販促手法3	実行03	顧客情報の活かし方	207
販促手法3	実行04	既存顧客向け・媒体活用型① 手紙	210

販促手法3	実行 05	既存顧客向け・媒体活用型② ダイレクトメール（DM）	211
販促手法3	実行 06	既存顧客向け・媒体活用型③ ニュースレター	212
販促手法3	実行 07	既存顧客向け・媒体活用型④ カタログ	214
販促手法3	実行 08	既存顧客向け・媒体活用型⑤ ｅメール（電子メール）	216

第7章

【実行 ── 販促手法4】
イベントによる販促活動

販促手法4	実行 01	イベントは、タイプ別に5つに分けられる	220
販促手法4	実行 02	店頭型イベントを成功させる7つの秘訣	226
販促手法4	実行 03	イベント終了後のアフターフォロー	230

第8章

【実行 ── 販促手法5】
インターネットによる販促活動

販促手法5	実行 01	インターネットによる販促活動とは	234
販促手法5	実行 02	インターネットによる販促活動の3要素	236
販促手法5	実行 03	アクセスの獲得	239
販促手法5	実行 04	検索連動型広告	241
販促手法5	実行 05	ディスプレイ広告	244
販促手法5	実行 06	ディスプレイ広告のターゲティング	246
販促手法5	実行 07	YDN の表示方法	248
販促手法5	実行 08	GDN の表示方法	250
販促手法5	実行 09	ソーシャルメディア広告	252
販促手法5	実行 10	Facebook 広告	254
販促手法5	実行 11	Twitter 広告	256
販促手法5	実行 12	アフィリエイト広告	258
販促手法5	実行 13	広告以外でのアクセス獲得	259
販促手法5	実行 14	ブログによる集客	260
販促手法5	実行 15	オウンドメディアによる集客	264
販促手法5	実行 16	ソーシャルメディアの運用	266
販促手法5	実行 17	ホームページの表現	270
販促手法5	実行 18	ホームページのデザイン	272
販促手法5	実行 19	ホームページのコンテンツ	276
販促手法5	実行 20	受注獲得とリピート促進	280
販促手法5	実行 21	マーケティングオートメーション	282

販促手法5 実行22	顧客とのコミュニケーション	284
販促手法5 実行23	追跡と行動分析	286
販促手法5 実行24	インターネットによる販促活動のまとめ	288

第9章 【評価・改善】 販促活動の精度を上げる

評価・改善01	PDCA サイクルの重要性	292
評価・改善02	変わる販促と変わらない販促	295
評価・改善03	定量データと定性データ	297
評価・改善04	販促活動の効果測定	299
評価・改善05	コミュニケーション効果測定	302
評価・改善06	売上効果測定	303
評価・改善07	個別媒体効果測定	304
評価・改善08	数値的な効果測定の課題	305
評価・改善09	販促活動の精度をアップ	306
評価・改善10	モチベーション・マネジメント	309

第10章 【ケーススタディ】 事例で販促活動を考えてみよう

序論	ケーススタディとワーク	314
ケーススタディ01	老舗菓子店のチャレンジ	315
ケーススタディ02	飲食店チェーンでのインナープロモーション	317
ケーススタディ03	ヘアサロンの固定客育成プログラム	319
ケーススタディ04	洋菓子店の業界イベントへの出店	321
ケーススタディ05	雑貨店の年間を通じた販促プロモーション	323

| 主な参考文献・ウェブサイト | 325 |
| 執筆協力者 | 326 |

本書は『この1冊ですべてがわかる　販促手法の基本』（2011年3月1日初版発行）の内容を最新に改めて、再構成・編集したものです。

第 1 章

基本

販売促進とは何か？

基本 01 販売促進の目的とは？

購買の直接的な動機付けを行う活動

　企業にとって、なぜ販売促進が必要なのでしょうか？　当然のことながら、企業は収益を得るために存在しています。ですから、すべての企業活動は収益に貢献することが基本になります。販売促進も、そのために実施します。

　広告は「**認知促進・イメージ形成**」が得意分野ですが、販売促進は「**購買の直接的な動機付け**」が得意分野です。そして、営業活動は「**直接販売**」が得意分野です。このような広告、販売促進、営業活動の得意分野を、企業は効果的にかつ正しく使い分けることが収益を得るために必要になります。

　新商品の発売を例にとりましょう。

　たとえば、新商品が化粧品であれば、「どのような悩みを解消する化粧品が新発売されたのか？」「自分の肌に合った化粧品なのか？」「パッケージなどの見た目は、好きになれるか？」というように、消費者にその化粧品の認知の促進とイメージを形成してもらうことが、広告の役割となります。

　キャンペーン期間を設け、その期間に消費者が化粧品を購入すると特典がもらえるなど、購買の直接的な動機付けを行うのが、販売促進の役割となります。

　そして、お店で店員が、お客様に実際に化粧品を試してもらい、直接話しかけて販売することが、営業活動となります。

　また、新聞の折込チラシなどに広告を掲載した期間と、売り場に設置するPOP広告のタイミングが合っているか（広告掲載日と販売促進の連携）、店員のお客様への対応が広告に掲載している事柄（キャンペーンや特典の内容）に合っているか、販売促進の施策に合っているか（店員や営業部門と販売促進の連携）といったことも、企業にとって必要な活動です。

広告、販売促進、営業活動がうまく連携しないと、せっかくの努力が無駄になることもあります。逆に、それぞれを連携させ、**統合的に実施していくことによって、効果を増幅させることが可能です**。その結果、企業の収益の拡大に貢献することが期待できるわけです。

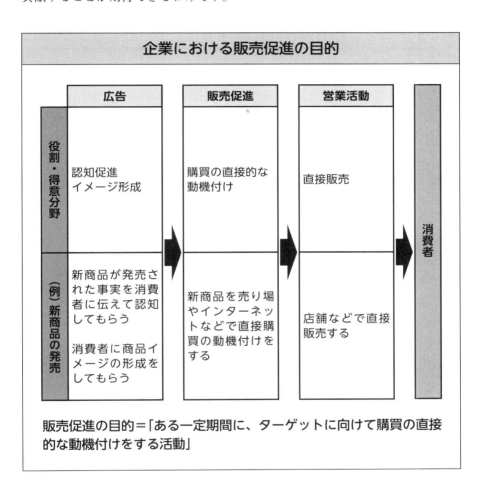

基本
02

販売促進は
マーケティング活動の一部

マーケティング活動の最終仕上げ

　現代マーケティングの第一人者として知られ、日本でも数多くの著書が翻訳されているアメリカの経営学者、フィリップ・コトラーの定義によれば、「**マーケティングとは、製品と価値を生み出して他者と交換することによって、個人や団体が必要なものや欲しいものを手に入れるために利用する社会上・経営上のプロセス**」とあります。

　一般的な商品のマーケティング活動では、ターゲット市場から期待する反応を引き出すために、さまざまなマーケティング・ツールを使います。複数のマーケティング・ツールの組み合わせを「**マーケティング・ミックス**」と呼びます。

　マーケティング・ミックスの分類は、これまでさまざまなものが提唱されてきました。最も代表的なものは、1961年にアメリカのマーケティング学者、ジェローム・マッカーシーが提唱した「製品」（Product）、「価格」（Price）、「流通（流通チャネル）」（Place）、「プロモーション（広告、販促、PR）」（Promotion）からなる「4P」という分類です。

　マーケティング・ミックスとは、マーケターがターゲット市場から期待する反応を引き出すために用いるマーケティング・ツールの組み合わせのことなので、当然、企業は事業の内容や戦略の相違によって、異なるマーケティング・ツールの組み合わせを行います。

　4Pというマーケティング・ミックスの視点は、売り手側の見方です。これに対して、1980年代、マーケティング・ミックスの新たな発想である「4C」を提唱したアメリカの広告学者が、ロバート・ラウターボーンです。

　前述の「4P」のような“プロダクトアウト”のマーケティングの概念について、買い手側の視点での「4C」という根本的な批判を行いました。これが、“マーケットイン”の発想へと転換する大きなきっかけになりました。

　ラウターボーンは、売り手は4Pを設定する前に、まず買い手の視点で4C

の検討から入るべきだと主張したのです。

4Cとは、「顧客価値（お客様にとっての価値）」、(Customer Value)、「顧客コスト（お客様にかかるコスト）」(Customer Cost)、「お客様にとっての利便性」(Convenience)、「コミュニケーション（お客様との対話）」(Communication) からなります。それぞれ、4Pに対して図のような形で対応しています。

ラウターボーンが主張しているのは、「マーケターはターゲット市場の顧客を4Cの視点で理解すれば、4Pの設定もはるかに容易になる」ということです。4Pと4Cは一つひとつ対応して考えることができます。

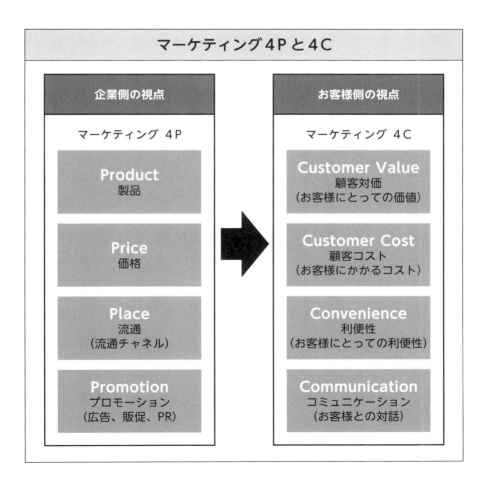

第1章／【基本】販売促進とは何か？　15

基本 03 販売促進は、なぜいま必要なのか？

マス広告の販促効果の限界

　時代が変わり、生活者の意識・行動・価値観も変わり、「買い方」も「売り方」も変わりました。「購買の直接的な動機付けをする活動」である販売促進には、ますます期待が高まっています。

　販売促進も新しい時代にふさわしいものに変わらなければなりません。実際に販売促進において、どのような環境変化が起きているのか見ていきましょう。

不況かつ飽和で、モノが売れない

　商品の販売環境は大変厳しい状況にあります。簡単には売れない時代です。それは現代が、モノに満ち溢れた飽和時代・成熟時代にあるからだということを理解しなければなりません。

　高度成長期やバブル経済の時代に、日本は成長をつづけました。商品をつくれば売れた時代です。販売活動にあまり力を入れなくても、商品は自然に売れたのです。ところが、**やがて成熟期という、商品が飽和し、つくっても売れない時代に入りました。一方、生活者は豊かな時代の中でものを見る確かな目を身に付け、商品を選ぶ目が厳しくなっています。**

　このようなことから、企業は売るための知恵が必要になり、いかに消費者の購買欲求を刺激するかに力を入れなくてはならなくなったのです。

価格訴求の限界

　いまは「安い」のは当たり前で、「安くていいモノ」でないと競合に勝てない時代になってきています。単なる価格対策だけでは商品は売れません。

　このことは商品企画力が、販売効果を上げるための大きなインパクトになっていることの表れでもあります。しかし現在、新商品は次から次へと世に出ており、中長期的に取り扱われる商品はごく一部で、他はすぐに撤退せざるを得

16

ない大変厳しい状況となっています。ですから、**商品企画力以外で、販売効果にインパクトを与えられる方法が必要**となってきています。

　小売店が企画力のある商品をメーカーから仕入れ、取り扱い、それなりの陳列を考えただけでも、一時的に売上を伸ばすことはあるかもしれません。しかし、それだけでは弱いでしょう。**優れた「キャンペーンアイデア」を考え、さらには繰り返し購入してもらうための施策を実践**しなければ、価格競争に巻き込まれることはもとより、中長期的に発展できるとはいえません。

マス広告による効果の限界

　企業が出稿する広告媒体の中で、「**４マス媒体**」といわれるテレビ、新聞、雑誌、ラジオは、ここ数年、広告媒体としての取り扱いが軒並み減ってきています。これは、それぞれの広告の効果が落ちてきていることはもとより、長引く不況で企業が費用対効果を強く求め、そもそも効果を測定しにくい媒体として敬遠するようになったからでしょう。

　かつてマス広告の役割は、商品・サービスのイメージを訴求することが中心的でした。そして、店頭での販売促進は、テレビ CM の商品・サービスのイメージを想起させ、販売につなげることでした。

　しかし、**現在は単純に商品・サービスのイメージを訴求することだけに、企業は広告予算をかけられなくなってきています。このことからも、販売促進による直接的な購買の動機付けが必要**となってきているのです。

新メディアへの対応

　インターネットが各家庭に普及していることはいうまでもありませんが、いまや「スマートフォン」も普及し、これまでのマスメディアの役割が変わりつつあります。いわゆる**１対多数への高い費用をかけたアプローチから、より限定された対象への低コストでのアプローチが可能**になったのです。

　また、ソーシャルメディア（YouTube、Twitter、Facebook、LINE など）の登場は、インターネット上の新しいコミュニケーションを形成しました。

　このように、いままで以上に新しい手法を学び、時代にマッチした販売促進の施策に取り組むことが、企業には求められています。

第 1 章／【基本】販売促進とは何か？　　17

基本 04 販売促進の活動領域

販売促進には5種類ある

　販売促進は"守備範囲"が広く、その活動がカバーしている領域はさまざまです。その領域（販促手法）は、主に次の5つです。具体的に見ていきましょう。

　なお、「4マス媒体」のテレビ、新聞、雑誌、ラジオについては、販売促進ではなくマス広告の領域となるので、ここでは扱いません。

① 販売時点直接型　　　　　　　　　　　　　　　　⇒ 第4章参照

　販売促進が最も本領を発揮する領域が、「販売時点直接型」です。たとえば、消費者に商品サンプルを配り、その商品を実際に試してもらうことによって（試用体験）、購入を決断してもらうことです。または、消費者に試しに買ってもらいやすくするために、割引チケットなどを配布することもそうです。つまり、**「いま、その商品を買ってもらう」**動機付けを担います。

② 媒体活用型（新規顧客向け）　　　　　　　　　　⇒ 第5章参照

　マス媒体であるテレビ、新聞、雑誌、ラジオではなく、**新聞折込広告チラシ**や **DM（ダイレクトメール）**など、ターゲット層・配布エリアを絞り、限定した範囲で購買の直接的な動機付けをするのが、「媒体活用型」の領域となります。しかし、「マス」といわれている媒体でも、たとえばローカルテレビや、地方紙、ローカルラジオなども、購買の直接的な動機付けができるのであれば、販売促進の活動領域といっても良いでしょう。

　また、チラシといっても、**ポスティングチラシ、街頭・店頭配布チラシ、店頭・屋内設置チラシ、商品同梱・会報誌同封チラシ**など、さまざまです。

　その他、地域密着型の店舗ビジネスでは、**フリーペーパー（クーポン付き情報誌）、交通広告、屋外広告**などの活用が代表的です。

③ 媒体活用型（既存顧客向け） ⇒ 第6章参照

　既存顧客に媒体を活用して、購買の動機付けのためのアプローチを行う領域です。

　一度でも購入した顧客に DM を送る際は、事前に氏名、住所などを取得しておくことが必要です。E メールでアプローチをする際は、メールアドレスを取得しておく必要があります。

　このアプローチは、通販ビジネスであれば、再度の購入を促すことであり、店舗ビジネスであれば、再来店を促すことがその目的となります。

④ イベント活用型 ⇒ 第7章参照

　文字どおり、イベントを活用した販売促進の領域です。新規顧客、既存顧客のどちらにも活用することができます。

　PR 的な意味合いから、イベント自体の認知を通じて、地域に対して話題の拡散を狙うことや、企業や商品・サービスの認知を広げることにも貢献できます。まずはイベントに集客することがポイントとなります。業種によってさまざまな切り口があるでしょうが、楽しく、盛り上がるイベントを企画したいものです。

　イベント活用型の領域での販売促進は、購買の直接的な動機付けだけを目的にするのではなく、むしろ**認知や話題拡散を目的に**することに向いています。

⑤ インターネット活用型 ⇒ 第8章参照

　インターネットを活用する領域は、通販ビジネスでは欠かせないものです。店舗ビジネスでも、他の領域と連動して実施することが求められます。

　単純に、自社・自店のサイトのアクセスを増やすだけにとどまらず、そこからどのように販売につなげていくのかを考えなければなりません。

　販売に直接つなげるためには、メールマガジンを発行したり、ブログを活用したりなど、アクセスしてきたターゲットに継続的にコンタクトがとれるように工夫することが必要です。

　「販売時点直接型」「媒体活用型（新規顧客向け）」「媒体活用型（既存顧客向け）」「イベント活用型」「インターネット活用型」の詳細は、改めて第4章〜第8章で解説します。

第1章／【基本】販売促進とは何か？　19

基本 05 販売促進の業務

営業・販売と販売促進の違いと補完

　マーケティングの理論では、販売促進は「広義」と「狭義」に分けられます。**狭義の販売促進**は、広告と営業活動を補完し、両者を調整して効果的にする販売諸活動ということになります。しかし実際には、明確に業務範囲を分けている例はほとんどないでしょう。

　現実の販売促進の業務は、次の4つのケースに分けられます。

① 営業・販売を直接支援する業務

　狭義の販売促進では、この領域だけを扱う場合もあります。購買の直接的な動機付けをする活動として、実店舗の場合であれば、販売員が売りやすくするためにキャンペーンや POP 広告、その他の販促媒体を通じて、営業・販売を直接支援します。

② 広告による市場開拓業務

　商品や店舗自体について、マス媒体を中心に、消費者に認知してもらうとともに、消費者に**認知促進・イメージ形成**をしてもらい、市場を開拓します。

③ マーケティング全般を補う業務

　商品開発、価格、流通、プロモーション全般を判断しやすいように、あらゆる調査や分析を基に、企業側から「売る」という営業・販売の領域以外で、「**売れる仕組み**」をつくることを補完します。

④ 製品開発、商品企画への提案業務

　「どのような製品を開発すると売上に貢献するのか？」「どのような商品企画を立案すると購買につながるのか？」を、③の業務を通じて、製品開発、商品

企画部門に提案します。

　小さな会社・お店の場合は、1人もしくは少人数のチームで販売員を支援するどころか、自身が販売員になり、さらには製品開発、商品企画を立てながら「売れる仕組み」をつくるなど、すべてを担うことも少なくありません。
　販売促進は、企業規模、業種、業態の実態に合わせて、最も効果的な体制や方法をとる必要があります。
　販売促進は、営業や販売を補完するものとして出発した歴史から、営業に従属するものと思われている面が少なくありません。逆に、営業や販売にアドバイスする立場にもあるので、販売促進がこれらの部署の上位にあると思われている面もあります。
　売上を上げる目的は同じでも、両者の役割は下の図のように分かれます。
　営業・販売の役割は、顧客や見込客に対して直接、商品・サービスを売ることにあります。しかし、販売促進の役割は、原則的には商品・サービスを直接、顧客に売ることではありません。売る当事者である**営業・販売とは一定の距離を置いて、営業や販売がより多く売ることができるように工夫する**ことが、販売促進の仕事といえるでしょう。
　売る当事者の営業・販売の担当者にとっては、「売り方」が中心の課題です。しかし**販売促進の場合、売り方は「売れる仕組みづくり」の一部**といってもいいでしょう。

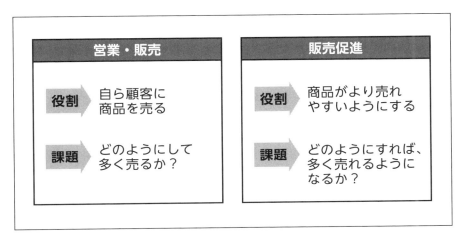

第 1 章／【基本】販売促進とは何か？

基本
06

社内のモチベーションアップも販売促進の役割

社内の理解とやる気を醸成するのも仕事

　当たり前のことですが、販売促進の対象は、顧客であるエンドユーザーです。商品・サービスを販売するためには、そのターゲット層に商品・サービスを認知してもらわなければなりません。

　しかし、素晴らしい広告を積極的に展開することによって、社会的に話題になり、目立つキャンペーンによって多くの人々に認知されるようになっても、必ずしも商品・サービスが多く売れるわけではありません。その要因はいろいろと考えられますが、**多い例として、ターゲット層に届ける商品・サービスの訴求ポイントと、そのためのメッセージの乖離、販促媒体の選択ミスが挙げられます。**

　たとえば、若い女性をターゲットにしているにもかかわらず、新聞折込広告チラシをメイン媒体にして訴求するという失敗です。そもそも、若い女性は新聞を読まなくなっています。いくら大量に新聞折込広告チラシを配布しても、若い女性には届きません。

　また、社内での情報共有がうまくいっていないことにより、**販売促進に含まれる媒体上でのメッセージと、実際に店頭や店舗内で対応するスタッフの接客が異なっていると、顧客はそのことに"ギャップ"を感じます。**最悪の場合、失望して、二度と来店しない場合もあります。

　たとえば、お店で一番拡販したい商品を決めたとしましょう。その商品の特徴をあらゆる販促媒体で訴求しておいたにもかかわらず、店のスタッフにしっかりと伝わっていなかった場合はどうなるでしょう？　お客様はせっかくその商品のことが気になって来店しているのに、スタッフが他の商品をすすめたり、その商品の詳細が説明できなかったりして、機会損失をするといった例は少なくありません。

このような失敗が起きないように、自社の営業・販売・接客スタッフをはじめ、あらゆる社内スタッフへのコミュニケーションを密にしなければなりません。社内に理解されない、または伝わらない販促活動は、失敗する確率が高いといってもいいです。さらに、販売促進担当者は、**関わるスタッフ全員が当事者として「たくさん売ろう！」という気になる企画やコミュニケーションを積極的に**つくることも重要です。

　期間的に余裕をもった販促企画を立てて、数値目標や、各スタッフの役割分担も明確にし、何度かミーティングを重ね、意識合わせをすることです。場合によっては、**数値目標を達成したときのインセンティブを与えるなど、社内への動機付けを積極的に**行いたいものです。

　奨励金や大入り袋を渡すなど、わずかなものでも「売り手」の売る気づくりに良い影響を及ぼすことができるでしょう。このような「売り手」に対しての影響も、販売促進担当者の重要な役割です。

第2章

目標設定

販売促進の仕組み

目標設定
01 マインドシェアの獲得

マインドシェアとは何か？

　「マインドシェア」とは、一人ひとりのお客様の自社・自店に対する想いのシェアのことをいいます。購買の直接的な動機付けをする販売促進の観点から考えると、**市場のシェアである「マーケットシェア」を得ることよりも、お客様の心の中でのシェアである「マインドシェア」を得ることのほうが重要です。**

　ひと口にお客様といっても、販売促進では、自社・自店との関係の深さにより、さまざまな種類に分けられます。

　このお客様の種類を、**顧客の階層とターゲットへの心理目標**別に見ると、次ページの図のようになります。

　この図は、お店のことをまったく知らない状態から、気になりはじめて、その後少しずつ気に入り、ファンになるまでのお客様の心理の過程を表しています。つまり、上にいくにつれ、お客様のお店に対する想いが心の中で大きくなっていくのです。

　販売促進の観点から考えると、新しい顧客を広く増やしながらも、顧客との取引の密度を高めていかなければなりません。

　この図でいうと、「**各階層のパイ（人数）をいかに増やすか？**」「**各階層の顧客（マインドシェア）をいかに上へ昇華させるか？**」の両方を満たしていく必要があります。この２つの課題を解決することが、販売促進のゴール（目的）となります。

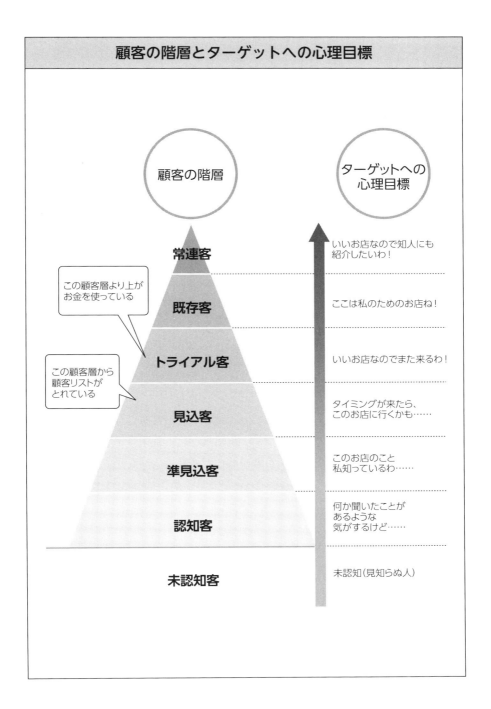

第 2 章／【目標設定】販売促進の仕組み

02 目標設定

顧客の階層

未認知客から常連客まで

　具体的に見ていきましょう。マインドシェアの考え方は、次のように説明できます。

　たとえば、居酒屋や美容室など、あなたが常連客になっているお店を思い浮かべてください。

　おそらく常連客になる前は、そのお店の名前を聞いても、どんなお店かわからなかったでしょう。これが顧客の階層の一番下、「**未認知客**」にあたります。

　次に、知人や友人にお店の評判を聞いて良さそうだと感じたら、試しに入ってみるでしょう。これが「**トライアル客**」です。

　実際にサービスなどを体験し、満足度が高かったので、再び足を運ぶようになるのが「**既存客**」です。その後気づいたら、「**常連客**」になっていた、というような流れではないでしょうか？

　このようにマインドシェアを広げていくことで、お客様は一番上の顧客の階層である常連客に昇華していくのです。**一足飛びに、常連客まで駆け上がることは不可能です。いくつかの段階を踏むことが必要になります。**

　流れとしては、まず、見知らぬ人「**未認知客**」が、「何か聞いたことがあるような気がするけど……」という「**認知客**」に上がり、「このお店のこと私知っているわ……」という「**準見込客**」を経て、「タイミングが来たら、このお店に行くかも……」という「**見込客**」に上がるというわけです。

　最終目標は、マインドシェアが最も拡大した「**常連客**」です。**一番上の顧客の階層である常連客が、「いいお店なので知人にも紹介したいわ！」というロコミの発信源となっていきます。**

　お店にお客様が共感できるところがあるからこそ、常連客になり、友人、知人、家族にも紹介したくなるわけです。

ところが、常連客は必ずしも口コミを広げてくれるとは限りません。自分にとって良いお店は、他の人に教えたくないと思う人も少なからずいるからです。
　たとえば、やっと見つけた隠れ家的なコンセプトをもつイタリアンレストランがあったとしましょう。自分のひいきのお店に大勢の人が来店することに対して抵抗がありませんか？　隠れ家的なコンセプトだからこそ、自分以外の人にあまり知られたくないのです。
　このようなことは、他の業態や違うコンセプトのお店でもよくあります。なぜなら顧客には、「良いものは独り占めしたくなる心理」が働くからです。
　このことから考えると、**顧客の心を満たすマインドシェアの現実的な目標は、「常連客」の階層ではなく、「ここは私のためのお店ね！」という「既存客」の階層になるでしょう。**

目標設定 03 顧客のマインドシェアを拡大していくステップ

お客様が共感できるコンセプトをつくる

　お客様はなぜ、お店のファンになったのでしょうか？　そして、口コミをしてくれるのでしょうか？

　前述のように、お客様に「ここは私のためのお店ね！」という心理状態になってもらうためには、私たちは何をしたら良いのでしょうか？

　販売促進の観点から、重要な対策上のポイントは次の2つです。

【ポイント1】お客様に「何に対して共感してもらいたいのか？」を決める
【ポイント2】「ポイント1」で共感を得たお客様のコミュニティをつくる

　まず、お客様がお店のファンになった理由から考えてみます。これは【ポイント1】と関連しています。

　あなたのお店がイタリアンレストランだとしましょう。似たようなお店はいくらでもあるはずです。その中から選んでもらえるということは、あなたのお店に、商品の良さや価格だけでなく、**お客様に喜んでもらうための独自の取り組み**があり、それにお客様が共感したという側面があったと考えられます。つまり、**「共感できることがあった→ファンになる」という流れ**が見えてきます。

　【ポイント1】のお客様に「何に対して共感してもらいたいのか？」の答えが、**顧客のマインドシェアを拡大していくために重要な、会社やお店のコンセプト**となります。

　このコンセプトが、次ページの図の中心にあるものです。

　このコンセプトを核として、新しい顧客に口コミで広がっていき、顧客コミュニティをつくることになります。つまり、「ポイント1→ポイント2」となるわけです。

　まず、「**ステップ①　新規来店促進**」として、顧客は、お店の看板やチラシ

30

などを見て、初回来店します。次に、「**ステップ②　リピート客来店促進**」で、再来店します。さらに、「**ステップ③　常連客育成促進**」で、何度も来店します。最後に、「**ステップ④　紹介促進**」で、その常連客に友人、知人、家族を紹介してもらい、新しい顧客が来店します。このように**コンセプトを中心に、ぐるぐる回っていきます**。

「**ステップ①　新規来店促進**」で、いきなり来店しない場合もあります。たとえば、お店のサイトを見た顧客が「何か良さそうなお店らしい」と感じて、資料請求や問合せをしたり、メールマガジンに登録したりすることがそうです。その顧客に対して、「**ステップ①*　見込客獲得**」のアプローチによって実際に来店してもらうことが、**2ステップのアプローチ**となります。

見込客を通り越して、いきなり来店する場合が、**1ステップのアプローチ**となります。

また、一度もしくは何度か来店しても、何らかの理由でしばらく来店しないお客様も多いでしょう。そのような場合は、「**ステップ⑤　休眠客掘り起こし**」によって、再来店してもらうアプローチが必要になることもあります。

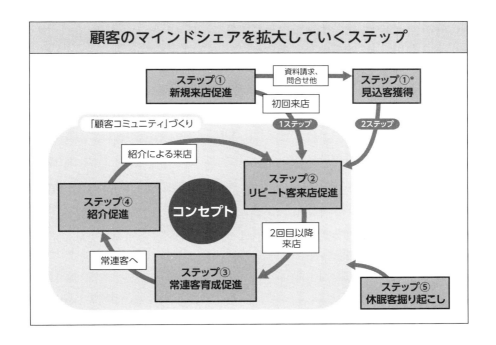

04 目標設定

顧客コミュニティと販売促進

共感を軸につながる「ゆるやかな顧客の連帯感」

「顧客コミュニティ」をつくることが大切ということは前述のとおりなのですが、そもそも、「コミュニティ」とは何なのでしょうか？　辞書をひくと、「共同体」などと出てきます。しかし、**本書での定義は、「共感を軸につながるゆるやかな顧客の連帯感」**とします。

では、コミュニティをつくるために、お客様をどう成長させていけば良いのでしょうか？

まず、コンセプトに共感してもらい、お客様に何度も来店してもらうために、**コンセプトに合ったメッセージを定期的に発信**します。そして、コンセプトに合った**特別な交流の場としてイベントなどを開催**します。このお店とお客様、さらにお客様同士のゆるやかな連帯感を築いていくことが大切です。

また、コンセプトは軸なので常に変わりませんが、**販売促進策は、お客様のマインドシェアの浸透度による階層ごとに異なります**。それぞれ適切な対応を行うことで、費用対効果も高くなっていきます。

既存顧客には既存顧客向けのアプローチとしての販売促進策があります。この場合、新規顧客向けのチラシをつくるよりも、**お礼のメッセージ（サンキューレターなど）を送るほうが効果的**でしょう。

もちろん、新規顧客にも新規顧客向けのアプローチとしての販売促進があります。新規顧客に既存顧客向けの DM を配布しても、費用が多大にかかり、コスト対効果は悪くなります。

目標設定 05 集客のための6つのステップ

新規来店促進から休眠客掘り起こしまで

　顧客の階層ごとに異なる集客ステップについて見ていきましょう。それぞれの集客ステップを理解することは重要です。次ページの図を理解したうえで、「どこに力を入れるのか？」「どのような優先順位で、販売促進をしていくのか？」などを考えて、実行に移してほしいと思います。図に挙げた集客ステップは次のとおりです。

1 新規顧客、トライアル客を集める（集客ステップ①）
　未認知客、または認知客に対しての販売促進策を実施します。

2 見込客をトライアル客になるよう促す（集客ステップ①*）
　ステップ①ですぐに来店や購買につながらなかった顧客に対して、販売促進策を実施します。ただし、「顧客リスト」（202p参照）を取得していないと実施できません。

3 トライアル客をリピート客になるよう促す（集客ステップ②）
　初回来店した顧客に対し、再来店してもらうための販売促進策を実施します。

4 トライアル客、リピート客を常連客に育てる（集客ステップ③）
　初回来店、または何度か来店している顧客を、常連客にするための販売促進策を実施します。

5 紹介を促進する（集客ステップ④）
　何度か来店している顧客や常連客から、友人、知人、家族を紹介してもらうための販売促進策、または口コミを誘発するための販売促進策を実施します。

6 休眠客を掘り起こす（集客ステップ⑤）
　一度、もしくは何度か来店しているが、何らかの理由でしばらく来店していない顧客に対し、もう一度来店してもらうための販売促進策を実施します。

第2章／【目標設定】販売促進の仕組み　33

ここで一つ大切なことがあります。新規顧客、トライアル客を集めるステップ①は、最もコストがかかり、むずかしいステップだということです。ですから、できるだけその他のステップ（②〜⑤）に力を入れたいものです。コストはもとより、あなたやあなたのお店のスタッフの時間、エネルギー、知恵を、お客様に何度もリピートしてもらうことに使ってほしいと思います。

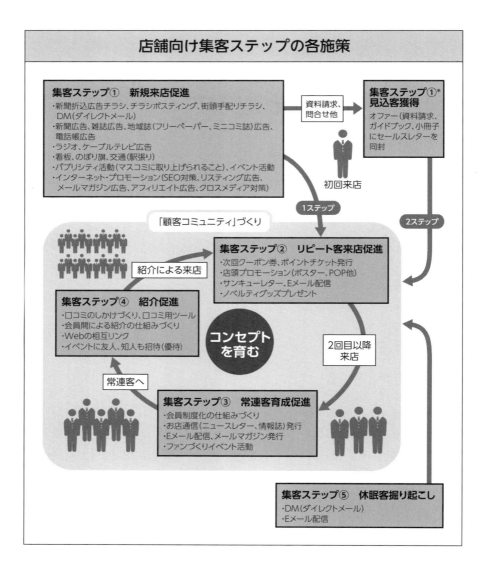

目標設定

06 集客ステップ①

新規来店の促進

販売時点直接型	
①試用体験手法	商品サンプリングを配布して購入促進を図る手法
②価格訴求手法	価格政策による工夫で購入促進を図る手法
③キャンペーン手法	抽選によって景品を進呈し、景品の魅力で購入促進を図る手法
④プレミアム手法	特典やおまけによって購入促進を図る手法
⑤制度手法	ポイント制度やメンバーシップ制度など、制度をつくって販売をバックアップする仕組み（手法）
⑥店頭手法	「POP」を代表とする、何かしらのツールを用いて店頭で通行人に告知する手法

媒体活用型	
①新聞折込広告チラシ	宅配される新聞に挟み込んで配布する媒体
②ポスティング	個人宅の郵便ポストや新聞受けに投函する媒体
③街頭配布（ダイレクト・ハンド）	人通りの多い街頭や駅前、また繁華街などで、地域周辺の住民、通勤者に向けて手渡しで配布する媒体
④店頭・屋内設置（テイク・ワン）	スーパーやレストランなど、各店舗のレジ横などに簡易パンフレットや小型のチラシを設置して、持ち帰ってもらう媒体
⑤ダイレクトメール（DM）	郵便・宅配・電子メールなどで、直接相手にメッセージを伝える媒体
⑥FAXDM	FAXで送るダイレクトメール
⑦同梱・同封広告	特定の会員や顧客に発送している「会員誌」「通販カタログ」「請求書」などに、チラシを同封・同梱し、他社ルートを活用して"相乗り"という形で封入する媒体
⑧フリーペーパー	無料で特定の読者層に配布する媒体（広告収入をもとに定期的に制作される）
⑨交通広告	鉄道、バス、タクシー、飛行機などの移動性のある車両の内外、駅、空港などの施設内、構内、敷地内を利用して掲出する媒体
⑩屋外広告	街を通行する歩行者やドライバーといった幅広い対象に実施する、屋外にある媒体

第 2 章／【目標設定】販売促進の仕組み　　35

イベント活用型

①セールス型イベント	直接販売につなげることが目的のイベント。デモンストレーション販売、販促キャラバン、展示販売がある
②認知促進型イベント	新商品やサービスのキャンペーンや既存ブランドの認知拡大を図ることが目的のイベント。パフォーマンス・イベント、パブリシティ・イベントがある
③社会貢献型イベント	文化貢献のためや、環境問題に対応するなど、社会貢献がコンセプトのイベント
④商談型イベント	実際にキャンペーン対象の商品を見てもらったり、サービスを体験してもらいながら商談を速やかに進めるためのイベント
⑤店頭型イベント	経営資源が少ない中小企業や個店の場合でも対応できるイベント

インターネット活用型

■ 広告を使ったアクセスの獲得

（1）検索連動型広告
（2）ディスプレイ広告
（3）ソーシャルメディア広告
（4）アフィリエイト広告

■ 広告以外でのアクセスの獲得

（1）ブログ
（2）オウンドメディア（企業が管理するチャネル）
（3）ソーシャルメディア

目標設定
07 集客ステップ①*

見込客の獲得

　業種や取り扱う商品・サービスによって、いきなり来店してもらうというアプローチがむずかしい場合があります。

　たとえば、小売店、飲食店、ヘアサロンでは「良さそうなお店なので、試しに行ってみよう」という顧客の心理も働きやすいでしょう。しかし、エステサロン、リフォーム店、工務店などは高額ですし、住宅業、葬儀業などは購買頻度がそもそも低いので、気軽に商品・サービスを試してみようという顧客の心理は働きづらいといえます。

　では、このような業種は、どのようにアプローチしたら良いのでしょうか？

　一つの答えは、**商品やお店を少しでも意識している人に「欲しい」と手を挙**げてもらうことです。

　「少しでも意識している人」とは、27pの図の階層でいうと、まだ「見込客」とはいえません。「準見込客」に入るでしょう。

　この準見込客を見つけ出す方法として、「オファー」といわれている資料請求、ガイドブック、小冊子を準備することが挙げられます（**オファーを準備する**）。

　オファーとは、「顧客リスト」を獲得するためのものです。この顧客リストに対し、その後、定期的に手紙などを使って、購買意欲が高まるまでアプローチを続けることが必要です。

第 2 章／【目標設定】販売促進の仕組み　37

目標設定
08 集客ステップ②

リピート客の来店促進

　お店にはじめて来店するお客様を、「**お試し客**」「**トライアル客**」と称することがあります。

　このような初回来店のお客様と、2回目に来店したお客様を比較すると、お店に対する関係や信頼度に大きな差があることに注意しましょう。

　あくまでも初回来店のお客様は「このお店は、私に合うお店なのだろうか？」と、試しに来ているにすぎません。しかし、このお試し客に2回目も来店してもらえれば、その後何度もリピートしてもらえる可能性がぐんと高くなります。

　ですから、お試し客がリピートせずに失客した場合は、「**なぜ、一度は来店してもらえたのに、2回目は来店してくれないのか？**」に注目して、次の対策を考えなければなりません。

　お客様が再来店しない理由として、お店側が提供する商品・サービス、そして接客の品質が良くないことが挙げられます。

　販売促進の観点からも、せっかくお試しをしてもらえる状態までこぎつけたお客様ですから、必ずリピートしてもらえるようにアプローチをおろそかにしないようにしたいところです。

目標設定 09 集客ステップ③

常連客の育成促進

「常連客」は、マインドシェアがかなり拡大していて、お店の魅力も熟知しています。**彼らの声は"第三者的"で、お店の想いを代弁してくれます。**

常連客を活用すれば、紹介促進によって、新規来店促進にもつながります。代表的なものとして、次のような販売促進策（販促媒体）があります。

常連客育成促進のための販促媒体	
①手紙	売り込むことではなく、あくまでも購入や入金してもらった時の「お礼状」としての役割が必要。年賀状や暑中見舞い、または季節のお便りも、お客様との接触がある美容室、エステサロン、ブティックなどの業種にとっては欠かせないアプローチ
②ダイレクトメール（DM）	ハガキや封書を直接郵送する方法。個人に直接アプローチできる
③ニュースレター	自社発行の「手づくり新聞」のようなもの。「お店通信」「情報誌」「会報誌」「瓦版」などと、呼び方はさまざま。内容は役に立ち、親しまれる情報が中心になる。DMと違って、継続的に出しても顧客に警戒心をもたれないという利点がある
④カタログ	商品の特性や機能、スペックなどの基本情報を的確に表現し、説明するためのもの。顧客のライフスタイルの提案も行える
⑤Eメール（電子メール）	パソコンや携帯電話などに、電子メールを送信するもの。既存客へのアプローチ方法として主役になっている
⑥メンバーシップ制度	定期的に会報やメールマガジンなどを発行し、年に数回のイベントや展示会などを実施。入会金、年会費がかかる場合とかからない場合があるが、割引特典会員として登録し、ポイント制度を展開する場合も少なくない。一定期間に自宅などに商品を届ける定期宅配制度も、メンバーシップ制度を応用した手法といえる
⑦ファンづくりイベント活動	ゲームや抽選に参加することはもとより、お得な買い物ができたり、食べる、見る、体験するなど参加してもらうことに注力し、「楽しかった」「おいしかった」「もらって得した」などの有形無形のメリットを参加者に与えるような、ファンづくりを目的としたイベント

第 2 章／【目標設定】販売促進の仕組み　39

目標設定	
10	# 集客ステップ④

紹介の促進

　紹介促進は、良い商品・サービスであれば、口コミなどが起こりやすい方法といえます。

　一般的には、「紹介制度」（158p 参照）を採用して、紹介した人と紹介された人の両方に何かしらの特典を贈呈します。「紹介カード」などによって、紹介者を増やすという方法です。その他にも、次のような紹介促進が可能です。

紹介促進の方法	
①口コミ用ツール	カタログなどの資料を請求すると、割引やプレゼント特典などクーポンが進呈されるツール。いつでも友人、知人に渡せるように、比較的小さめのサイズが望まれる。渡した本人にも商品のお試し券・金券がある場合や、化粧品などは、単純に口コミしたくなるように化粧品サンプルを添付するなど、方法はさまざま
②口コミのしかけづくり	お店やサービス、商品にキャラクターを用いるときに、こだわりなどを語ることができるストーリーをつくってあげることも方法の一つ。それをPOPやセールストーク、mixiやTwitterに代表されるソーシャルメディアなどで積極的に展開することも、口コミのしかけづくりになる
③イベントに友人、知人を招待(優待)	友人、知人の招待(優待)は、ファンづくりのイベント活動において、お店の存在を知ってもらえ、お店や商品・サービスへの感想をもらいやすいことからも、有効な方法の一つ。既存顧客に送っているニュースレターやDMなどに、イベントのチケット(招待券や優待券)を複数枚入れることで、紹介促進が起きる例は少なくない

目標設定

11 集客ステップ⑤

休眠客の掘り起こし

「**休眠客**」とは、見込客より上の顧客リストを取得できている階層を指します。何らかの理由で一定期間、来店もしくは購買していない顧客のことです。

ここにアプローチしていない場合は、ぜひ最初に、このステップを実施してみてください。

休眠客は、お店のことを一度は認知していますから、もう一度思い起こしてもらうことによって、常連客になる可能性を秘めています。この休眠客の数が多いほど、常連客になり得る顧客の数は増えます。

ただし、休眠客へのアプローチを始める前に、考えておきたいことがあります。「一度、来店したにもかかわらず、それがなぜ継続しないのか？」を分析しなければなりません。

次の5点が予想できます。

1. 商品の品質に満足しなかった
2. 店の雰囲気が悪かった
3. 接客対応が悪かった
4. 単にあなたの店のことを忘れている
5. 引っ越しをしているなど、その他の要因

5．はどうしようもありません。しかし、1．2．3．は対策が立てられます。まずどこに原因があり、「**なぜ休眠客になっているのか？**」を分析したうえで、その対策として休眠客に DM を送りましょう。そこを考えないでアプローチしても、**無駄になってしまいます。**

何の考えもなく、単に「店に来てください！！」と投げかけても結果につなげることはむずかしいでしょう。

第 2 章／【目標設定】販売促進の仕組み　41

目標設定
12　課題に合った販促手法を選ぶ

売上は「客数×客単価×購買頻度」で決まる

　どのような商売、ビジネスでも、売上は「**客数 ×客単価 ×購買頻度**」によって決まります。

　したがって、客数、客単価、購買頻度がそれぞれアップすれば、売上もアップするわけです。

　客数とは、顧客数のことで、**客単価**とは、来店した顧客が購買した１人あたりの平均金額のことです。

　購買頻度とは、一定期間内で顧客が商品やサービスを購入する頻度のことをいいます。

　「客数 ×客単価 ×購買頻度」として考えたときに、それぞれ 10％ずつ UP したとしたらどうなるでしょうか？　[1.1 × 1.1 × 1.1 = 1.331]となり、約33％の売上が伸びることになります。

　客数、客単価、購買頻度の３つのうち、どこを伸ばしていくのか？　それとも全体を少しずつ伸ばすのか？　会社、お店の課題を明らかにして、販売促進策を検討していかなければなりません。

　第１章で述べたように、販売促進の活動がカバーしている領域は広く、多様になっています。

　その活動領域は、「**販売時点直接型**」「**媒体活用型（新規顧客向け）**」「**媒体活用型（既存顧客向け）**」「**イベント活用型**」「**インターネット活用型**」に分けられます。

　そこで、販売促進の活動領域ごとに、客数、客単価、購買頻度のどの課題解決に影響を与えることができるか、を次ページの図に整理しておきます。

　ぜひ、選択の目安にしてください。

42

それぞれの販促手法が何に影響を与えるか

			客数UP	客単価UP	購買頻度UP
販売時点直接型（第4章）	試用体験手法 →108p		◎	△	△
	価格訴求手法 →122p		◎		△
	キャンペーン手法 →136p	オープン懸賞	◎		
		クローズド懸賞	◎	△	○
	プレミアム手法 →146p		○	○	○
	制度手法 →152p		△	○	◎
	店頭手法 →166p		△	◎	○
媒体活用型	新規顧客向け（第5章）（新規顧客獲得型）		◎		
	既存顧客向け（第6章）（既存顧客関係強化型）		◎	○	◎
イベント活用型（第7章）			◎	○	○
インターネット活用型（第8章）			◎	○	◎

※◎は非常に効果あり　○印は効果あり　△印はやや効果あり

第3章

計画

販売促進のプランニング

計画 01 販売促進の企画立案の進め方

マーケティング手法を活用して効果的な販売促進を目指す

　この章では、販売促進の企画を考えるステップとそのポイントを解説していきましょう。すでに前章でお伝えした考え方や設定した目標を前提に、販売促進の企画立案を進めていきます。

企画立案するために必要な2つのアプローチ

　販売促進を計画するには、2つのアプローチがあります。

　まずは、「**マーケティング的アプローチ**」。

　販売促進は、経営戦略を実現させるうえで重要な要素の一つです。特に店舗では、来店促進や購買時の最後のひと押し、トライアルからリピート、さらに固定客へと育成する仕組みとして機能するなど、とても重要な役割を果たします。また、店舗で提供するサービスと密着しており、より具体的な店舗イメージを形づくることを促し、ブランドの構築にもつながります。

　そのため、このアプローチでは、**経営戦略を実現させる一つの手法として販促活動を位置付けることを常に意識する必要があります**。つまり、基本的なマーケティング手法を活用して、「**誰に向けて**」「**何をするために**」「**どのタイミングで**」「**どの場所で**」「**どのようにすべきなのか**」を論理的にリンクさせて考えていくことが大切です。そして、店舗や商圏、顧客の状況の把握から課題を見つけ出して、その課題を解決するのに適した施策を選んでいきます。

　もう一つは、「**クリエイティブ的アプローチ**」です。

　販売促進は、顧客に対するインセンティブやさまざまなサービスを提供する仕組みであり、顧客と直接的にコミュニケーションできる施策なので、クリエイティブ性が重要となるからです。アイデア先行型のほうが面白く、インパクトがあって話題となるケースが少なくありません。**顧客にいかに「お店に行ってみたいと思わせるか」「お店で楽しくワクワクさせることができるか」「お店**

に対してどのような印象を持たせるか」「またお店に来たいと思わせるか」などを解決するにあたって、**理屈より直感的で感覚的なクリエイティブ視点でのアプローチ**のほうが、共感を生み出して顧客に受け入れられることも多いからです。

しかし、販売促進の計画は"処方箋"を書くことでもあります。先に述べたように、販売促進は経営戦略を実現するための施策となるので、その実施には課題を解決して常に結果や成果を出すことが求められます。そのため、より効果的な展開を目指すために、**たとえ画期的で面白いアイデアからスタートするクリエイティブ的アプローチであっても、マーケティング手法を組み込むこと**が必須となります。クリエイティブ手法で"ひらめいた"施策をそのまま実施するのではなく、**店舗の状況にマッチしているか、どのような効果が期待できるのか、どの課題に対応できるかを検討しながら、アイデアを調整し軌道修正**していくことが必要となります。

企画立案を進めるための基本的な流れ

マーケティング的アプローチとクリエイティブ的アプローチでは、計画する手順こそ異なりますが、最終的に考えるべき要素が同じです。そこで、企画立案の流れを、マーケティング的アプローチの基本的な手順で解説していきます。

マーケティング的アプローチは、背景を把握したうえで、どのように対応すべきかを検討し、それを具体化するための部品を集めて組み立てていく作業です。そのため、**「どういう効果を期待するのか」「どの課題を解決したいのか」**を考えたうえで、効果的な手法を選択していきます。

企画立案にあたって、準備段階として最初に行うべきステップは「**現状の把握**」です。その内容は大きく３つ要素があります。

第１に、既存顧客のプロフィールや購買パターン、購買行動などを把握する「顧客分析」。第２に、商圏の設定から始まり商圏内の市場規模やその将来性、その地域での特性などを把握する「商圏分析」。第３に、競合店の洗い出しと競合店の特性、競合店の良い点悪い点などを把握する「競合店分析」です。この３つの分析を行い、店舗単位の特性として現状を把握していきます。日頃からこの３つの視点（「顧客分析」「商圏分析」「競合店分析」）で店舗の状況や環境の情報を収集して、正確にそして的確に認識できていれば、それを整理する

第 3 章／【計画】販売促進のプランニング　　47

だけで大丈夫です。

次に行うのは「**課題発見**」。そのために再度、周辺情報の収集を行います。周辺情報とは、社会・時代の変化、競合や業界全体の変化、顧客のライフスタイルや価値観の変化などについての情報です。その中から、現状の把握に基づいて店舗の優位となる点、不利になる点を洗い出し、解決しておきたい課題を見つけ出す作業です。

次の「**解決策の検討**」は、販促テーマの開発を行い、それに基づいて顧客のインサイトを変えることで解決できないか、顧客マインドシェアの拡大ステップで設定した目標を意識した施策とは何か、企画アイデア会議などを開いて、できるだけ多くのアイデアを集め、その中から最適案を見つけ出していく作業となります。

「**企画フレーム作成**」は、あらかじめ販促企画に必要な要素が決まっていますから、決まった順に枠を埋めていく形で進めていきます。企画立案した販促企画はテーマや内容が顧客のニーズや課題に合致するかだけでなく、スムーズに展開するには体制づくりが重要となってきます。そのため役割分担や推進マネジメントをどのように行うのかも事前に検討しておく必要があります。「**実施体制の構築**」も企画立案の重要なステップといえます。

そして計画した内容に従って「**実施**」していきますが、"やりっぱなし"ではなく、より効果的で効率的なプランに修正していく必要がありますので、そのためには「**評価と改善**」のステップも必要となってくるわけです。

しかし、販売促進を企画検討する際に、常にこのフローに収まるとは限りません。企画を考えるうえでの条件の設定によっては、この流れにあてはまらないケースもあります。

基本的なフローとしては、最初にマーケティング的アプローチで絞り込んだフレームの中で、効果的なクリエイティブを検討する手順となります。現実的にはむしろ同時進行で進めることが多く、先に述べたようにクリエイティブ先行型もあります。また、マーケティング的アプローチであっても、最初から最後まで1方向で進めるだけではありません。途中から入って最終的にすべての項目での整合性を整える流れになることもあります。それでもまったく問題ありません。**要は、販促企画の中にそれぞれの要素をとりまとめた1つのストーリーができていれば良いのです。**

販売促進の企画立案のフロー

Step ①　現状の把握
- 店舗の現状を把握する（SWOT 分析）
- ターゲットの絞り込み
- 商圏を決める
- 競合店を決める（5F 分析）

Step ②　課題発見
- 外部環境を考える（PEST 分析）
- 内部環境を考える
- 顧客の購買行動を考える（AIDMA など）
- 顧客インサイトを考える（ラダリング法）

Step ③　解決策の検討
- 販促テーマの検討
- 目標を意識した施策の検討
- 販促アイデアをブレストする
- 効果的な販促施策を選ぶ

Step ④　企画フレーム作成
- 販促企画の構成要素を埋める

Step ⑤　実施体制の構築
- スタッフを巻き込み販促活動
- 販促活動で店舗ブランドの構築を狙う
- 個人の能力に応じた役割分担
- 販促活動を推進するマネジメント

Step ⑥　実施
⇒第4章〜第8章【実行】を参照のこと

Step ⑦　評価と改善
⇒第9章【評価・改善】を参照のこと

（右側ループ：効果的・効率的なプランに修正）

第 3 章／【計画】販売促進のプランニング　49

計画
02

店舗の現状を把握する

計画する下準備として幅広く正確に店舗の現状を把握しておこう

　販売促進を計画するうえで最初に必要となるのが、店舗の現状分析。店舗の現状を正確に把握することから始めましょう。この時には、「こうあるべき」という理想や「こうなりたい」という願望は一切入れずに、現状を正直に正確に把握することが重要です。

どれだけ店舗の現状を把握できているかをチェックしよう

　まず店舗の現状を把握する前に、どのくらい把握できているか、自己チェックしてみましょう。次の質問で店舗の現状を、迷わずに答えることはできますか。

①あなたの店舗ではどういう商品・サービスを提供していますか？

②その中での売れ筋の商品・サービスは何ですか？

③それは売りたい商品・サービスですか？　違う場合は、売りたい商品・サービスは何ですか？

④あなたの店舗の顧客はどんな人ですか？

⑤その顧客はあなたの店舗に何を求めて来店していますか？　または、どのような購買行動をしていますか？

⑥あなたの店舗の商圏はどのエリアですか？

⑦あなたの店舗の競合店としてどこを考えていますか？

⑧顧客に対してどういうメリットを提供できていますか？

⑨競合店と比べて劣っている点（もしくは顧客にそう認識されている点）がありますか？

⑩以上の質問に正確に的確に答えられていると確信をもてますか？

　すべての質問に答えることはできたでしょうか。自店舗のことはわかってい

るようで、普段はさほど意識していないため、自信をもって断言できないものです。また、願望や謙遜から、意外と実際と外れていることも多いものです。実は、これらの質問は、販促企画を考えるうえでのベースとなります。

もし質問⑩の答えが「No」の場合は、販売促進を考える前に次の準備を行うことをおすすめします。質問①～③の答えに詰まってしまった場合は、商品分析を行って商品の売れ行きや商品の動きを把握する必要があります。質問④、⑤があいまいな場合は顧客分析を、質問⑥は市場・商圏分析、質問⑦～⑨は競合分析をしたうえで、店舗の課題と訴求ポイントをつくり上げていく必要があります。より正確さや公平さを求める場合は、顧客調査や商圏調査、競合店調査などを行い、データ収集することも必要です。

これらの作業で、前述の質問に正確に的確に答えられるように準備してください。ここで取り違えると、"処方箋"である販促企画の効果を最大限に活用することが期待できなくなるので注意が必要です。

店舗の現状の洗い出しを行うコツ

また、店舗の現状を把握するということは、店舗の課題や、強み・弱みを明確にすることでもあります。さらに、店舗のもつ経営資産（ヒト・モノ・カネ・情報）を洗い出して、販促企画を立案する際に活用していくことも重要となります。

店舗の現状を整理するマーケティング手法で有名なのは「SWOT分析」です。しかし、慣れていないとなかなかむずかしく、取りこぼしたり、過剰期待と慣習化で自社のことが見えなくなったり、いつも同じ結論に至る堂々巡りになったりすることも多く、課題や糸口が見つからないものです。

それを回避するには、予断を加えず「システマティックに」、取りこぼしないように「複数の視点で」リストアップしていき、それをSWOT分析の枠組みに落とし込んで整理することが効果的です。

それにはまず、**自社にとってのプラス要素とマイナス要素をリストアップしていく作業を、自社・顧客・競合の3つの視点で行います。**

さらに、**ヒト・モノ・カネ・情報の4つの経営資産別**に、各組織部門別に見てみる、製品・価格・プロモーション・チャネルのマーケティングの4P別に考えてみる、社会や時代背景・業界動向・顧客動向などのマーケティング環境

別に検討してみる、時系列で捉えてみるなど、**複数の異なる視点でこの作業を繰り返してください。**

ご存じのとおり、SWOT分析の枠組みは、左右にプラス要素、マイナス要素を並べ、上下に内部要因、外部要因を並べたものなので、出てきたプラス要素とマイナス要素を、それぞれ内部要因と外部要因に分類すれば、システマティックに枠組みに収めることができます。

現状の洗い出し作業を行っていくと、新しく追加された項目、何度もマイナス要素に挙がる項目、複数の視点で挙がる項目、参加した多くのメンバーがリストアップしている項目などが見えてきます。**洗い出して出てきたすべての項目中でも、これらの項目に注意してチェックしてみましょう。店舗の課題や強み・弱みを絞り込む際に参考になるはずです。**

AD分析 ⇒ SWOT分析

(1) プラス要素とマイナス要素のリストアップ（AD分析）

アドバンテージ	ディスアドバンテージ
できること 得意なこと 競合より勝ること 社会的に追い風なこと	できないこと 苦手なこと 競合より劣ること 社会的に逆風なこと
プラス要素	**マイナス要素**

異なる視点
- 経営資源別
- 組織部門別
- 4P別
- マーケティング環境別
- 時系列別

(2) SWOT分析

	プラス要素	マイナス要素
内部要因	●創業○年でこの地域では老舗の広告代理店 ●地元でのネットワークは充実 ●地元在住の社員100% ●ネット技術のある人材・部署もある ●現代の社長は、東京の広告代理店で勤務したことがある2代目で、事業拡大に意欲が高い	●地元の媒体中心で展開 ●地元には競合が数社あるが、差がなく同様のサービスを展開している ●全国での展開は提携先を通じて実施できるが、利益率が低くなる
外部要因	●地域からのお取り寄せが定着 ●テレビ番組で紹介された影響で、観光客が増加傾向にある ●地元発ブランド配信に成功事例があり、全国展開したい地元企業も多い	●地元経済は停滞気味で、地元住民の消費志向は低い ●どこの観光地でもやっているような商品しかない

52

計画 03 ターゲットの絞り込み

ターゲットをいかに明確化にできるかが販促企画のカギ

　販促企画を効果的に展開するには、最初にターゲットを絞り込む必要性があります。販売促進は"処方箋"なので、効果を高めるためには誰に向けて行うかを明確にして、それをベースに課題や対応策を検討する必要があるからです。

　販促企画を計画する際に最も重要な判断材料になるのは「顧客」。「**どの顧客にアプローチできるのか**」「**顧客にどのような行動を促すことができるのか**」など、**顧客を軸に検討していくことがポイントとなります**。そのため、最初にターゲットを設定してターゲットのニーズやウォンツを考えていきます。したがって、最初にターゲットを設定して、そのターゲットの望むベネフィットや信頼感・満足感の醸成を考えたうえで、差別化の要素を絞り込み、対象の商品・サービスを設定して施策や体制を考える流れになります。

　ターゲットを絞り込むというと、対象の範囲が狭くなり商圏が小さくなってしまうのではないか、売上が限られてしまうのではないかと懸念する方も多いでしょう。しかし、ターゲットの絞り込みは、そこにしか効かない販促企画を計画することではありません。むしろ、**目標や課題を明確にすることができ、店舗と差別化する方向性を発見しやすくなるので、結果として販売促進の効果を高めることにつながります**。また、絞り込んだターゲットだけでなく、同じ価値観をもつ周辺の顧客にも波及効果が期待できます。そのため、ターゲットの絞り込みは戦略的に行う必要があるのです。

　ターゲットの絞り込みには、売上から見た既存顧客から行うケースと、戦略的に考えて今後来て欲しい顧客で絞り込むなど、いくつかの進め方があります。単に属性で対象の範囲を限定するというより、絞り込むことによってターゲットをより明確にして、効果的な販促企画をつくり上げることを目指していきましょう。そのためには、**顧客の特性を明確にすることができる顧客調査や顧客分析**が有効です。

第 3 章／【計画】販売促進のプランニング　53

ポイント①：パレートの法則に基づいて行うターゲットの絞り込み

　よく知られているマーケティング理論の一つに「パレートの法則」があります。これは「顧客の2割が売上全体の8割を構成している」という考え方です。最近では情報源の多様化や購入先の選択肢の増加によって、2割の顧客ではなく3割、8割の売上ではなく6割など、法則の影響はやや緩くなる傾向が見られますが、それでも少ない顧客が多くの売上を構築するには違いありません。

　そこで、その考え方に基づき店舗の"上"顧客を明らかにすることで、ターゲットの絞り込みができます。具体的には、顧客の購買データを分析して、「**顧客のボリュームゾーン**」「**来店頻度**」「**1回の購入金額**」「**年間の購入金額（売上貢献度）**」などの視点で、店舗の売上8割を占めるであろう"上"顧客を絞り込んでいく手法です。購買データが手に入らない場合は、店頭で顧客アンケートなどの顧客調査を行い、購買パターンを把握することをおすすめします。

ポイント②：デモグラフィックス分析からサイコグラフィックス分析へ

　自店舗の顧客を分析するだけでなく、一般的な顧客を分析することで、周辺の市場を明確にすることもできます。その場合、分析する切り口で最も一般的なのは、「デモグラフィックス分析」です。具体的には、**性別、年齢、居住地域、収入、職業、学歴、世帯規模、家族構成**など、**その人のもつ人口統計学的属性や社会経済学的特徴を活用して集計する分析**です。

　この分析は、家計調査または全国顧客実態調査などの官公庁資料で、さまざまなデータが公開されているので、これらを上手に活用するとターゲットを絞り込むベースとして非常に役立ちます。しかし、購買行動に直接影響してくる価値観やライフスタイルなどの重要な切り口は、官公庁資料などのデモグラフィックス分析では把握できない難点もあります。

　それに対して、心理学的特徴を活用するのが「**サイコグラフィックス分析**」です。この分析では、**ライフスタイル、行動パターン、信念、価値観、個性、性格、好み**などの指標を活用するので、**顧客がどのような購買行動をするのか推定するための効果的な分析**となります。この分析で顧客をグループ分けして、その特徴に合わせた販売促進を検討すれば、より効果的な販促企画となり、その結果としての来店数や売上の増大などの成果が期待できるようになり

ます。

実は、サイコグラフィックス分析は顧客の心理を扱うことになるので、調査で聴き出すには専門知識が必要で、その客観性や妥当性が不安定な要素を含む、むずかしい一面があります。そのため、効果的に販促企画を計画するには、先行して**デモグラフィックス分析で"あたり"（ターゲットの仮説）をつけターゲットの属性に線引きしたうえで、サイコグラフィックス分析でターゲットの心理的特徴を想定する作業を行い、よりターゲットを明確にしていくのがポイント**となります。線引きとしてデモグラフィックス分析を活用することは、購買行動を考えるために必要な顧客の心理的特徴を想定する際、"あたり"がないとどこから手を付けて良いのかわからない状態に陥るので必要となります。

この作業で顧客の心理的特徴をいかに的確に想定できるか、また顧客のライフスタイルをどれだけイメージできるかが、販促企画を顧客の考え方や実態とマッチさせ、より効果的な計画に仕上げるカギとなります。

ポイント③：ターゲットモデルをつくる

ところで、顧客のライフスタイルや価値観を的確に想定して大きくイメージしていくにはコツがあります。それは、**ターゲットモデルをつくる**ことです。ターゲット"層"で捉えると、顧客の集合体なのでそのライフスタイルや価値観を一つにまとめるのはむずかしくなり、焦点がぼやけてしまう難点があります。そこで、**ターゲットの中での代表格として"モデル"をつくることで、その心理学的要素を想定しやすく**します。店舗の顧客の中から、ターゲット層に入るであろう顧客を1人選んで、このモデルとして考えてみてください。その顧客を思い浮かべながらライフスタイルや価値観、生活を考えると、ターゲットのイメージが想定しやすいはずです。

ただし、**このターゲットモデルは必ずしも1人である必要はありません**。どうしても1人に絞り切れない場合は、複数のモデルを想定しても問題ありません。その場合、3人までに留めておくほうが、販促企画の方向性が分散しないといえます。また、複数モデルをつくる場合は、優先順位を付けておくことをおすすめします。万一、ターゲットモデル間で方向性が対立した場合は、この優先順位に従って考えていけば良いのです。

優先順位の付け方としては、最初にデモグラフィック特性を見た際に活用し

第 3 章／【計画】販売促進のプランニング　　55

た、来店人数、来店頻度、購入金額、売上貢献度などを活用するだけでなく、「**店舗に満足してもらえる顧客かどうか（顧客満足の可能性）**」「**店舗の現状課題と合致するかどうか（店舗現状との合致）**」「**商圏内でボリュームを確保できる顧客かどうか（顧客の規模）**」「**戦略的に重要な顧客となるかどうか（顧客の戦略性）**」といった指標を使って順位を付けることが有効です。それぞれの指標に５段階で評価しランクを付けていくと、意思決定がしやすくなります。

　また、これらの指標自体にも店舗の現状や課題に合わせて重要度を設定しておくと、同評価となった場合に順位を付けるのに便利です。

　ターゲットモデルは、販促企画の核となります。そのため、作業の途中でぶれないように、１枚のシートにまとめておきましょう。たとえば、次のページに示す「**ターゲット設定シート**」にまとめてみるのも一つの手です。

　このシートではターゲットのライフスタイルや価値観を的確に想定することが必要です。たとえば次のような質問を考えてみてはいかがでしょう。

　　・最近気になっている関心事は？

　　・誰から情報を得ているのか？

　　・よく話すのは誰か？

　　・１日の中で一番好きな時間帯は？

　　・最も大切にしていることは？

　　・人生やライフスタイルの目標は何か？

　　・あなたのお店のどこが気に入っているのか？

　　・あなたのお店のどの商品をよく利用するのか？

　　・その人を有名人にたとえると誰か？

　価値観を把握するには、ターゲットがどのように「見る」「聴く」「話す」「感じる」のかを考えて、ターゲットと同じ視点に立てるようにします。この視点は、販促活動で店舗や商品・サービスの良さをどのようにアピールしていくか、どうすると来店や購買などの行動に結び付くのかを考える際に活用できます。

　また、有名人やキャラクターなどにたとえておくと、イメージしやすくぶれにくく、さらにメンバーとの共有もしやすくなります。できるだけ仮説を立てておきましょう。

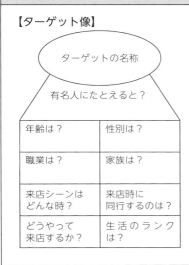

ポイント④：戦略的な視点でのターゲットの絞り込み

　高度情報社会となっている現在、店舗での購買行動を見るだけでは、ターゲットを絞り切れないケースもあります。特にネットや口コミでの情報の拡散による販売促進の効果は無視できません。

　戦略的な視点でのターゲットの絞り込みとは、実際の顧客ではないが最終的に取り込みたい客層をターゲットに設定する作業です。たとえば、顧客自身の１回の購入金額や売上貢献度はさほど高くないのに、その周辺への影響力が大きく多くの顧客の来店や購買の意欲・意識に強い影響力があるケース、あるいはその顧客層が来店することで他の顧客層も真似をして立ち寄るといったケースに、「**オピニオンリーダー**」的存在があります。また、他の顧客より先んじて新商品やサービスを購買する「**インフルエンサー**」の存在も、インターネット活用の定番化やスマートフォンの普及などの社会背景の変化により、その感想が情報源として拡散され、それを閲覧した不特定多数の顧客の来店や購買に影響をもたらすことも無視できません。そのため、**先に述べたターゲットの絞り込みに、戦略的にターゲットを追加選択する必要が出てきます。**

計画

04 商圏の捉え方

商圏は販促企画の売上目標と集客範囲などを判断する基礎情報

　商圏を設定するというと「何をいまさら……」と思われる方もおられるかもしれません。しかし、店舗の販売促進を考えるうえで、商圏の設定は避けられません。

　そもそも商圏は、「目的来店する範囲」という定義のとおり、目的来店の顧客を考える際に重要となります。**店舗では、特に販促企画を考える際に商圏を把握する必要があります**。商圏は販売促進すべき対象エリアを判断する基準となるので、告知活動を行う範囲の設定やツール・メディア選定のために必要となるからです。

　他にも、商圏を考えることは、ターゲットとなる顧客の特性やプロフィールについて、よりよく知るための足掛かりになります。また、商圏は潜在需要（顧客数）を推定するためにも必要で、それに基づいて販売予測するのにも役立ちます。つまり、商圏は顧客の把握から始まり、品ぞろえや販売計画、販売促進などの経営戦略の組み合わせを決定するために必要なのです。

　そのため、**商圏の設定には、「どのような店舗がどのような売り方をしているか」「どのような顧客がどのような買い方をしているか」という2つの視点を検討する必要があります。そして、来店に影響する地形的制約や、交通ネットワーク、買い物コストなども、顧客の購入先（買物場所）の選択に影響するので考慮する必要があります。**

商圏の広さを考えるにはいくつかの視点がある

　業態の特性やチェーンの出店基準によって、商圏の捉え方は異なっています。店舗と来店する顧客との関係性は、通常は距離が遠くなるにつれて弱まります。しかしそれは、エリアの中心となる店舗や駅、オフィス街、大学など周辺機能の規模や交通ネットワークなどがあると変わります。また、顧客が実際に

来店するのにどの交通手段を活用するかも、商圏を設定するうえで大きく影響します。

ちなみに、**顧客が来店する距離は、200坪以下の規模の店舗では"5分"が標準**といわれています。これを前提にすると、来店する交通手段によっては、店舗までの距離に次のような違いが出てきます。

徒歩での来店ならば時速4km × 5分 =300m
自転車での来店ならば時速12km × 5分 = 1km
自動車での来店ならば時速30km × 5分 =2.5km

この数値を使って店舗からの同心円を描き、簡易の商圏として設定することができます。これを基に人口動態調査などの公開データを集計し、商圏規模のおおよその値を推定します。

また、商品・サービスの内容によっても商圏の規模は異なります。たとえば、**生活雑貨**などの場合では、**近隣商圏として半径1km程度を商圏とするケースが多く**、特に住宅地に立地する店舗では、さらに小規模な商圏となりえます。

耐久消費財などでは、半径4～5km程度の地域商圏と考えられています。買回り品を販売する店舗にとって便利で、より大きな商業集積にあることで、より広い範囲の商圏をもつことになります。そして、専門品では、広域商圏として半径10km以上の商圏になり、密度は小さいが広い商圏をもちます。

さらに、商圏を知るうえで重要な視点に、顧客の来店目的があります。顧客の来店目的は大きく分けて、そのお店に行くことが主目的で来店する「**目的来店**」と、他に目的がありそのついでに来店する「**ついで来店**」があります。どちらの来店スタイルになるかは、店舗のあり方によって異なります。

目的来店となる店舗の多くは"**顧客創出型**"となり、広告、商品・サービスの独自性、販売促進の手段などにより、独自の顧客を集めることができるので、非常に広い商圏となります。

それに対し、ついで来店の店舗はさらに2つのパターンにわかれます。"**近隣店客顧客依存型**"では、近隣の店舗に行くことを目的として集まった顧客が、ついでに購入していく店舗のタイプなので、利用する"目玉"店舗やエリアの集客力によって商圏の広さが変わってきます。一方、"**通行量依存型**"では、買い物目的というより通勤者や交通機関などの利用者がついでに購入していく

第3章／【計画】販売促進のプランニング　59

店舗なので、その通行量に商圏規模は大きく左右されます。

　販促企画の効果を高めるためには、目的来店の顧客を増やすことを基本としつつ、駅やバス停、大型商業施設からの動線・距離を調べてついで来店数を増やすことも重要です。

　さらに商圏を正確に知るためには、商圏調査を行うことが考えられます。商圏調査には、人口特性調査、交通量・通行量調査、立地調査、店舗調査、導線調査など、さまざまなメニューがあります。しかし、**販促企画を考えるうえで必要な商圏の情報は、「どのエリアに顧客はいるのか」「ターゲットとなる顧客はどれだけいるのか」**だけです。要は、それぞれの店舗の状況で商圏の捉え方は変わってくるので、現地での肌感覚を重視して商圏を検討することが必要となります。

より商圏の精度を上げるために考えたい要素

　ここまで、簡易に商圏を把握する方法をお話してきましたが、実際には商圏は店舗からの一定距離の同心円ではありません。「**商圏バリア**」というものがあるからです。**商圏バリアとは、店舗に来店するにあたって、顧客が来店の障害となるものです。**

　このバリアには、山、大きな河川などの自然条件だけでなく、線路、駅、中央分離帯がある2車線道路、大型の店舗（学校、工場、公園、行楽店舗、店舗などの背後の商圏）などがあります。

　しかし、集客力の低いエリアから集客力のあるエリアに顧客が移動する傾向も強く、このバリアを超えて行動するケースも多く見られます。たとえば、商圏外に大きな店舗がある場合は200mほど商圏が拡大することもあります。また、その地域での主要交通網に沿って拡大することもあります。

　そのため、店舗を起点とした円をベースとしながら、実際に商圏内に足を運んでみて周りの店舗や障害物の有無をチェックする必要があります。**このバリアを特定し、先ほどの円から引いたものが「実勢商圏」となり、より来店の可能性が高い商圏となります。**

　販促企画を計画するためには、商圏の捉え方で売上目標の読みと顧客を集客する範囲が変わるので、「どれだけ実際の商圏を把握できるか」は大切なことです。

| 計画 |
| 05 |

競合店の捉え方

店舗の差別化や課題を発見するには競合店がカギ

　店舗の競合店は、商圏内で近くにある同業他店だけだと認識していませんか。近くの同業他店は間違いなく競合店ですが、必ずしも同業他店だけが競争相手であるとは限りません。

　また、商圏外でも競合を意識したい店舗があるケースもあります。それは、顧客を取り合う"ライバル店"ではなく、自分の店舗でその展開を参考にしたい"モデル店""模範店"の場合です。この店舗は商圏こそ違いますが、「追いつけ、追い越せ」と切磋琢磨する経営面での競合店として捉えることができます。

　販促企画を考えるうえで、さまざまな視点で競合店と比較分析することは、自店舗の差別化ポイントを打ち出したり、課題や改善点を見出して対策をとったりするために必要不可欠な要素です。

　そこで競合店を見つけ出す方法として、**業界内の競争を「同業他店との競争」「新規参入の脅威」「代替品の可能性」「サプライヤー（供給業者）の交渉力」「販売チャネル（買い手）の交渉力」の５つの視点で分析する手法、ファイブ・フォース分析（５Ｆ分析）**を活用してみましょう。

　この分析では、これら５つの競争要因によって、**「どんな企業・店舗が参加するのか」「どのようなスタイルで競争が繰り広げられるか」**、店舗周辺の競争の状態や性質を明らかにできます。ただし、ここでいう競争店とはあくまでも競争の状況を分析して、自社のビジネスとバッティングしたり、妨げになる可能性があったりする企業・店舗のことを指し、広い意味での競合店となります。

競争要因①：同業他店との競争

　店舗の周りに同業他社の競合他店が数店あることでしょう。この同業他社が最もわかりやすく、イメージしやすい競合店です。まったくない場合は、"ブルー・オーシャン"の状態となりますが、競争を検討する以前にむしろ需要や

第 3 章／【計画】販売促進のプランニング　　61

市場の有無を確認する必要があるかもしれません。

　この同業他店との競争の中で勝ち残ることができるかどうかは、企業間競争の激しさの度合いと、競争している相手に左右されますが、差別化がどれだけできるかがポイントとなります。そのため、販促企画では、次の方向で検討して差別化を図り、顧客を積極的な自店舗への誘導を目指す必要があります。

- ・顧客が欲しくなり満足できるようなサービスやインセンティブの提供
- ・競合店がやっていない時期や内容での販促企画の実施
- ・競合店には異なるターゲットの設定や販促テーマの開発でのアプローチ
- ・高い話題性や高い顧客満足度を目指すサービスの強化
- ・顧客にわかりやすい競合店との違いをアピール　など

競争要因②：新規参入の脅威

　景気回復を図る規制緩和の推奨や、新たな市場獲得を目指さざるを得ない経営環境のため、新規に競合店が参入してくるケースも少なくありません。特に参入しやすく魅力的な市場のある業界では、警戒が必要です。

　一般に、新規参入は既存のプレーヤーと比べ、新たな生産能力や企業の体力があり、市場でのシェアを獲得しようと積極的に動きます。また、異業種からの多角化による場合では、既存の能力を活用するはずです。

　そのため、新規参入は大きな脅威となります。これに対応するには、販促企画で次のような施策を検討することが必要です。

- ・既存顧客へのメリットを強く打ち出すこと
- ・ポイントプログラムなどの囲い込み施策での固定客化
- ・真似されにくい専門性・独自性をつくり出すサービスの導入　など

　規模や話題性、見新しさを打ち出してくる新規参入に対して、より魅力的な仕組みづくりで顧客マインドシェアの維持・拡大を図る販促企画の導入が、対策のカギとなります。

競争要因③：代替品の可能性

　この代替品とは、「これまで提供してきた商品・サービスとはまったく違う形やアプローチで、同等もしくは類似した機能を提供できる新しい商品・サービス」という意味です。これまで、レコードに対するCD、フィルムカメラに

対するデジタルカメラ、ゲーム機に対するスマートフォンなど、さまざまな代替品が生まれてきました。

　代替品は、利便性やコストパフォーマンスに加え、時代背景の追い風があると、社会や顧客のライフスタイルが変わってしまうほど、大きな脅威となります。その脅威に対応するには、販促企画で固定客化を促す施策を導入するなどの方法が考えられますが、ビジネスモデルそのものを積極的に見直す必要も出てきます。

　これまでの事業での副産物を2次活用する事業での多角化など、事業のあり方や商品・サービスを早い段階で変更して、根本的な対応を行うしかありません。

競争要因④：サプライヤーの交渉力

　サプライヤーとは、商品・サービスをつくる際に必要となる原材料などを供給する業者のことです。このサプライヤーの交渉力が強い場合、言い値の仕入価格や他社よりも高い価格の設定、提供するサービスの質の制限など、不利な取引条件となる脅威が生まれます。また、サプライヤー自身が川上に上り、新規参入するケースもあります。

　これらの対策として、サプライヤーとの信頼関係を強め、ビジネスパートナーとしての協力体制を強化していくための販促企画（人材育成プログラムや社内サービスの一部提供など）の導入も検討する必要があります。

競争要因⑤：販売チャネルの交渉力

　販売チャネルとは、自社の商品やサービスを販売してくれる買い手、つまり自社の顧客です。この販売チャネルの交渉力が強い場合、値下げや質の向上などの不利な納品条件を求められて、利益が少なくなる脅威があります。また、積極的に販売してくれるかどうかにも影響してきます。

　そのため、販売チャネルとの協力体制を強化する直接的な販促施策（報奨制度、優遇制度など）や、販売チャネルでの販売を支援する間接的な販促施策（顧客キャンペーン、イベント開催、チラシ協賛など）の検討が必要となります。

競合店調査による情報の収集

　これらの競争要因の視点で検討して競合店が設定できれば、その情報を収集して、対策を検討して販促企画に反映させていきましょう。情報が不十分、あいまい、古い、客観性がないなどの場合には、的確に判断しやすくするために競合店調査を行いましょう。

　競合店調査の目的は、ライバル店やモデル店などの競合店の長所を探り、それらを自店舗と比較・検討することで、より顧客満足を図ることにあります。

　競合店調査の調査項目には、競合店の概要、立地の条件の特徴、所属チェーンの特性、インストアマーチャンダイジング、商品の鮮度管理・品質・価格管理、クリンリネス、接客サービスなどがあります。特に「**時間帯別客層分析**」「**商品構成と価格帯および客単価**」「**接客サービス**」「**繁盛しているポイント**」は押さえておくべきです。

　また、その手法には、実際に競合店を訪問して観察する形式、競合店の顧客にインタビューする方法、調査員を派遣して調べる方法などがあります。ただし、販促企画を実感をもって検討するためには少なくとも1回は、実際に競合店を訪れて観察することをおすすめします。

　競合店調査には、3つの原則があります。

　第1に、定時・定点で観測を行うこと。気が向いた時やたまたま空いた時間に観測すると、曜日や時間帯がばらばらになるので、客層などに一貫性がなくなります。そうすると一定の条件で観測できず、比較分析できません。

　第2に、記録して整理したうえで自店舗の対策を練ること。観測で気が付いたことは忘れないうちにメモして、対策を練る際の資料にしましょう。観測する視点をあらかじめ設定して、同じ形式で記録しておくと、比較しやすく整理しやすいです。

　第3に、良いところを見ること。競合店の悪いところを議論するのではなく、良いと思うところを探して、それに勝ることができる販促企画を検討しましょう。

　この原則で、近くの同業競合店は、自ら訪店チェックを行ってみてください。

競合店調査の項目と内容（例）

項目	内容
競合店の概要	店名、所属チェーン、所在地、開店年月、営業時間、競争状況（自店との距離）、日配予測、主要客層
店舗の特性	立地条件（視認性、入りやすさ、顧客動線、通行量、車両台数）、駐車場（駐車台数、店舗との位置関係、道路との段差の有無）、店舗（売場の状況、売場面積、敷地の形）
チェーンの特性	商品政策（強いカテゴリー、弱いカテゴリー、MD特性）、サービス商品の取扱、特徴あるサービス内容、売場構成などの特徴、店舗出店の特徴
インストアマーチャンダイジング	全体の統一感、売場構成（部門別・カテゴリー別陳列位置、陳列スペース、催事スペースなど）、品ぞろえ（売れ筋商品、重点商品、品ぞろえの違い、新商品や季節商品の取扱、欠品の有無）、プロモーションの実施内容
商品の鮮度管理、品質、価格	鮮度管理（賞味期限への対応）、品質、価格（プライスゾーン、プライスラインなど） ※プライスゾーンとは、取扱商品の最低価格と最高価格の範囲のこと。 ※プライスラインとは、それぞれの取扱商品につけられた価格のこと。
クリンリネス （いつも美しく清潔感あふれるようにしておくこと）	全体、部分（照明、外周り、レジ周り、商品、陳列棚、床、トイレなど）
接客サービス	時間帯別接客（朝、昼、晩、深夜、ピーク時）、挨拶、レジ対応、品出し、身だしなみ、電話対応

計画
06

課題やチャンスの発見

漏れなく情報収集して課題とチャンスを見つけ出そう

　次に、店舗の課題やビジネスチャンスを発見するために情報収集していきます。そもそもビジネスは常に世の中全体の変化、つまり"マクロ環境"に大きく影響を受けています。そのため、マーケティング環境把握の視点として中長期的に業界を取り囲むマクロ環境を把握、洞察することから始めましょう。

　それには、「**外部環境**」と「**内部資源**」の2つの視点が必要です。

　外部環境とは、競合店や販売チャネル、関連法規、景気、国際関係、行政、文化などの社会・経済環境と、資源、天候、災害などの自然環境のこと。これらの外部環境の変化は、市場全体や顧客の購買意欲などに大きく影響するので、その変化を予測し素早く対応していくことが重要です。

　そのため、外部環境が店舗に及ぼす影響をできるだけ的確に予測し、それがプラスになるのか、マイナスになるのか判断する必要があります。仮にビジネスチャンスとなると判断すれば、その最大限の活用を図る販促企画を検討すべきで、逆に脅威となるのであれば、それを回避して、できれば視点を変えてビジネスチャンスに変える道を検討することがポイントとなります。

　それに対して、**内部資源とは、人的資源、立地場所、設備、店舗などの物的資源、資金力、情報力、技術力、企業イメージ、企業風土、市場地位、販売体制などです。**環境との関わりの中にビジネスチャンスは多く存在します。

　その機会を活かすには、チャンスをいち早く捉えて、自らの強みと結び付ける必要があります。しかし、内部資源は限られています。その中で、最大限にビジネスチャンスを活かせるように、内部資源を活用できる店舗が、その変化に対応して勝ち残っていけるのでしょう。

外部環境の情報を収集するコツ

　外部環境の情報を収集する際に最も重要なのは、漏れなくリストアップする

こと。どこに課題やビジネスチャンスの"ヒント"が隠れているかがわからないからです。

　その際に活用できる分析に、「**PEST分析**」があります。この"PEST"とは、Politics（政治）、Economy（経済）、Society（社会）、Technology（技術）の4つの頭文字を指し、この4項目それぞれで外部環境の変化・状況をリストアップして、その中から「どの内容」が「どのくらいの影響を与えているのか」を見ながら、店舗の課題やビジネスチャンスとなりえるヒントを見つけ出していきます。それぞれの項目について見ていきましょう。

■政治的環境要因（Politics）

　政治や法律、税制や公的補助・助成、政治・政権体制、政策などがこれにあたります。多くの場合、国や地方自治体などの公的団体が管理しており、企業で変えることはできません。しかし、**これらは特に資金面や開発面で重要なファクターとなるので、しっかり把握する必要があります。**

　たとえば、消費税が引き上げられた際、消費税が上がる前に駆け込み需要が起こり、改正後しばらくは消費が低迷しました。このように、政治的な環境要因が購買行動に影響を与えることがあります。この変化を事前に考慮しておくと、販促企画のタイミングや仕掛けに役立ちます。

■経済的環境要因（Economy）

　景気動向や物価、株価・為替、金利、消費動向、経済成長率や原材料の価格変動などを見ていきます。経済的関係要因では多くの場合、**予測が不可能なため、定期的に経済動向の把握を行う必要があります。**

　たとえば、飲食店で使う材料が、災害によって不作になり、原材料価格が高騰したとき、多くの場合は原材料の変更や量を減らすことでコストを安定させますが、事前に問題として把握できていれば、別ルートを用意してリスクヘッジすることも可能となり、そのことを販促企画に活用できます。

■社会的環境要因（Society）

　人口、人口構成などの人口動態、流行、世論、生活習慣やライフスタイル、災害や自然環境の変化などがチェック項目です。社会的環境要因はあまり変動

のある項目ではありませんが、**この部分の数値をしっかりと把握しておくこと**で、**需要の把握や喚起、ターゲット設定などが容易になります。**

　販促企画を考えるうえで特に影響が大きいのは少子高齢化。社会の構造自体が変わってきたので、販促テーマの開発に大きく影響してきます。また、最近では外国人観光客の増加も、販促企画でのターゲット設定や対策などで対応が求められます。

■技術的環境要因（Technology）

　新技術や開発、特許、インフラ、IT環境、イノベーションの動きなどの技術の変化も影響が大きいものです。**特に最近では技術革新のペースが速いため、主流の技術変化に合わせた対応も考慮する必要があります。**

　たとえば、インターネットの定着やスマートフォンの所有率の変化は、購買行動にも大きな影響を及ぼしています。そのため販促企画を計画する際には、この動きに合わせた告知展開や応募方法などの検討を余儀なくされています。

　これらの4つの視点で出てきた外部環境から店舗の課題やビジネスチャンスを見つけ出していきます。販促企画で特に必要となるのは「社会動向」「業界動向」「顧客動向」の3方向で課題やビジネスチャンスを見つけることですので、リストアップした外部環境の中から、それぞれに割り振りながら"使える"課題やビジネスチャンスを絞り込むと、販促企画の方向性を定めやすいです。

計画 07 顧客の購買行動を考える

購入までのプロセスの中で攻めるポイントを見つけよう

　ターゲットを具体的に絞り込んでプロフィールやライフスタイル・価値観などがイメージできたら、商品やサービスを購入するまでのプロセス、購買行動を考えてみましょう。ここで検討した購買行動は、顧客がどの段階に多くいるのか、どのステップが次の行動に移るハードルになっているのかを検討して、販売促進で攻めるべきポイントを見つけ出します。

　購買行動を考えるうえでは、世界的に著名なマーケティングの大家P.コトラーが提唱した、市場を明確にする**「誰が買うのか」「何を買うのか」「なぜ買うのか」「どんな方法で買うのか」の４つの質問**が役立ちます。

① **誰が買うのか**：購買するのは誰か、使用するのは誰か、提案する者、影響を与えるグループ、決定するのは誰かなど、購買に関わる人を明らかにする

② **何を買うのか**：ターゲットはどんな商品・サービスを購入しているのか、どのようなタイミングで買うのか、店舗が提供する状況の中でどんな点を評価しているのかなどを考える

③ **なぜ買うのか**：どうして商品・サービスを購入したのか、商品・サービスをどう使いたいのか、商品・サービスでどのような生活を実現したいのか、どういう理由で購入するに至ったのかなど、さまざまな要因を検討する

④ **どんな方法で買うのか**：購入するためにはどのような行動をするのか、どのルートで買うのか、商品選択のためにどのような手段を用いているのかなどを想定する

　これらの「誰が」「何を」「なぜ」「どのように」購入するのかを考えることで、ターゲットの購買行動が明らかになり、販促企画のあり方、検討すべき方向が見えてきます。特に③と④の質問がポイントとなります。

　顧客インサイト（74p参照）を探るためには、顧客の「購買行動プロセス」

第３章／【計画】販売促進のプランニング　69

を理解することが大切です。購買行動プロセスとは、「顧客がある商品のことを知り、それを購入し、実際に使用し、最終的に破棄するまでの経験・心理状態を、時系列もしくは段階別に表すモデル」のことです。今回は、顧客インサイトを探るための、購買行動プロセスの事例を３つご紹介します。

マインドシェアの拡大のサイクルで考えてみる

　店舗などの購買行動は、前章で販売促進の目的を設定する際に説明した「顧客のマインドシェアを拡大していくステップ」（31p参照）をモデルとして活用できます。まず、どのようなステップで顧客が育成されるのかを再確認しながら、現在、ターゲットはどの位置にいるのか、どのステップに移ることを促したいのかを検討することが必要です。

　このモデルを購買行動として捉えることのメリットは、**販売促進の目標を考える流れと合致するので、販促企画のストーリーに一貫性がとれること**です。デメリットは、**店舗への来店と利用回数を見ているので、店外で来店に至る動機付けや情報収集の様子、あるいは店内での情報収集や意思決定のプロセスが表現できていない点**にあります。

購買行動のプロセスに従って考えてみる

　それに対して、マーケティング理論では、顧客がある商品やサービスを購入する場合、購入に至るまでのプロセスはいくつかのモデルとなって活用されています。その動きを図示すると、下のようになります。

　顧客の購買行動を理解することは、マーケティングの大きな助けになります。ターゲットがどのような段階を経て購買にまで至るのか理解できれば、それぞれの段階でとるべき施策がわかるからです。

　顧客が購買を決定するまでのプロセスをコトラーは次のモデルで表現しました。

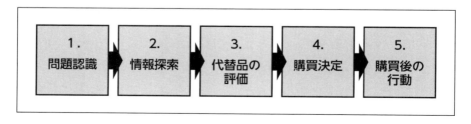

それぞれのプロセスを解説していきます。

1. 問題認識

　購買行動は、顧客が問題を認識したところから始まります。**問題とは「何かに困っている」**だけでなく、**「何かが必要だ」「もっと快適な生活するために何かないだろうか」という欲求（ニーズ）を意味しています。**この欲求は、空腹やのどの渇きなどの生理的な欲求だけでなく、広告や販促活動などの外部からの刺激によっても生まれます。

　この問題認識の段階では、どのような状況で顧客に欲求が生まれるのかを把握する必要があります。

2. 情報探索

　刺激を受けて欲求が生まれると、顧客は問題解決のための情報を集めます。この時、情報源としては、①家族、友人・知人からの口コミ、紹介などの個人的な情報源、②広告、Webサイト、販売員の推奨などのプロモーションからの情報源、③マスメディアの番組や記事、生活者団体の推奨などの公的ネットワーク、④商品サンプル、デモストレーション、利用経験などの体験的情報源などがあります。

　店舗は顧客にアピールする前に、顧客のブランドの選択肢を把握しないといけません。**顧客がどのような情報源を参考にしているか、ブランドを選ぶための情報源を特定すれば、顧客の頭の中の競合状況を把握することができます。**

3. 代替品の評価

　代替品の評価は、数ある選択肢の中からどの商品・サービスを選ぶのか、ふるいにかけるプロセスです。評価のプロセスは顧客ごとに異なり、また同じ顧客でもタイミングや状況によって違う選び方になります。

　しかし、プロセスが複数あるものの、顧客は理性的な判断をしていると考えられています。顧客は、商品・サービスに自分のニーズとマッチするベネフィットを提供できる機能があるか、その能力が大きいかを見ています。そのため、**ターゲットが、商品・サービスのどこに着目しているか注意しましょう。**

第 3 章／【計画】販売促進のプランニング　　71

4. 購買決定

　商品・サービスの評価を終えると、どの商品・サービスを購入するかを決定するプロセスに入ります。購買決定には、さまざまな要因が関係します。顧客は可能な限りリスクを回避しようと、評判の良いブランドを選択したり、そもそも買うことを控えたりと、さまざまな行動をとります。**店舗は顧客が何に重いリスクを感じているのかを理解し、情報提供やサポートの充実、保証を付けるといった方法で、顧客の感じるリスクを取り除く努力が必要です。**

5. 購買後の行動

　購買しても顧客の購買行動は終わりません。商品・サービスを買ったら、顧客は商品・サービスを使って、自らのニーズを満たそうとします。この、購買後の行動次第で、次の行動が大きく変化します。**商品・サービスに満足すれば継続購入し、口コミにより他の顧客にも影響を及ぼします。**そのため、購買後の行動や商品・サービスの満足度は、非常に重要です。

　このプロセスをベースに、さまざまな購買行動モデルが誕生しました。

　購買行動モデルとして、おそらく世の中で最もとおりが良いのが「AIDMA（アイドマ）」でしょう。AIDMA では、購買行動を「Attention（注意）→ Interest（興味）→ Desire（欲求）→ Memory（記憶）→ Action（購買）」という５つの段階で表現しています。

　対して、インターネットの普及によって、変化してきた購買行動に合わせた新しいモデルが「AISAS（アイサス）」です。「Attention（注意）→ Interest（興味）→ Search（検索）→ Action（購買）→ Share（情報共有）」の５つの段階からできています。興味をもった商品を顧客がネットを使い Search（検索）して、能動的に Action（購買）を起こす点は、まさにネット時代の購買行動。さらに、従来の「口コミ」はネットによりボーダレス化され他の購買行動に影響を生み出すので、Share（情報共有）という購買後の行動が加わっています。

商品・サービスの特性や店舗立地によっても購買行動は異なる

　販促企画で売上を高めたい商品・サービスの特性でも、購買行動は変わってきます。その違いが最もわかりやすいのは、**最寄り品、買回り品、専門品**の３つのカテゴリーでしょう。

購買頻度が高く、買い物コストをかけない「最寄り品」の場合、どのエリアのどの店舗で買っても品質そのものは差が小さく、顧客は「どこで買っても同じ」という認識が強いので、必要となったタイミングで、最も近くの便利な店舗で購入しようとします。たとえば、生鮮食品を含めた食料品や日用雑貨のような日用生活必需品は、自分の住んでいる場所に近く、価格が安いと知っている馴染みの店舗で購入します。情報の検索や代替品の検討はあまり行われず、問題認識から購買に直結する購買行動になります。

　「買回り品」では、買い物に出かけるとき、どの商品を購入するか決定しないで、顧客が豊富な品ぞろえを見て歩くうちに、商品についての情報を収集して、比較検討したうえで購入します。しかも、買い物コストをかけて遠方まで行くことをいとわない傾向が強く、商品を買い回ること自体に、買い物の楽しみを感じています。したがって、問題の認識と情報の検索、代替品の検討に、多くの時間と労力をかける購買行動となります。

　「専門品」は、顧客がブランドや店舗などに特別の思い入れをもつ商品です。そのため、それを購入する際には、顧客はかなりの購買努力を払うことをいとわないでしょう。そして、その場所では、認識されている問題を前提に、情報の検索と代替品の検討を積極的に行う購買行動になります。

　買い物場所の選択によっても購買行動は異なります。繁華街では、ウィンドウショッピングなどで衝動買いの傾向が強くなり、買回り品と同じような購買行動となります。一方、生活圏内の店舗では、行きつけの店がすでにほぼ決まっており、最寄り品と同じ購買行動となります。また、同業店舗が集積した場所では、買回り品と専門品の両方の特性をもつ購買行動になることでしょう。

　このように、商品・サービスの特性や店舗の立地条件が明確になると、その場所での購買行動のパターンをある程度、推測することができます。

　購買行動を把握することは、顧客をより明確に理解でき、販促企画で顧客のどの行動を促せば効果的なのかを判断できる基準になります。また、顧客インサイトを探る際に活用できるスケールにもなります。

　購買行動は、前述の購買モデルだけでなく、独自の購買プロセスを想定して検討する方法もあります。いずれにしても、店舗のターゲットの購買行動にスポットをあて、より効果的な販促企画を計画するために活用してください。

第 3 章／【計画】販売促進のプランニング　　73

計画 08 顧客インサイトを変える

顧客インサイトを変えることで効果的な販促企画に

　ところで、みなさんは「インサイト（Insight）」という言葉をご存じでしょうか。インサイトは本来「洞察」「直感」「発見」という意味ですが、**"顧客インサイト"は「顧客の行動や購買がなぜ行われたのか」を掘り下げて探った、顧客自身も気づいていない本音や動機のこと**を指しています。

顧客インサイトが必要な理由

　この顧客インサイトが販促企画を考えるうえで、必要となる理由は2つ。

　一つは、**顧客は自分の欲求（ニーズ）や行動の理由（動機）を把握できてない**ためです。実は、「顧客は自身の行動のうち意識しているのはわずかに5％で、残りの95％は無意識に行っている」という調査結果があります。つまり、表面に出ている欲求は氷山の一角で、見えていない潜在的な部分が水面下に無数にあるということです。

　たとえ「なぜこの行動をとったのですか？」「どうしてこれを購入したのですか？」と聞いても、「何となく」と答えるか、後付けでもっともらしい理由を答えるかのいずれかで、顧客には明確な答えがないケースが多いものです。

　次に、**顧客の商品・サービスの選び方が変わってきていること**。これまで顧客は値段や機能、品質などの共通の尺度で商品・サービスを選んできましたが、いまでは個人の価値観や体験が重視される傾向が強く、"こだわり"が多様化してきたことにより、顧客を振り向かせるのがむずかしくなっています。

　そのため、顧客が「どのような時にどの商品・サービスを欲しいと思うのか」を考える必要があり、顧客インサイトの理解が重要となるのです。

　顧客の心をつかむためには、顧客インサイトを理解する必要があります。顧客が「購入したい」と感じるポイントを想定して、顧客の心の奥底にある本音や動機を理解して、販促企画を検討する必要があるのです。

顧客インサイトを見つける方法

　では、顧客インサイトをどのように発見すれば良いのでしょうか。

　顧客自身が気付いていないことが多いので、買物客にストレートに聞いてもわかりません。顧客への質問や観察の結果から、背景を掘り下げて考えることで、顧客インサイトを見つけていくしかありません。

　何を質問して良いかわからない場合は、**すでに行われたアンケート調査の結果をヒントにして、ヒアリングしていきましょう**。さらに聞きたいことは「**フォーカス・グループ・インタビュー**」、行動や態度を調べたいときは「**ログデータ分析**」「**行動観察**」「**SNS 分析**」などを行えばいいでしょう。

　ただ、顧客の声を聞いたり観察したりするだけでは顧客インサイトは見つかりません。観測された現象から背景を洞察する必要があります。そのためには「**なぜ**」**を繰り返して顧客の無意識の思考に迫り、自らの"センス"で顧客インサイトの仮説を立てるしかありません**。顧客の気持ちを洞察するセンスとは、顧客の気持ちと自分を一体化させる"共感力"ともいえます。これは、日々の生活で見聞きする体験や経験によってつくられます。顧客インサイトは、理屈だけで考えずに、自分のセンスで顧客を読み解くことが大切となります。

　これが顧客インサイトの本質といわれても、あまり手掛かりがなく、雲をつかむような印象をもたれていますか？　そんなときは、**ラダリング法**を用いて考えてみましょう。

　ラダリング法は、**具体的な価値から「なぜそれが必要なのか？」という質問を繰り返す分析方法**で、直接的な概念から上位の概念へ、はしごをかけるようにたどっていくため、"ラダリング"と呼ばれています。「**機能的価値**」→「**情緒的価値**」→「**生活価値**」**へと掘り下げていき、最終的に顧客の「価値観」と結び付ける**手法です。

　そこで、「購入したい」というニーズを３つの層でとらえていきましょう。

　まずは、最初の「欲しい」という"have ニーズ"から始まり、**それが欲しいのは「○○がしたいから」という"do ニーズ"**、さらにそうしたいのは「△△でありたいから」という"be ニーズ"というように順番に推測していきます。これが明らかにできると、商品・サービスを購入する理由が本来どのような心理・意識構造であるのかを把握することができます。

第 3 章／【計画】販売促進のプランニング　　75

たとえば、do ニーズは抽出されたものの、その手段としての have ニーズが存在していない場合は、そこから新しい商品・サービスのアイデアを出す必要があります。この手法を使うことによって「顧客がどんな心理的欲求で商品・サービスを選んでいるか」を知ることができ、より深い購入動機をつかむことができます。

　次に、顧客の行動の動機やゴールに焦点をあてていきます。

　人間は普段、動機やゴールを強く意識して行動しているわけではありません。しかし、顧客自身も意識していない隠れた動機やゴールの中にこそ、未来の生活への願望が隠れているケースもあります。そのため、先に深掘りした３つのニーズに加えて、顧客が商品・サービスに**「興味や関心をもっている時（購入前）」→「実際に手にとった時（購入時）」→「実際に使用してから（購入後）」という時系列でどのように顧客の気持ちや願望が変化していくかを想定**しながら、顧客の心理の移り変わりを洞察してみましょう。

　こうして横軸に「購入前」「購入時」「購入後」の時系列、縦軸に「have ニーズ」「do ニーズ」「be ニーズ」を並べ、３列×３行の９つの枠をつくります。この枠の中に、それぞれのタイミングやニーズ段階での顧客の気持ちや願望を書き加えてください。

　どうしても顧客の気持ちが想像できない空欄や、他の枠に比べて書き込む内容がうすい枠ができた場合は、そこを埋めることが課題になることもあります。また、商品・サービスの実態を鑑みた際に、顧客の気持ちが実際にはそこまで達していないと感じる書き込みが生じたときや、あるいはその気持ちに達すればあとはスムーズにつながりそうな枠があるときは、その枠のインサイトを構築することを目指す販促企画が効果的であるといえます。

　最終的に、**顧客の隠れた動機やゴールの中に顧客が求めている流れを見つけ出し、それをストーリー化します**。それで、商品・サービスが提供できる最善の価値を構築していきます。

　目標を達成するのに必要なインサイトの変化を見つけ出す、あるいは全体のインサイトを動かすための流れをストーリー化すること、これが販促企画を考えるうえでポイントとなってきます。顧客のマインドシェアを拡大するステップを進めたり、購買行動を促したりする際に、このインサイトの変化は必ずつ

いてきます。提供したい商品・サービスに対する顧客インサイトを掘り起こすことで、行動を効果的に促す販促企画に仕上げていきましょう。

顧客インサイトマトリックス

	機能的価値 行動シーン 要素 商品でどうなりたいか。使用によって期待している結果どのように利用したいか。何を達成したいか。	情緒的要素 エモーショナル 要素 商品を使うとどう感じるか。どう感じていたいか。感情的にどうなりたいか。どういう体験を想起したいのか。	生活価値 ライフスタイル 要素 行動シーンの最終的な希望生活にどういう利益を期待しているか。長期的な展望・希望・目標・どういう生活・人生を送りたいか。
商品使用時 （＋購入時）	・より良い商品を購入しているという納得 ・水に溶けやすく、準備するのにめんどくさくない ・商品を置いているのがすぐわかる **商品よりのメッセージ**	・少し高いけど、付加価値が高そう。良さそう。効果がありそう ・スポーツマンの〇〇も使っている ・アスリートも認めているなら、記録が良くなるかも ・商品イメージが良い（本格感、プロ使用など） ・ワンランク上の売場・商品	・スポーツを軸としたライフスタイルの提案（自分らしさの発見）
商品使用時	・さっと水分が補給できる ・あまり甘くないので、スポーツをしているときの喉の渇きが癒える ・カロリーが気にならないアミノ酸がたくさん入っているので、ばてにくい。持久力UP ・脂肪を効率よく燃焼できる ・スポーツ競技能力のアップ	・スポーツの爽快感が続く ・気持ちいい ・スポーツが楽しい ・スポーツ競技能力がアップしそう	・スポーツで何かするのではなく、スポーツを楽しめる生活の実現 **新カテゴリーの可能性**
商品使用時 （＋リピート時）	・翌日のスポーツ疲労が少ない感じがする ・スポーツをしている人の間で話題になっている ・仲間に自慢できる ・紹介できるウンチクがある ・続けやすい	・続ける自分がかっこいい ・そのスタイルが話題になる ・他の人が自分を真似て追従する優越感（自分が最初だった…） **デザイン要素として考慮**	・そのライフスタイルの定着（正当化）

計画	
09	# 販促テーマの開発

販促企画のアウトラインを明確にする販促テーマの設定

　販促テーマを設定するには、計画する最初に設定した「**目的**」を前提に、「**タ ーゲットモデルの価値観やライフスタイルと合致する**」内容で、「**店舗や商品・ サービスのメリットを高め、デメリットを補う**」要素と「**購買行動やそのイン サイトを変える**」要素を加えていきます。

　それには、次の３つのステップで販促テーマを考えていきます。

ステップ①：顧客インサイトや購買行動を変える視点

　顧客インサイトは、ターゲットが行動を起こす際の気持ちです。これを動か すことで購買行動も変わります。**目的を達成するために、顧客インサイトをど のように動かし、どのような購買行動を促していくのかを検討します。**この視 点で、気持ちを動かし行動を動かすために関係するであろう要素を見つけ出し ておきます。

ステップ②：商品・サービスのメリットとデメリットを活かす視点

　このステップでは、商品・サービスを客観的に分析した結果のメリットとデ メリットを訴求内容として活用することを検討していきます。**特に競合商品と の差別化を目指すために、より優れている点を強調すること、劣っている点は 他で補うことをベースに、ターゲットにわかりやすく簡潔に伝えられる要素に 絞り込みます。**

　検討する段階では、要素が複数あっても問題なく、優先順位をつけておいて、 最終的に意思決定しやすいように準備しておきましょう。

　特に注意したいのは、このメリットとデメリットはあくまでも、ターゲット 目線で検討することです。

　顧客が「どのように使って（シーンや目的）」「どう感じるか（評価や感想）」

を軸に洗い出しをします。また、前のステップで考えた顧客インサイトや購買行動を促す要素に、どうつながるのかも検討する必要があります。

ステップ③：タイミングを活かす展開にする

　ターゲットの生活には、さまざまな行事や記念日などがあります。具体的にイメージできない場合は、スーパーで行っている **52 週サイクルの催事の「販促カレンダー」を参考**にして、タイミングやシーンをリストアップするのも良いでしょう。ただし、**自店舗のターゲットモデルの生活にスポットをあてて、検討することがポイント**です。

　これが前の２つのステップで見つけ出した要素を訴求するのにふさわしいタイミングとなっているのか、をチェックしていきます。

　以上のステップで出てきた要素を一つにまとめて、販促テーマにするのですが、ここにもコツがあります。どうせなら、この販促テーマで、今回の販促企画の"売り"やアウトラインを伝えたいものです。そのために、コピーライターの"伝える技術"を活用していきます。それは、

　「①驚きや発見を盛り込む」
　「②あえて反対の言葉を入れてギャップをつくる」
　「③ストレートにわかりやすくする」
　「④同じ言葉を繰り返す」
　「⑤クライマックスをつける」

　という５つのテクニックです。これらを使って、販促テーマを考えてみましょう。

第 3 章／【計画】販売促進のプランニング　　79

計画
10

目標を意識した施策の検討

販促企画の目標に応じて適した施策を選択しよう

　販促企画に活用できる施策には、さまざまなバリエーションがあります。しかし、その中からどの施策を使っても良いわけではありません。販促企画は"処方箋"であるべきなので、解決したい課題や目標を前提に応じて、求められる効果・効能を考慮して、適した施策を選択することが不可欠です。

　そのため、どんな販促企画にも、組み込まれた施策には、何かしらの"意図"があります。**販促企画の目標や目指すべきゴールは、店舗の現状や対象とする商品・サービスで、それぞれ異なってきます。また、実施するタイミングやターゲットの設定、解決したい課題でも異なります。**そのため、販促企画ごとに組み込むべき施策は異なってくるのです。

　そこで、次のページに「顧客のマインドシェアを拡大するステップ」ごとに効果的な施策を検討するための方法として、一覧表を右ページに記載しました。この一覧表を参考に、それぞれが設定した目標に合わせて、適した施策はどれかを確認して、販促企画に組み込む施策を検討しましょう。

　くれぐれも、「あの競合店でやっていたから」「よく使われているから」「いつもやっているから」などの理由だけで、**安易に販促企画の施策を選択しない**でください。

顧客のマインドシェアを拡大するステップ別の施策案チェック表

	ステップ① 新規来店促進	ステップ② リピート客来店促進	ステップ③ 常連客育成促進	ステップ④ 紹介促進	ステップ⑤ 休眠客掘り起こし
施策A案	○	○	△	×	×
施策B案	×	△	○	○	×
施策C案	△	△	△	○	○
⋮					

※○印は効果あり　△印はやや効果あり　×印は効果なし

第 3 章／【計画】販売促進のプランニング　81

計画 11 販促アイデアはできるだけ広げる

アイデア会議で販促企画のアイデアを幅広く出してみよう

　皆さんは、店舗の課題を解決するための販促アイデアを、どのように考えていますか。一人で考えをひねり出している場合もあるでしょうし、店舗のスタッフ会議で検討しているケースもあるでしょう。できれば他の社員や店舗スタッフ全員で**アイデア会議**を開催することをおすすめします。

　"アイデア会議"というと眉をひそめる方もいらっしゃるかもしれません。その理由には、たとえば「時間の浪費となってしまう」「何かと批評が多く、建設的なアイデアが出にくい」「すぐ行き詰まってしまう」「いつも同じような結論になるので、マンネリ化している」「会議で決めたことが実現できない」「会議資料をつくっている暇がない」など、会議を行った際のこれまでの経験から、多くのデメリットが思いあたるでしょう。

　逆に、メリットがあることも十分ご存じだと思います。具体的なメリットとしては、「**アイデアが豊富に出る可能性がある**」「**メンバーで課題が共有できる**」「**メンバーの中に参加意識が高まる**」「**メンバーを変えると視点を変えることができる**」「**決めたことに対する実施意欲や責任がもてる**」「**企業や店に対する帰属意識が生まれる**」などが考えられます。

　これらのメリットを活かしててデメリットを解決できれば、アイデア会議をするほうが、あなた自身の負担を軽くして店舗の売上を増やすことができるはずです。そのためには、アイデア会議を進めるためのルールが必要です。

　具体的には、①**会議の目的を明確にすること**、②**アイデアを否定しないこと**、③**出されたアイデアを活かすこと**、④**時間を決めて集中すること**、⑤**出たアイデアはメモをとること**、です。

ポイント①：会議の目的を明確にすること

　アイデアを出す際には、販促企画担当者が単独で悩むよりも販促企画に関わることになる社員やスタッフ全員に参加してもらい、**ブレインストーミングを**するほうが、異なった視点での発見があることが多く、非常に効率的に進めることができます。

　ただし、その際には**参加者全員で会議の目的やゴールを共有できるように、アイデアを考える前提を整理しておくことが**ポイントです。

　アイデア会議では、まず、あなたの企業や店舗のお客様の視点や状況を重視して会議の目的を決めてください。それには、先にご説明しました『顧客のマインドシェアを拡大していくステップ』が参考になるはずです。「いまはどの段階のお客様が足りないのか」、逆に「どの段階のお客様が多いのか」「どの段階でお客様が滞ってしまっているのか」「どこのお客様が売上を左右するのか」など、会議の冒頭にメンバー全員で確認することが重要です。

　この段階で、「どの段階のお客様」の「何」を改善して「どうしたいか」を具体的に絞り込んでください。それを会議に参加するメンバーに説明して、アイデアが目標とずれないように、しっかり共有してください。

　前提として、会議の開催目的、ターゲット、販促企画の実施目標と実施予定時期、顧客のマインドシェアを拡大していくステップの対象ステップなどを共有できるようにしておくと良いでしょう。

ポイント②：アイデアを否定しないこと

　参加メンバーで、さまざまな視点で販促アイデアをブレインストーミングしていきますが、アイデアの数を多くするために、メンバー一人ひとりに順に販促アイデアを出してもらいます。

　その際、**会議の主宰者はメンバーが発言しやすい環境を提供することが重要**です。そのために注意してほしいのは、この段階では、**出てくるアイデアや意見に対して否定しない**ということです。否定や批判が出てくると、メンバーが思い切って発言することができなくなり、自然とアイデアが出てこなくなるからです。

　企画アイデアは、コストやスタッフの能力などによって実現できるかできな

第 3 章／【計画】販売促進のプランニング　83

いかに分かれますが、この段階ではそれは考えないで、「これは面白そうだ」「こうしてみては」と考えることを自由にどんどん出してもらいましょう。もちろん、他の店舗でやっていたとか、どこかで見たことがあるとかのアイデアでも良いのですが、店舗の差別化やお客様の関心を引くには、「面白そう」「変わっている」という視点が非常に重要です。

アイデア会議の主宰者は、まずは一種の座談会と割り切って、何でも良いのでひらめいたこと、感じたことを発言できる環境づくりに徹し、**「聞き上手」になって会議を進めてください。**

ポイント③：出されたアイデアを活かすこと

参加メンバーが出したアイデアは、企画アイデアのもとになります。このアイデアのもとに対して、参加メンバーから、より良くする方法なども発言してもらい、ブラッシュアップしていきましょう。

出されたアイデアをあとで合流させるアイデアでも良いですし、逆に一つのアイデアを切り分けるのでも良いです。アイデアを付けすぎてあまり複雑になると、実際のところ実現しにくい販促企画となりますが、**まずは出されたアイデアをふくらませる作業を行います。**

この時、ホワイトボードやポストイットなどを活用すると便利です。

ポイント④：時間を決めて集中すること

一般に集中できる時間は、社会人でも90分程度といわれています。そのため、アイデア会議もこの時間内で完了することが望ましいといえます。日常業務で忙しい中、参加しているメンバーも多いことを考慮して、この集中できる時間内で完了できるよう、**アイデアは1時間前後で出し切るようにしましょう。**

たとえば、会議ごとやメンバーごとに時間内に出されたアイデアの数を競い、多く出てきた際にインセンティブを加えるなど、ゲーム性を加えることで、積極的にアイデアを出し合う会議となり、時間内で終了させるのに効果的です。

また、**「アイデア会議中は携帯電話を見ない、使用しない、もたない」** などのルールをつくると集中力が落ちるのを防ぐことができます。

ポイント⑤：出たアイデアはメモをとること

　会議で出されたアイデアやそれに対する追加の意見は、必ずメモしておきましょう。会議終了後にそれを見ながら、どの案を活用するのが一番効果的か、予算と労力、スタッフの能力を考えて実現性が高い企画はどれかを検討する際に活用できます。特に『顧客のマインドシェアを拡大していくステップ』で目標としたステップに有効なのかをチェックしてください。

　この段階では、実現性が最も重要な視点となります。このアイデアの絞り込みは、アイデア会議の後半にメンバー全員で行っても良いのですが、アイデア会議を進めた主催者が１人で検討すると、意思決定がより速くなります。

　実施したい販促アイデアを絞り込んだら、ＴＯＤＯリストを作成して早めの実施を検討してください。早く実施すればするほど、参加メンバーの記憶も新しいので、「あのアイデア会議の話だな」と理解するのが早く、実施がスムーズとなるはずです。

　この５つのルールに従って、アイデア会議を進めれば、効率的に販促アイデアをいくつも考えつくことができます。また、参加メンバーに対する販促活動の“前ふり”となるので、根回しとして実施体制の強化につながる効果もあります。

　あとは店舗の課題や目標に最適なアイデアを選択していくだけです。効果的な販促アイデアを選択する方法は、次の項目で解説していきます。

第 3 章／【計画】販売促進のプランニング　　85

計画 12 効果的な販促施策を選ぶ

販促アイデアの中から最適な実施プランを選ぼう

　アイデア会議の終了後に、会議の主宰者（販促企画の担当者）が、出された販促アイデアを評価して、実施プランとして採用する販促アイデアを一つ選択してください。

　まず、**アイデア会議の前提として提示した販促企画の目標やターゲットなどと合致した販促アイデアとなっているかを、チェックしておきましょう。**アイデア会議を行っている際に、気づかなかった矛盾がないかを確認してください。「出てきたアイデアを否定しない」ルールなどにより、アイデア会議で受け流してしまうことも多いものです。

　最終チェック終了後、次のような評価指標を使い販促アイデアを評価すると、意思決定がしやすいでしょう。その際、それぞれの指標で評価するだけでなく、**あらかじめ指標自体の優先順位を決めておくと、各指標の評価を単純集計して同数になった場合にも迷うことなく選択できます。**

①ターゲットとの合致で評価する

　ターゲットモデルの価値観やライフスタイル、促したい購買行動、活性化したい顧客インサイトと合致している販促アイデアかどうか、を評価します。

②目標達成の効果で評価する

　販促企画で設定した実施目標の達成を目指すのに効果的な販促アイデアかどうか、を検討してください。

③販促企画の実現度で評価する

　今回の販促企画を実施するにあたり、社員や店舗のスタッフだけで、販促アイデアを実現することができるかどうか、をチェックしましょう。

④実施コストで評価する

　販促アイデアを実現するのに、必要となるコストを概算で算出して、コストができるだけ少ない、または予算枠におさまる販促アイデアを選択しましょう。

計画

13 販促企画の構成要素

企画フレームに書き込んで販促企画を完成させよう

　これまで販売促進の企画検討の各ステップ（78p 参照）で考えておくべき項目を解説してきましたが、それらを活用して"ストーリーづくり"を進めていきながら、構成要素を企画フレームに書き込むことで販促企画は完成します。では、そのフレームにはどのような枠が必要なのでしょうか。

企画フレームの考え方

　企画フレームは次のような6つの項目で構成されまずが、ストーリーをつくっていくことなので、いわゆる**"5W1H"を整理すること**が基本となります。

①**何を（What）：対象となる商品・サービス**

　今回の販促企画で、どの商品・サービスを販売促進する対象として設定するのか、どの商品・サービスの売上を伸ばしたいのか、あるいはどういった商品・サービスの良さをアピールしたいのか、を決めます。

②**誰が（Who）：販促企画のターゲット（顧客）**

　どの顧客に購買させたいのか、どのターゲットを動かしたいのかを、顧客プロフィールや顧客に起こしたい気持ちの変化、顧客に促したい行動、顧客マインドシェアの拡大ステップの位置付けなど、具体的につめていくことで、より効果的な販促企画の立案につながります。

③**いつ（When）：販促企画の実施タイミング**

　いつ実施したいのか、いつ実施すべきなのかを、ターゲットの購買行動やライフスタイルに合わせて、また競合店や社会・気候の動向を踏まえて決めていきます。また、どのくらいの期間で実施するのかも併せて決めておく必要があります。短すぎても顧客の間に広がりませんし、長すぎても"中だるみ"になるので、企画の内容によって適切な期間を設定する必要があります。

④**どこで（Where）：販促企画を実施する場所**

第 3 章／【計画】販売促進のプランニング　87

どこで展開するのかを設定します。基本的には自社の店舗を想定するとは思いますが、顧客の購買行動を考慮したうえで、効果的に顧客にアプローチできる"場"を設けることがポイントとなります。店内だけでなく店外でも、リアルだけでなくバーチャルも、と購買行動に合わせて自由に場所を設定してください。

⑤なぜ（Why）：販促企画の実施目的

　販売促進の目標をどのように設定するのか、特に顧客のマインドシェアのどのステップを活性化させたいのかを明確にすることは、販促企画の妥当性を考えるうえで必要な内容となります。また、やりっぱなしの企画にしないためにも、実施後、この目的をどれだけ達成できたかを見て評価・改善していくことが、効果的な販促企画を目指すことになります。

⑥どうやって（How）：販促企画の手段・手法

　どのような施策を使って展開するのか、どのような媒体やツールを使うのか、うまく進めるうえで必要な体制は何かを検討していきます。

　さらに、販促企画を確実に実施していくためには、役割分担とスケジュール、効果測定の仕組みなどを加えて、マネジメント管理できる体制を構築にすることが重要なカギとなります。

販売促進の企画フレームをつくろう

　販売促進の計画で必要な構成要素はほぼ決まっているので、それを整理すれば企画フレームをつくれます。企画フレームは、次の8項目で構成されるので、項目ごとに決めた内容を書き込むことで、販促企画ができあがるといえます。

1．企画タイトル

　企画にタイトルをつけましょう。できれば、**企画に内容がストレートに顧客にそのまま伝わるタイトルにすると効果的**です。なお、企画シートではトップにありますが、アイデアが先行するクリエイティブ的アプローチの場合を除き、その他の項目をすべて整理したうえで、最後に"命名"してください。

2．企画趣旨（社会動向、業界動向、顧客動向などの背景）

　何のための企画なのか、なぜこの時期にやるのかなどを明確にします。社会動向、業界動向、顧客動向などの背景から、販促企画で解決すべき課題やビジ

ネスチャンスを見つけ出し、それらをまとめると良いでしょう。

3. 実施内容

　企画趣旨を受けて、具体的にどんな施策をどのように組み合わせて実施するのかをまとめます。複数の施策を組み合わす場合は、それぞれの関連性を明記しておきます。

4. 実施概要（ターゲット、対象商品、実施時期、実施場所など）

　販促アイデアを検討した際の前提となった項目、設定ターゲット、対象となる商品・サービス、実施時期と実施場所などをまとめておきましょう。

5. 実施目標

　この販促企画によってどれだけの売上を確保したいのかを明記します。複数の商品を扱う場合は、商品ごとの売上目標を積み上げて、最終的な売上目標を立てましょう。なお、顧客との関係づくりを目標に設定した場合は、目標に応じて成約件数、集客数などの目標数値を立てておきます。

6. 実施予算

　企画にかける予算はいくらで、どの部門がどれだけ負担するのかを決めます。費用対効果を十分に検討しましょう。企画をやることばかり考えていると、「企画実行のコストはこれだけだから、売上はこれだけなければならない」と、コストありきの決定をしてしまうことがあります。それでは本末転倒です。**企画を実現することが目的ではないのです。**

7. 捕捉事項（外部依頼事項、内部資源、その他）

　企画を実施する前に決定しておくべき事項や確認しておくべき事項などをまとめましょう。会場や資材など外部に依頼する内容、社内にあるリソースを活用する場合などを、備忘録として明記しておきます。

8. 実施体制（役割分担、ＴＯＤＯリスト、制作スケジュールなど）

　企画を実施するにあたり必要な実施体制をまとめます。役割分担や制作スケジュール、実施までに行うべき事項をＴＯＤＯリストにして共有できるようにします。

　これらの項目を埋めていくことで、販促企画の内容を確認していくことができます。それぞれの項目で"５Ｗ１Ｈ"的なストーリーをつくり出せるように、効果的な販促企画を立案してみてください。

第 3 章／【計画】販売促進のプランニング　　89

計画 14 スタッフを巻き込む販促活動

従業員の参加意識を高めて販促効果を高めるには

　販促企画を実施するにあたり、サービスや店舗ブランドの醸成にも関わってくるので、実施の徹底や問い合わせなどに対してもスタッフ一人ひとりが対応できる体制をつくることが必要となってきます。販促企画の効果を最大限に引き出して、店舗の売上や利益を拡大するためには、店員の顧客に対する高品質なサービスが必要になってきます。

　そのために考える必要が出てくるのが、「サービス・プロフィット・チェーン」です。これは、サービス業における顧客満足度、従業員満足度、サービス、利益などの因果関係を示したフレームワークです。この考え方はサービス業を対象に提唱されたものですが、多くの業種でもサービスの充実は店舗ブランドの醸成に役立つので、その内容を紹介していきます。

　店舗が「社内サービスの質」を充実させることで、「従業員満足（ES）」を向上させ、それが「従業員ロイヤリティ」並びに「従業員の生産性」を向上させ、提供する「サービス水準」が向上します。提供するサービスが向上すると「顧客満足（CS）」が向上し、その結果、「顧客ロイヤリティ」が向上し、店舗の「売上・利益」の拡大につながります。

　そこで、得られた売上・利益で社内サービスの質を向上させることで、サービス・プロフィット・チェーンを再び回し始めます。この繰り返しによって、店舗が成長することを目指します。

　この考え方の基本は、従業員が仕事のやりがいや企業への思い入れが高まると、企業の成長が見込めることです。次ページの図の上部の「内部サービスのプロフィット・チェーン」では、まさに従業員のやりがいを高め、下部の「外部サービスのプロフィット・チェーン」で、顧客の満足を高めることとなります。まずは、上の部分の従業員の満足を高めることからスタートして、サービス・プロフィット・チェーンを回していくことが大事なのです。

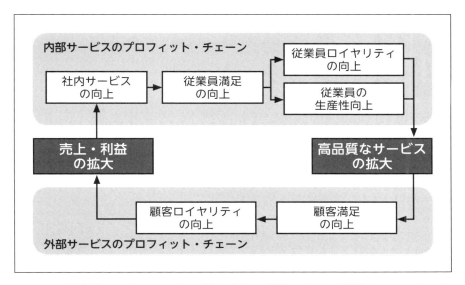

　では、従業員のやりがいがどれだけ売上・利益の拡大に影響するのでしょうか、アメリカで調査された結果に次の事例があります。
・従業員の満足が5％上がると、営業利益率が0.7％上昇する
・従業員の態度に5ポイント改善すると、顧客満足度に1.3ポイントの改善が生じ、結果収益に0.5％の増加が生じた
・従業員のやりがいが増加した支店では、16％以上の利益率の伸びがある
・従業員のやりがいが高い企業では、低い企業に比べ年間純利益が2倍以上高い
　従業員のやりがいを高めることで、売上や利益に好影響を与えることは間違いありません。では、このサービス・プロフィット・チェーンを回すには、具体的にどうすればよいでしょう。
　まず、**販促企画を計画する段階から従業員に参加してもらう**ことで、参加意識をもたせることができ、販促企画に対する理解を高め、実施体制の強化につなげることができます。
　また、**アイデア会議に参加して販促アイデアを考えてもらう**ことで、店舗の現状や課題、顧客、サービス内容について考える良い機会となります。
　そして、**販促企画を実施する際に、何らかの役割を果たしてもらう**ことで、店舗の一員としての自覚を促し、店舗のサービス強化を図ることができます。最終的には、店舗ブランド全体の底上げにつなげることができます。

計画 15 販促活動と店舗ブランドの関係

販促活動を店舗ブランドに活かしていく方法とは

　販売促進とは、購買への直接的な動機付けを行う活動です。店舗ではさらに、顧客のマインドシェアを拡大することで、店舗のファンを増やしていきます。そのため、販売促進と店舗ブランドとは密接な関係があります。

　ところで、そもそもブランドとは何でしょう。**ブランドとは、「店舗や自社の商品・サービスを他店や他の商品・サービスと区別するために利用している概念」** を意味しています。商品の名称やロゴ・マーク、キャラクターは、ブランドを表している単なるデザイン要素にすぎません。ビジネス活動では、顧客に期待感、信頼などのイメージ、付加価値を与えることができる要素として捉えられています。その結果、顧客がブランドで商品やサービスを購入するかしないかの判断を大きく左右することになります。

　そこで、顧客と企業の関係を築くことができる「ブランド構築」を行い、ブランド価値を高めていく「ブランディング戦略」を重視した活動を行っています。ブランド構築のために育成するブランド価値は、**ブランドエクイティ（資産的価値）** として表されることもあります。

　そのブランドエクイティを高めるために、**ブランドロイヤリティ（そのブランドを気に入っている比率やブランドに対する思い入れ）、ブランドの認知度などを高め、顧客が感じている品質、そのブランドに関する特許・商標登録などの信頼感を与える戦略が必要**になります。

　ブランドを構築するステップでは、ブランドの未認知から認知度を高め、ブランドロイヤリティを高めていくことになります。このステップは、まさに前章で解説しました「顧客のマインドシェアを拡大していくステップ」(31p 参照)と非常に似ています。

　つまりブランディングにおいても、**自分のビジネスの中にある"共感の種"**

を見つけ出し、**顧客の利益になるような戦略をとることが、ブランド価値を高**めるファーストステップになるのです。

　これが店舗ブランドとなるとより強く表れます。顧客が何かが欲しいとか、何かをしようと思うとき、「あの店が良いかな」「どうせならあの店に行きたい」「あそこの店の商品（サービス）がいいだろう」と思わせること、顧客マインドシェアが高い店舗になること。さらに店の機能やイメージがすでに明確になるとき、あるいはそれを他の人とも共有できる状態になるとき、店舗ブランドは発生しています。そのため、集客力や固定客化するためには不可欠となります。そう考えると、販促活動と店舗ブランドは密接に関係しています。

　また、販促活動を行うことでサービス強化を図ることができ、先に紹介したサービス・プロフィット・チェーンがうまく起動すれば、スタッフ全員のモチベーションが店舗ブランドを産み出すことにつながります。

　また、さまざまな販促活動を定期的に長期間展開することで、「あの店は楽しい」「いつ行っても何かしらイベントをやっている」という印象を定着させることになり、それが店舗ブランドとなっていきます。

　つまり販促活動の集大成、結果として店舗ブランドにつながっているのです。

　販売促進は何らかのマーケティング目標を実現するための具体的な"戦術"ですが、ブランディングはマーケティング上の"戦略"となり、店舗ブランドはそのアウトプットということになります。

　したがって、ブランディングという戦略目標を達成する手段として、販売促進などの戦術を効果的に組み合わせて展開することで、店舗ブランドは生まれます。

計画
16 個人の能力に応じた役割分担

個人の力を最大限に活かしてチーム力を高めて対応しよう

　実は、販売促進を推進していくには、多くの役割を果たさないといけません。ターゲットの選定や差別化の検討、販促企画の立案を行う「計画機能」、体制やスケジュールの管理、実作業を堅実に行う「実施機能」、売上・商品や顧客などの管理、クレーム対応やアフターサービスを行う「営業機能」、そしてそれらを総合的に管理する「統合機能」、の4つの方向で動くことになります。

　しかし、誰しも得意・不得意があります。そして個人差はあるものの一人でできる仕事のキャパシティも限られています。そのため、これらの4つの機能を一人で負担することは店舗の規模にもよりますが、むずかしいものです。

　また、先にご紹介した『サービス・プロフィット・チェーン』という考え方から、他の部署や役割の社員やスタッフに参加してもらうことで、**より多くのメンバーに"自分ごと化"**してもらい、やりがいをつくり出せます。そうすることで、仕事の効率やブランドの精度を上げていくことができます。

脳生理学的に見ると個人の資質はさまざま

　「あいつに任せておけばミスなく確実に仕事が進む」「あの人はアイデアマンでアイデアの宝庫だ」「誰とでも仲良く仕事できる」など、人それぞれの性格や特徴もありますが、生理的にも4つのパターンにわかれると、ハーマンモデルでは提唱しています。

　よく知られているのは「**右脳型**」と「**左脳型**」の違い。右脳型は直感力、音楽力、図形力、全体を見渡す力、空間認知力に長けています。一方、左脳型は言語力、論理的に考える力、計算力、物事の分析力に優れています。

　それに加えて、「**大脳新皮質**」と「**大脳辺縁系**」の違いもあります。大脳新皮質は"霊長類の脳"と呼ばれ、理性・理知、事実認識などの役割を果たし、大脳辺縁系は"哺乳類の脳"として、好き・嫌い、感情、感覚、学習、記憶機

94

能などに関与しています。

　ハーマンモデルでは、右脳・左脳を横軸、大脳新皮質・大脳辺縁系を縦軸にして４つの領域をつくると、ビジネスパーソンの４つのグループになると提唱しています。たとえば、下図のようにD象現は「**経営者タイプ**」、C象現は「**営業マンタイプ**」、A象現は「**プランナータイプ**」、B象現は「**実務担当タイプ**」というように、ビジネスパーソンの４つのパターンに分類できます。

　これらの枠を埋めるように、さまざまな部署からメンバーを募り、それぞれの機能・特性に合った役割を分担してもらい、チームをつくることで、スムーズに販促企画を推進することを狙える『**チームビルディング**』となります。

　この考え方では、同じ能力・専門性をもつメンバーのみで販促企画を検討すれば良いのではなく、販促企画を実施する体制にさまざまな部門から、さまざまな能力をもった人材を集めてチームをつくるほうが、互いを補完し合えるので効果的だといえます。

　それぞれの立場、それぞれの能力をチームとして一つにして、販促活動の成功を目指していきます。チームで上手に連携しながら、個々の力を最大限に発揮できるメンバーの組み合わせをつくることが最も重要なのです。

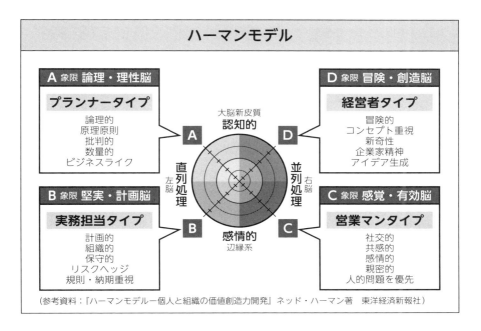

第 3 章／【計画】販売促進のプランニング

参加意識を高めることで販促効果をアップ

　販促活動は、いうなれば店舗やチェーン全体でのチーム活動となります。そのために、個人の資質を考えてチームを編成することは必要ですし、個々の力を最大限に引き出すことも必要です。

　これは、個人プレーを奨励するわけではありません。販促企画は、いくつかの工程から構成されていきます。この工程ごとに発生するタスクをメンバーで手分けして、それらをつないで一つの施策としてつくり上げることになります。そこで、**全体の目標における個人の役割を細分化して明確化することで、全体の中での自分の役割を意識してもらう必要があります。**

　それには、販促発動への参加意識をもたせて、自ら積極的に参加すべきだと思わせることがカギとなります。**個人のやりがいを拡大させるには**、個人の役割で責任の所在を明確にするだけでなく、**全体の目的を個人それぞれの目標にして落とし込むことが重要です。**

　そして、チーム全体でそれぞれの作業の進捗や成果を発表して、**全体の中での自分の役割と位置付けを再確認できる"場"を設けることも必要となります。**これは、それぞれが分担してつくった機能を一つにまとめたときに、共有不足による不具合やスケジュール上のズレが生じることを防ぐことにもなります。また、問題が発生した場合に、メンバー全員で話し合い、解決を目指すという姿勢づくりが大切になります。

　さらに、メンバーの参加意識を高めるために、"〆切"も重要な役割を果たします。〆切があることで、「義務感」と「責任感」が生まれるからです。しかし、同時に「やらされ感」も発生するので、**自分の行う仕事が一連の販促活動の中で、どのような位置付けになるのか、他の仕事とどのようにつながっているのかを、明確に提示することが大切です。**その意味で、スケジュールを提示することは有効です。

　ちなみに、このスケジュール管理には、有名な「**ガントチャート**」が活用されますが、このツールは、スケジュールとしてはわかりやすいのですが、単に役割分担とそれぞれの〆切を提示するだけです。参加意識を高めるためには、

それぞれの仕事の相互関係が必要なので、相互関係を矢印で表し、工程を図示する「**クリティカルパス**」が効果的なツールといえます。

　それぞれに販促活動の参加者としての自覚をもたせながら、お互いに話し合いながら協力し合うことで、信頼関係を築くという環境づくりも重要です。そしてこれが、販促活動の担当者としての腕の見せ所であり、販促活動を成功に導くためのカギであるといえるでしょう。

計画 17 販促活動を推進する マネジメント

「目的」「資源」「期限」の3要素で販促活動をマネジメントしよう

　販促活動を推進して成功させるために最も大切なことに、きちんとマネジメントしていくことがあります。では、成功に導くためのマネジメントを行ううえで、守らなくてはならないこととはなんでしょうか。ここでは、**販促活動を成功に導くための、マネジメント方法**について考えていきたいと思います。

　販促活動を推進するには、3つの重要なマネジメントを行う必要があります。それは、「目的」「資源」「期限」をマネジメントすることです。この3つをマネジメントすることで、販促活動を成功に導くことができます。

「目的」をマネジメントするポイント

　第一に、「目的」のマネジメントです。

　販促企画を計画する際、最初の段階で目的の設定を行いました。目的が明確に決まっていない販促企画は、意味がないからです。そのため、販促活動を推進する途中で、最初に設定した目的を見失わないように管理していく必要があります。販促企画を計画するのに参加したメンバーだけでなく、社員やスタッフ全員が、目的に向かって進むことが重要だからです。

　ですから、目的は必ず明確にする必要があります。また、店舗に関与する社員とスタッフ全員に徹底的に理解させる必要があります。そのため、**目的を具体的かつ数値で表現することが必要ですし、達成度の中間報告で目的意識をもって参加してもらえる体制づくりをすることがポイント**となります。

　それには、販促企画の要件を正確に把握することも重要です。そのため、目的マネジメントで最初にしなくてはいけないことは、販促活動の要件をしっかりと把握することです。

　目的は全体のものから、それぞれの役割ごとに細分化して、それぞれの目的も明確にしておきましょう。そのためには、全体の目的を、それぞれの役割ご

とにブレイクダウンしていくことも必要です。そのうえで、役割分担ごとにチーム編成を行い、責任の所在を明確にすることも大切です。役割分担ごとに細かく土台を固めておくことで、販促活動の円滑な推進を目指しましょう。

わかりやすく、**明確に目的を伝え**、メンバー全員で共有することが必要で、それぞれがぶれないように**管理すること**が必要となります。

「資源」をマネジメントするポイント

第2は「資源」を管理するマネジメントです。

資源には、経営的にはヒト、モノ、お金、情報の4つを指します。

その中で一番わかりやすいのは、お金、つまり、予算管理でしょう。どれくらい予算が必要なのかを把握するのは基本です。それに加えて、目的を達成するために、いつ、どこで、どんなことに予算が必要となるのかを、必要となるタイミングから逆算して予算の"やりくり"をしなければなりません。

そのため、予算管理で大切なことは、"5W2H"。**いつの時点で**（When）、**何のために**（Why）、**担当は誰が**（Who）、**何を**（What）、**どれだけ**（How many）、**いくらで**（How much）、**どこから調達してくるか**（from Where）を考える必要が出てきます。

そして、Whenである時間軸で、いつの時点で何が必要になるかを、販促活動の制作スケジュールの形式で書き込んでいきます。

スケジュール上で必要な資源を書き出し、調達先から見積りをとり、金額を計算してみましょう。予算内であればOKですが、予算をオーバーした場合は、品質を下げないように、調達先を変えるなどの工夫が必要です。頼りになる調達先を日頃の業務の中で見つけておくことも大切です。

さらに出費を抑えるためには、使用期間を限定する工夫もあります。いかに細かいダンドリを早い段階でつけることができるかで販促企画の成否が決まります。

予算と同様に、**人員の手配も資源マネジメントの領域**となります。たとえば、業務の都合で担当者が販促活動の準備に参加できなくなるケースです。その場合、その人しか知らない内容があると、作業をつづけることができなくなり、

第 3 章／【計画】販売促進のプランニング　　99

販促活動の推進に支障をきたすことになります。

その対策としては、**役割分担しているとはいえ、それぞれの役割での進捗状況は常に複数の人で共有し、担当者にトラブルが起きても別の人で対応できる体制を整えておくこと**が有効です。要件や仕様をあらかじめきっちりと決めておけば、作業を外注することも容易になります。

「期限」をマネジメントするポイント

第3に「**期限**」のマネジメントです。

販促活動には実施期間があるので、必ず始まりと終わりがあります。そのため、スケジュール管理は重要な要素となります。期限をマネジメントするときのコツには、「**細かく分ける**」「**前倒し**」があります。

販促活動は実施期間に照準を合わせてスタートしますが、最終的な期限だけでなく、途中段階での期限を細かく設定することがポイントです。途中段階に数回の期限を設けることで、進捗が遅れているのか進んでいるのかをチェックすることができます。万一、遅れていたなら、迅速に挽回のための策を打って、最終期限に間に合うようにします。

そのためには、販促活動全体を漠然と捉えるのではなく、**細分化して工程から把握しておくことが重要です。販促企画を実現するにあたり、①どんな工程が必要になるのか、②各工程で必要なタスクには何があるのか、③それぞれのタスクで連携する他のタスクや工程はあるかを、チャートにしておきましょう**。そのチャートを見ながら、途中段階での期限を設定します。面倒ですが、このチャートはできるだけ細かくつくるほうが、期限をマネジメントするうえでは有効です。

そして適切なタイミングで共有することも必要です。スケジュールを正しく認識できる「適切なタイミング」は各関係者によって異なります。制作メンバーは、複数のプロジェクトを同時に進行しているため、こまめに進捗を確認しながらスケジュールを調整していきます。プロジェクトを前に進めるためには、**それぞれに「適切なタイミング」を計って、各関係者に細やかに必要な情報を共有することが必要です。**

一般的に、販促活動を始めるキックオフミィーティングで、全体スケジュー

ルを共有します。しかし、一度説明したからといって関係者全員に伝わったとはいえません。役割分担されたメンバーは、往々にして「自分の担当範囲」ばかりに目が行き、「自分の担当範囲外」のスケジュール認識は曖昧になりがちです。そのため、**工程別、役割別に担当者とチェックすることが良いでしょう**。

もう一つの期限管理のコツは「前倒し」です。販促企画は期限を後ろにズラすことがむずかしいものです。顧客にとっては不満や不信感の原因となり、販促企画がマイナスに働いてしまうからです。そのため、準備作業は前にズラすのが妥当といえます。あまりサバを読みすぎて、日常業務に負担となるのは良くありませんが、ある程度余裕をもって作業を進めるようにしましょう。

期限を管理するうえで、担当者による報告を鵜呑みにするのはやめましょう。順調に進んでいると聞いていたのに、実は進捗が遅れていたことが実施間際に発覚するトラブルも起こる可能性があります。信用しないのは良くないですが、**販促活動の推進状況を"見える化"する工夫を行って、確認できる体制を築きましょう**。これにより進捗のズレを早期に発見することができ、各工程のタスクのクオリティが上がり、販促活動の成功につながります。

第 3 章／【計画】販売促進のプランニング

計画 18 販促活動の戦略的な計画

販促活動は継続して戦略的に実施しよう

　これまで販促企画を計画するために必要なことを解説してきました。

　販促活動は、「年数回行えば十分」というわけではありません。顧客を活性化させ購買に結び付けたいのは、ある期間だけではありません。年間を通じて継続して行うべき、日常的で重要な店舗の課題です。また、販促企画は経営活動の一環として行うべき展開であるので、単に賑やかしの"打ち上げ花火"として実施するのではなく、中長期的な視点をもった戦略的な展開として位置付けて、計画する必要もあります。

まずは年間販促計画をつくろう

　生活の中には、年中行事や季節を感じる習慣、記念日など、さまざまなポイントがあります。それを活用すれば、ターゲットのライフスタイルや社会トレンドに合わせて、計画的に販促活動を実施することができます。

　また、年間で販促活動の計画を立てておけば、日常業務として組み込んで、その準備に十分な時間をとることができます。翌月に急に販促活動を実施することになり、ばたばたと計画して実施するより、前もって検討して準備期間に余裕をもてるほうが効率的に実施できるはずです。

　さまざまな季節的需要にうまく対応しながら、安定して無理なく集客や売上を伸ばすために、前もって「年間販促計画」を立てておきましょう。

手順① 「重要イベント」を書き出す

　まず、これまでの日常業務や経営計画をベースに、自店舗にとっての重要なイベントや主な展開を書き出します。定番的に実施するセールや棚卸しのタイミング、新商品の発売予定、定番商品の品揃え、内装の変更なども忘れずにチェックしておきます。そして、店舗の繁忙期、繁忙期に向けての準備期、売

上が少なくなる閑散期も確認しておきましょう。

　次に、ターゲットのプロフィールやライフスタイルに合った年中行事、社会トレンド、季節感のある習慣、地域行事など月別にピックアップしていきます。**できるだけ多くリストアップしておくと、以降の計画が立てやすくなります。**

手順② 「行動予定」を検討する

　次に、年間で起こるであろう出来事、作業、トレンドなどを俯瞰して見ることで、それぞれの時期でやるべきことが見えてきます。

　そして、大まかな年間スケジュールをつくり、「どのタイミングでどんなことをするのか」、アクションプランとしての行動予定を立て、細かい情報を追加していきましょう。たとえば、繁忙期に向けて販促活動を逆算して準備を検討することもありますし、空いている閑散期に販促活動を行って対策を打つこともできます。

　作成した年間スケジュールは見えるところに貼り出し、いつでも目につくようにして、月末・月初には必ず振り返るようにしましょう。また、予定を変更する場合は、それに合わせて年間スケジュールを書き直してください。

手順③ 「月間計画」を立てる

　重要イベントと行動予定で年間スケジュールが決まったあとに、それを実行するための月単位の計画を立てていきましょう。月別で年間行事を抜き出し、その月の社会情勢や景気動向、気象状況などの外部環境を配慮しながら、販促活動をどうするかを検討していきます。

　つまり、自社の商品・サービスにとって、その月にはどんな販促要素があるのかを意味付けして、販促活動を検討していきます。スーパーでは週単位で販促活動を行いますが、店舗によっては月単位、2〜3カ月（クール）単位で実施する場合もあります。それによっては、月間計画も変わってきます。

　計画を立てたあとに追加しないといけない作業が発生した場合は、月間計画に書き加えて、"見える化"できるようにしておきましょう。また、実施にあたってはチェックが大切なので、**必ず目標設定と効果チェックできる体制も考慮しておきましょう。**

第 3 章／【計画】販売促進のプランニング　　103

年間販促行事表の例

	3月	4月	5月
社会行事	雛祭り 春休み 春分の日・お彼岸	新生活・入学・入社 ゴールデンウィーク 昭和の日	ゴールデンウィーク 憲法記念日 みどりの日 子どもの日
	卒業式 → 入学・入社 → ゴールデンウィーク → 新生活準備 → 新生活準備 → 母の日・こどもの日 父の日 → お彼岸 お花見 → 雛祭り 春休み → 夏物衣料準備 クールビズ →		
一般行事・習慣	ホワイトデー 春のお彼岸 卒業シーズン 進学就職シーズン お花見 春の行楽シーズン 転勤シーズン	入学・入社シーズン お花見 潮干狩り 行楽シーズン 歓迎会	紫外線対策グッズ 行楽シーズン アウトドアシーズン 梅雨対策
ギフト関連	卒業・入学・就職お祝い 雛祭り ホワイトデー	入学・就職お祝い	帰省お土産 母の日プレゼント こどもの日プレゼント
今年度の特徴	花粉症 雨天多し 桜前線は平年どおり	新入学人口減少 夏日多し	気温上昇 酷暑予想発表 GW天気まずまず

10月	11月	12月
体育の日 ハロウィン	文化の日 七五三 勤労感謝の日	クリスマス 御用納め 大晦日 天皇誕生日

秋の行楽・レジャー　　　　　　　　　　　クリスマス商戦

運動会　　　　　　　　　　　ボジョレーヌーボー　忘年会シーズン

　　　　七五三

秋の味覚　　　　　　　　　　　　　　　　　　　　　　正月準備

衣替え　　　　　　　　　　　　　　　　　　　　　　　　冬休み

　　　　　　　　冬物衣料準備

衣替え 秋の行楽シーズン 運動会シーズン ハロウィン 秋の味覚 秋のブライダルシーズン 秋の例大祭	ボジョレーヌーボー解禁 文化祭・学園祭シーズン 紅葉シーズン 鍋物シーズン 秋冬スポーツシーズン	ボーナス支給 年末年始休暇 年始準備 忘年会シーズン
ハロウィン	七五三お祝い	クリスマス・プレゼント 帰省お土産 お歳暮
行楽日和続く 家電画期的商品登場 日本シリーズ開催	暖冬傾向 ボジョレーできよし 農産物できよし	平均賞与額下落 冬休み中の高速混雑

(作成：江上隆夫)

第 3 章／【計画】販売促進のプランニング　　105

中長期的なロードマップをつくる

　販促活動の目的によっては、一度の販促活動だけでは成果が上がらず、継続しないと達成できない場合もあります。特に固定客の獲得やファン化を目指す場合、店舗サービスの維持や改善、さらに店舗ブランドの育成を行うためには、長期間の継続した販促活動が必須となります。

　そのためには、多段階的に目的を解決する『ロードマップ』をつくることも必要となります。

　中長期的な計画を立てるためには、次のステップで進めていきましょう。

ステップ①：目的の多段階化

　最終的な目的を達成するために必要な要素をブレイクダウンしていきます。具体的には、目的達成のために必要な要素を細分化していったり、「そのために何をするべきなのか」という目的をさかのぼって考えたりするなどの方法で、目的を階層的に多段階化していきます。

ステップ②：スケジュール化

　目的を多段階化できたら、それを「いつ行えば良いのか」「どれくらい実施に時間がかかりそうか」などを検討して、中長期のスケジュールを作成していきましょう。成果を短期間で達成しようとするのではなく、見込みを十分に検討して無理のない計画を立てていくことが重要です。

　販促活動のマネジメントでは、前倒しすることがコツですが、この場合はやや余裕をもたせておくことがポイントです。

ステップ③：年間計画に取り込む

　中長期のスケジュールを立てることができたら、次に年間計画を立てる年の部分を抜き出し、中長期の目標を年間計画に取り込んでいきましょう。年間計画の立て方は、先にご紹介したとおりに進めていきます。

第 4 章

実行
販促手法 1

販売時点での
直接的な販促活動

実行　販促手法1

01
販売時点直接型①
試用体験手法

「商品サンプル配布」「お試し体験」など

　試用体験手法とは、短期間のうちに多くの見込客に商品・サービスの試用機会を積極的に提供することで、認知から購買に至るまでの時間を大幅に短縮できる手法です。

　この手法を大きく展開するにはある程度の経費がかかりますが、見込客の多い場所で用いれば、投資に合う見返りが期待できます。

　試用体験手法は、**商品・サービスの特徴を、どんなアイデアで消費者に体験させるかがポイント**になります。

　「**商品サンプル配布**」では、ニーズのあるターゲットのもとにサンプル（試供品）を確実に到達させることと、他の商品との特徴の差異を明確に注目させることが必要になります。単に試供品を配ることが目的ではありません。

　また、試用体験自体が告知展開となる活動が多いので、告知活動は控え目になるケースもあります。

　試用体験手法としては、次ページのような種類があります。以降詳しく説明していきます。

108

販売時点直接型① 試用体験手法の種類

（1） 商品サンプル配布　　　　→　110p

（2） お試し体験　　　　　　　→　112p

（3） モニター制度　　　　　　→　114p

（4） デモンストレーション　　→　116p

（5） カウンセリング　　　　　→　118p

（6） 診断サービス　　　　　　→　120p

実行　販促手法1

02 商品サンプル配布

販売時点直接型① 試用体験手法（1）

　商品のサンプルを見込客に配布し、試しに使ってもらって、その商品の良さを実感してもらう方法です。この方法は、「**サンプリング**」ともいわれます。なかでも、商品を配布する展開を「**プロダクトサンプリング**」と呼びます。

　サンプル配布の目的は、実際に商品の購入に結び付けることにあります。次ページの表のように、配布方法の違いによってタイプが分けられます。状況に応じて、適切な場所で必要な期間に限定し、ターゲットを絞り込んだ展開が可能です。

　試用体験から、購買の動機付けとともに販売の拡大へと、短期的に効果が上げられます。

　また、この方法はブランドロイヤリティが高い競合品からの買換えも可能にします。しかし、多くのサンプル配布は、人手を要するため、ターゲット1人あたりの到達コストがかかるうえ、必要なターゲットだけを狙った到達がむずかしい面があります。結果として、費用効率が低下しやすいというデメリットがあります。

　サンプル配布は、**新規顧客の買上を増やす方法として有効性は高いものの、一般的な売上アップという面では、後述する他の方法と比べて、費用効率が低くなることがあります。**

　この方法では、他ブランドとの差異の明確化が重要です。商品の機能面に優位点があるだけでなく、試してみて、すぐに違いがわかることがポイントになります。

　ブランドを試してもらう働きであり、購入経験率の低い商品に適していることがわかります。反対に、ブランドの浸透率の低い市場を選別しないと、費用効率が著しく低下する恐れがあります。

商品サンプル配布の種類

種類	概要	例
戸別配布	ターゲット層の多い地域を選び出し、その地域の家庭に集中的に商品サンプルを配布	弁当宅配業で、一人暮らし層を顧客にしたい場合には、近くにコンビニや飲食店のないワンルームマンションを選ぶ。高齢者の多い下町でも良い。自炊の手間や外食のコストが省ける点を訴求ポイントとして打ち出す
郵送配布	ターゲット層に向けて、商品サンプルを郵送で配布	子ども向け学習教材であれば、プレゼント懸賞をきっかけに住所を集め、賞品としてサンプルを配布。興味をもっている家庭にダイレクトに届けられる
店内配布	店内で商品サンプル品を配布	パン屋などで、売りたい商品のファンを増やしたい、お店全体の売上を上げたい場合には、試食品を配布。味を知ってもらうことで、別の商品を買っているお客様の単価を上げたり、購入頻度を増やしたりすることができる
商品添付配布	ターゲットが同じと考えられる商品に、商品サンプルを添付	ベビーフードを訴求したい場合には、月齢に相当するサイズのおむつにおまけとして試供品をつける。確実にターゲットのもとに届けられるし、ジャストタイミングでの配布が可能
応募者送付	新聞、雑誌などを利用し、商品サンプルに興味のある人を募集。応募者に商品サンプルを送付	アンチエイジング化粧品であれば、ミセス向け情報誌などで希望者を募る。誌面を見ているターゲット層が、情報を求めている点を有効に活用。必ず応募要項と一緒に効果を裏付けるような説明文を入れることが重要
街頭配布	駅前や店前など、ターゲット層の多く集まる場所で、商品サンプルを配布	風邪予防グッズなど、流行や季節に合わせた商品を訴求したい場合には、大勢の人が集まる場所で配布する。世の中の動向に合わせた話題性、連鎖反応をつかめる点でも効果的
拠点配布	展示会やイベントなど、ターゲット層の多く集まる場所で、商品サンプルを配布	低価格のケア用品の訴求には、高校生が集まるイベントでの配布が有効。仲間との話題の共有につながる。イベントの参加者層が、学内でのオピニオンリーダーになれば、その話題性も拡大する
同梱送付	ターゲットが同じと考えられる商品のカタログなどと一緒に、商品サンプルを配布	通信販売において、コーヒーメーカーの購入者にコーヒー豆の厳選品サンプルなどを同梱。興味や関心のタイミングに合わせられる点で、確実なターゲットに向けたサンプリングが行える

第 4 章／【実行 —— 販促手法1】販売時点での直接的な販促活動　　111

実行	販促手法1

03 お試し体験

販売時点直接型① 試用体験手法（2）

　商品について、サンプル配布は低価格品で行われますが、お試し体験は車などの「**試乗体験**」のように、高額品で行われます。

　商品以外では、学習塾の「**体験レッスン**」もこれにあたります。体験レッスンは、必ずしも無料である必要はありません。仮に少額でも有料にしたほうが、「クオリティに自信がある」とターゲットに捉えてもらえることもあります。

　お試し体験は、実際に商品・サービスを体験できるため、使いやすさという機能的な側面だけでなく、心地良さなどの情緒的な側面も伝えることができます。**短期的に商品・サービスの体験を形成できるため、比較的短期間に購買の動機付けが可能となります。**

　しかし、高額品や商品以外のサービスについては、お試し体験の場所や時間が限定されることはもとより、対応する人の技術や接客のクオリティによって販売への影響が小さくありません。

　お試し体験をした見込客には、期間を限定した割引特典を付けるなど、購入率を高める工夫が必要になるでしょう。

　代表的な例を次ページに示します。

お試し体験の代表例

業種	方法	概要
車・バイク販売業	試乗体験	点検時の代車、レンタカーとして、試乗車をターゲットに貸し出す。家族構成やライフスタイルに合わせたセールスポイントを伝えておくことが大切
住宅・リフォーム業	住宅展示場にて体験	モデルハウス内において、料理やインテリアなどのレッスンイベントを開催。使い勝手や雰囲気を体験してもらえるし、しかも長時間滞在となるので、商品の良さを強く印象付けられる
エステサロン	体験コース	「1年間有効、4回まで脱毛1,000円」など、試用体験してもらう。何度か足を運んでもらうことが目的。まずは来店してもらい、親密度を高めることからスタートする
整体・マッサージ業	体験コース	通常、オプションに設定しているメニューを無料にし、試用体験してもらう。オプションのメニューは、オリジナリティーのあるものを用意し、他店との差別化を図る
学習塾	体験レッスン	夏休みなどに家庭学習用教材を用いて無料体験教室を行う。在籍者の紹介であれば、バッグや文房具などのプレゼントを付けて、仲間での意識を拡大させる
スポーツクラブ	体験レッスン	まずは来店してもらうことを目的に、期間限定でワンコインレッスンを行なう。「いま行かないと……」といった気持ちをもたせるため、実施期間は短くする
資格スクール	体験スクール	アロマスクールなどでは、卒業生に協力してもらい、無料でアロマ講習会を行う。資格を設定するなど、目標と到達点を明確にさせることが、学習意欲の向上につながる

第4章／【実行 —— 販売手法1】販売時点での直接的な販促活動　　113

実行 販促手法1

04 モニター制度

販売時点直接型① **試用体験手法（3）**

　「**モニター**」とは、「**テスト的に試してもらう**」ことでもあります。たとえば、感想文を書いてもらうなど、何らかの条件を付けて商品・サービスを試してもらうのがモニター制度です。これを、「**モニタリング**」ともいいます。

　モニターをする人の選別方法の違いから、次ページの表のようなバリエーションがあります。

　モニター制度は、実際にモニターをする人の自宅で商品・サービスを使ってもらい、その機能を十分に理解してもらえる方法です。

　これにより、モニター体験者は、商品・サービスへの愛着が高まります。そして、リピート促進や、新規の顧客を紹介してもらうことにもつながります。

　何度かモニターになってもらっているロイヤリティの高い顧客に、別の商品・サービスのモニターになってもらい、ロイヤリティをより高めることもできるでしょう。

　モニターによっては、今後の商品・サービス開発に必要な消費者の代表的な"濃い感想"をもらうこともできます。

　しかし、体験者が限られたり、モニターをしてもらうためのコストがかかったりするというデメリットがあります。特に、新製品の場合は、モニター体験者に時間をかけて試用してもらわないと本当の実感はつかめません。

　モニター制度では、ターゲット層を明確に決めて、その層にモニターを依頼するのが鉄則です。モニター後は、アンケートを必ず実施し、その商品・サービスのクオリティの改善はもとより、「お客様の声」として、今後の販売促進の材料にするといいでしょう。

モニター制度の種類

種類	方法	例
応募先着モニター	モニターの人数を先着の何人かに限る方法	新商品や季節品などに有効。タイミングが肝心。また、モニタリングの期間を決めておくことで、集中的に話題を集められる
応募抽選モニター	応募者の中から抽選でモニターを決める方法	リフォーム会社や家電量販店などで行う。ファミリー向けの商品であれば、家族構成や生活スタイルを重視して抽出。セールスポイントを最大限に活かせるターゲット層へのアピールにつながる
コンテスト型モニター	感想文、論文、キャッチフレーズなどを募集し、その中から対象者を選び出す方法	食品などの場合、商品を使ったレシピコンテストを開催。コンテストの結果発表が広告宣伝材料になるうえ、応募によって集まったアイデアも訴求の手がかりになる
依頼型モニター	購入の見込度の高い顧客、オピニオンリーダーなどを選別して、モニターを依頼する方法	こだわりの食品や化粧品などを、雑誌やタウン誌の読者モデルに使ってもらい、そのコメントを掲載する。ターゲット層のお手本となるモニターを選ぶことが大切
オフ・プライス型モニター	モニター用の特別割引価格を打ち出すことで、見込客の応募を誘い、見込客のリストを得る方法	店舗ごとの売上促進や商品アピールに用いる手法。健康食品や化粧品など、ブランド・スイッチの切替えなどに効果的

第 4 章／【実行 —— 販促手法 1 】販売時点での直接的な販促活動　　115

05 デモンストレーション

実行　販促手法1

販売時点直接型①　試用体験手法（4）

　商品の良さを、見込客の目の前で実演して見せるのが**デモンストレーション**です。主として小売業の店頭や店内で行われる販促活動の一種で、略して「**デモ販売**」または「**実演販売**」とも呼ばれます。

　デモンストレーションの実施場所の違いから、次ページの表のようなバリエーションがあります。

　デモンストレーションは、実際に商品を使って見せ、その商品の機能や性能、使用方法や使い心地などを消費者に直接訴えかけることで、購買に結び付ける方法です。マネキン、デモンストレーターによる実演や説明によって購買を促します。

　食品や飲料をはじめ、調理器具や家電製品、健康器具によく利用されています。スーパーで実際に料理方法を実演し、試食ができる「**試食販売**」や「**試飲販売**」は、デモ販売の代表的な例です。

　デモ販売は、メーカーが実演販売者を派遣して行うことが多いです。消費者に対しては、商品の直接的な宣伝および試用機会の提供になります。一方、小売業に対しては、販促を実際に助ける販売店援助（**ディーラー・ヘルプス**）と位置付けられます。

　売り場以外でも、特設会場やレジャースポットでのデモンストレーションの展開がありますが、この場合には、「顧客リスト」を取得し、その後定期的にアプローチするなど、リピート促進のしかけを工夫しないと、費用効率が著しく低下する恐れがあります。

デモンストレーションの種類

種類	概要	例
店内デモンストレーション	売り場で展開するデモンストレーション	炊飯ジャーでケーキを焼くなどのデモを行う。機能をウリにしたものは見た目で判断しにくい。競合商品との差別化を図るためには、プラスαのアピールが必要
エキシビジョン展開	ホテル内の特設会場、各社共同の見本市会場などで展開する商品デモンストレーション・イベント	たとえば、展示会における美容機器や健康器具などのデモンストレーションが相当する。操作方法の紹介や、商品特性をきめ細かくアピールすることができる
レジャースポットでのイベント展開	人の多く集まる場所で華やかに繰り広げられる、イベント型の商品実演展開	イベント会場において、特設ブース・ステージでイベントを開催する方法。新商品のブランド構築などに用いる。認知度の低い層へのアピールに向いている

第 4 章／【実行 —— 販促手法 1 】販売時点での直接的な販促活動　117

実行　販促手法1
06 カウンセリング

販売時点直接型①　試用体験手法（5）

　カウンセリング（counseling）とは、依頼者の抱える問題・悩みなどに対し、専門的な知識や技術を用いて行われる相談援助のことです。カウンセリングを行なう人をカウンセラー（counselor）、相談員ともいいます。

　このカウンセリングを、販促手法の一つとして応用することができます。

　たとえば、情報が溢れている今日では、消費者が商品を購入する際にどの商品を選んで良いのか迷っているケースが少なくありません。そこで、見込客の立場に立って買物の相談に乗り、販売に結び付けるわけです。

　代表的な例を次ページの表に示します。

　カウンセリングを試用体験として活用する場合、商品の売り場で実施されることが少なくありません。また、学習塾やスポーツクラブでも、この方法を活用しているところを見かけます。

　商品・サービスの知識の乏しい見込客に対して、各種の相談に乗ることで、信頼を獲得することができます。その結果、高額品であっても、販売しやすい環境が生まれやすくなります。

　しかし、担当者の知識が少なかったり、十分な対応ができなかったりすると、会社やお店の信頼を失うことになり、逆効果になることもあります。そのため、相談に乗る専門家の能力の高さが重要になってきます。

118

カウンセリングの代表例

業種	種類	概要	例
百貨店の洋服売り場	スタイリングコーディネーター	その人の立場、性格などから、身に付ける服や装飾の色やデザインなどをコーディネート	スーツを求める男性客に対し、会話の中から職種や立場の確認を行い、シャツやネクタイとの組み合わせ（コーディネート）も踏まえてアドバイス。流行やシーズンなどを考慮したうえで、専門的にアドバイスする
エステサロン	エステティシャン	肌の状態を生活・体調などをもとにカウンセリング。定期的な肌のチェック方法や実際の手入れ方法についてサポート	対話の中から生活スタイルや悩みをキャッチし、ライフスタイル全般における解決方法をアドバイスする。施術以外に得られる興味や関心を引く情報によって、顧客のマインドをキャッチ
結婚式場	ブライダルカウンセラー	予算、家族構成、心の状態を配慮し、結婚式や披露宴など、ブライダルに関わるすべてをコーディネートおよびサポート	気持ちを大切にしながら、イメージと現実との調整を行い、実現できるプランをコーディネート。イメージの具体化が顧客獲得につながる
酒店	ワインアドバイザー	予算、好みなどを配慮し、どのようなワインがいいのかをアドバイス。なお、レストランで担当しているワインアドバイザーは、試用体験手法ではなく、サービスの一環	ワインに合う食事やシチュエーションなどをヒアリングしたうえで、ストーリー性を重視したワインの選択肢を提案
墓石店、葬儀社	お墓ディレクター	予算、家族構成、文化的な価値を配慮し、墓石の素材や施工方法をコーディネート	ほとんどの人が専門的な知識や情報をもっていない。まずは不安感を取り除くために、情報を提供し、そのうえで希望やイメージを明確化させるといったサポートを行う

第 4 章／【実行 —— 販売手法 1 】販売時点での直接的な販促活動　　119

実行 販促手法1

07 診断サービス

販売時点直接型① 試用体験手法（6）

　既存客や見込客が使用している商品・サービスの診断や点検を行い、買替え需要（または「ブランド・スイッチ」の促進）を図るのが診断サービスです。**点検後、まだ使用できるのか、修理の必要性がないのかを診断して、買替え需要の獲得を目指すという方法**です。

　会社やお店にとっては、新たな商品・サービスをすすめる場合に役立ちます。既存客や見込客にとっても、いまの商品・サービスで十分なのかどうかを確認できます。双方にメリットがあります。ただし、無理に買替えをすすめると、既存客や見込客の信頼を損ない、逆効果になることもあります。

　この方法を積極的に活用できる例を次ページの表に示します。

　たとえば、店頭に、既存客や見込客が使用している商品を持参してもらって、点検・診断を行います。持ち込みがむずかしい商品は、訪問によって、点検・診断する場合もあります。基本的には無料で実施することが多いようです。

　既存客や見込客にとっては、使用中の商品を点検できるというメリットがあり、会社やお店にとっては、修理や買替えの需要を生み出せるというメリットがあります。

　ただし、使用中の商品を点検してもらうのは、プライバシーに関することなので、心理的な抵抗があることも少なくありません。「個人情報保護法」などに則り、誠実に対応する必要があるでしょう。

　診断サービスの対象になるのは、電化製品、オーディオ製品、宝石などの商品です。鞄や靴でも、高額な商品であればあてはまります。

　この方法は、住宅・リフォームなどで多く見かけるでしょう。商品の点検だけでなく、身体の一部もしくは全体に関する点検として、ヘアサロン、エステサロン、マッサージ店、スポーツクラブなどにも応用できます。

　学習塾、資格スクールの試験も、診断サービスの一つといえるでしょう。

120

診断サービスの代表例

業種	種類	概要
車・バイク販売業	点検	無料点検サービスを行う。ただし、毎日実施すると、店舗スタッフの意識が散漫になったり、消費者から警戒されたりする可能性もある。日にちや曜日、週などを決めて定期的に実施すれば、お得感もあるうえ、来店も期待できる
住宅・リフォーム業	診断	ライフステージの変化、築年数などを考慮したうえで将来の快適性を診断。顧客の願望をビジョン化して提案する
エステサロン	体験コース	試用体験の際、無料で現状診断を行う。診断結果を伝えたうえで、改善方法をアドバイスする。また、他のコースを提案する際は、試用コースとの違いを明確に伝える
整体・マッサージ業	体験コース	不調が見られる箇所について説明する。はじめに、普段の生活に取り入れられる改善方法をアドバイスしたうえで、本来受けてほしい施術コースをすすめる
学習塾	体験レッスン	生徒が苦手とする箇所を具体的に提示。克服方法をアドバイスしたうえで、自己学習より効率の高い学習計画を提案
スポーツクラブ	体験レッスン	身体測定などを行う。目標や目的を明確にし、プロの知識を活かしたアドバイスを行う。あくまでも楽しく通えるように、娯楽性や快適性をアピール
資格スクール	体験スクール	適性診断などを行う。簡易で娯楽性の高いものを用意し、関心を引きつけたうえで、目的や目標を明確に示す

第 4 章／【実行 —— 販促手法 1】販売時点での直接的な販促活動　　121

実行 販促手法1

08 販売時点直接型②
価格訴求手法

「クーポン」「キャッシュバック」など

価格訴求とは、一時的に商品・サービスの価格を引き下げ、購買を容易にする展開のことです。商品・サービスそのものの価格を変更することではありません。

価格訴求手法は、簡単なアピールで即効性があるためによく使われますが、結果として商品・サービスのブランドの価値を大きく損なうこともあります。

この手法は、基本的に「ブランド・スイッチ」（ある商品カテゴリーの中で、1つのブランドから他の競合するブランドへ購入者が切り替えること）がしにくい人に効き目があります。しかし、需要の先喰いを起こし、通常時にマイナス効果を及ぼす恐れがあります。

ですから、**限定的に使用することが最大のポイント**です。たとえば、値引きが単なる安売りに見えないように、「キャッシュバック」など、価格自体を下げずに実施する工夫も大切です。

価格だけに反応した見込客は、価格によって、他の商品・サービスに移ってしまう可能性も少なくありません。そのため、**見込客には「あくまでもお試しのためである」ことを意識してもらう必要もある**でしょう。

価格訴求手法としては、次ページのような種類があります。以降詳しく説明していきます。

販売時点直接型② 価格訴求手法の種類

（1）クーポン　　　　　　　→　124p

（2）キャッシュバック　　　→　128p

（3）各種割引制度　　　　　→　130p

（4）均一価格　　　　　　　→　132p

（5）増量パック　　　　　　→　134p

09 クーポン

実行　販促手法1

販売時点直接型②　価格訴求手法（1）

　クーポンとは、特定の商品においてターゲットに発行する割引券や優待券のことです。

　ターゲットは、その商品の購入時にクーポンを持参すれば、クーポンに記載されている額面金額分の値引きや優待を受けることができます。すべての消費者に対する値引きではなく、クーポンを持参しなければ、同じ商品を購入しても値引きや優待を受けることができません。

　特定の商品の購買を促す方法として、実施主体で分類すると、「**メーカーが自社商品の販売促進のためにクーポンを発行する場合**」と、「**小売店、サービス業が自店の顧客のために独自にクーポンを発行する場合**」があります。

　メールマガジンの会員登録者に配信するクーポンは、リピート客や見込客の獲得、休眠客の掘り起こしに向いています。たとえば、定期的な購入が予測される洋品店、趣味の店、美容室、マッサージ店やエステサロンで、その効果が期待できるでしょう。

　販促媒体では、「**クーポン付き情報誌**」（フリーペーパー）が有名です。雑誌やインターネットサイトに掲載する割引クーポンは、新規顧客の獲得に向いています。飲食店や、新商品発売時、新規開店時に効果的です。

　クーポンを配布している媒体によって分類すると、次ページの表のようになります。

クーポンを配布している媒体例

種類	方法	概要
紙媒体広告	新聞折込広告チラシ、ポスティングチラシ、街頭配布チラシ、店頭配布チラシ、雑誌広告、新聞広告、フリーペーパー、DM	紙媒体に親しんでいる主婦や、高齢者層などをターゲットに、飲食店や化粧品、健康食品、地域密着型店舗のクーポンを掲載。消費者がクーポンを持参することで、割引サービスなどを受けられる仕組み
デジタル媒体広告	PC、モバイル	デジタル媒体からの情報収集が主となる若い層をターゲットに、メルマガやホームページ、インターネット情報にクーポンを掲載。出力や画面提示による割引を行う仕組み
インナー向け媒体	PC、モバイル、DM、店頭で手渡し	既存客に向けて、顧客単価を上げたり、リピート率を上げたりするのに有効。新サービスやキャンペーン情報の告知に利用する
パッケージングクーポン	パッケージに封入する、または添付する	商品そのものに付加するタイプのクーポン。メーカーの協力を必要とする。次回購入時の特典や割引、おまけなどを入れる。リピーターをつかむために有効
インスタントクーポン	商品に直接貼られていて、その場で利用できる	スーパーの割引クーポンが相当。お得感を感じさせることができるので、見込客の購買意欲を駆り立てる

第4章／【実行 ── 販促手法1】販売時点での直接的な販促活動　　125

クーポンは、**自由に特典の水準を決められ、購買の動機付けが高いのが特徴**です。特典の内容に注意して的確に展開した場合は、新規顧客の獲得に有効に機能します。

　「限定使用」が可能なクーポンは、地域ごと、ターゲット層ごと、日程ごとなど、個々のニーズや課題に合わせて、仮説を立てて検証すれば、最適な水準に動機付けを調整できるので、費用効率が良いでしょう。

　クーポンは、店舗での展開が可能なため、小売店などの地域密着型店舗の集客に向いています。たとえば、飲食店の飲食代金割引、小売店の割引サービス、マッサージやエステ、美容室の割引サービス・オプションサービスなどです。これらの場合、コミュニティ紙・タウン誌への掲載や、新聞折込広告チラシ、街頭配布、店頭・屋内設置、ポスティングや DM などを活用します。

　また、クーポンの内容にも、次ページの表に示す種類があります。

　スーパーの店頭や陳列棚に、割引クーポンが置かれていると、お客様はそれを手にすることで他の人よりも安く買えるという事実から、お得感を感じて購入意欲がアップします。

　お店に来店したお客様は、すでに商品の購入を決めていたり、検討中だったりしますが、購買欲求が高まり、その商品を購入するだけでなく、関連商品として、ついでの商品や他の商品をさらに購入していきます。

　このように、クーポンの存在が顧客単価のアップにつながっているのです。

クーポンの種類

種類	方法	概要
値引き・割引	割引金額、購入金額、割引率など、販売価格の一部を値引きする方法	飲食店や美容室などの10％OFFクーポンや、1,000円引きクーポンなどがある。利用者にお得感を感じてもらうことで、来店を促す。実施期間を設定することが重要
お試し券	少額負担として購入金額の一部を負担してもらう方法	エステなどの1,000円お試し券などがあてはまる。見込客の来店意欲や購入行動を促すために用いる
購入券	割引の一種で購入金額を明示する方法	家電量販店で用いられる特別購入価格券が相当する。購入検討中の見込客の購入行動を促すために用いる
無料サービス	飲食店や宅配飲食業がドリンクを無料でサービスする方法	飲食店の飲み物無料券や宅配業のオプション無料券が相当する。値引きによる商品価値の低下をすることなく、付加価値によってお得感をもたせる

第 4 章／【実行 ── 販促手法 1 】販売時点での直接的な販促活動　　127

実行 販促手法1
10 キャッシュバック

販売時点直接型② 価格訴求手法（2）

　一般的なキャッシュバックの仕組みは次のとおりです。対象となっている商品・サービスを購入した顧客が、その購入を証明する保証書や領収書を、メーカー、小売業、サービス業に送ります。メーカー、小売業、サービス業は、顧客の購入費の一部をチケットやカード、現金で直接払い戻します。

　値引きは、販売価格を変更することですから、いったん価格を下げると元に戻すことがむずかしくなります。しかし、**価格をそのままにして、一部の現金を戻すキャッシュバックであれば、価格政策への影響が少なく、比較的いつでも実施できるというメリットがあります。**

　たとえば、携帯電話会社やインターネットサービスプロバイダによる通信料に応じた「**ポイントキャッシュバック**」、学習塾やスポーツクラブによるオフシーズンの「**入会金キャッシュバック**」、クレジットカード会社による金融商品販売での利用料金に合わせた「**ギフト券キャッシュバック**」などがあります。

　キャッシュバックは、サービス自体の価値を下げることにならないので、ブランドイメージを大切にしている業種に向いた手法といえるでしょう。キャッシュバックには、「**抽選方法**」と「**もれなく方法**」の2つの方法があります。詳細は次ページの表のとおりです。

　レジ連動型キャッシュバックの目的は、基本的にその日の購買動機と購買単価を上げるためです。割引還元型キャッシュバックやカード型キャッシュバック、金券型キャッシュバックは、どちらかというと次回の購入につなげるのが目的です。

　注意点は、「もれなく方法」を行うと、かなりの費用がかかることです。顧客が期待している分、一度始めると途中でやめづらく、中止したときの影響が大きくなりやすいというデメリットがあります。このことからも、**コスト面を十分に配慮して実施する必要がある**でしょう。

キャッシュバックの種類

種類	方法	概要
レジ連動型 キャッシュ バック	レジで、直接キャッシュバックする。量販店などで、期間限定でもれなく行われることが多い	スーパーのキャッシュバッククーポンなどが相当。購入したその場で現金が返還されるので、顧客にとっては割引のような感覚をもつ
割引還元型 キャッシュ バック	購入した一定金額がもれなく次回の割引金額として還元される。量販店などで継続的に行われている	半年以内であれば、次回商品購入が20％引きになる、といった実施方法をとる。リピート客の確保に有効
カード型 キャッシュ バック	購入した金額がカードに記録され、ポイントで蓄積される。ある一定金額に達すると、割引金額が還元される。家電量販店で、継続的に実施されている	家電量販店やスーパーで実施。継続来店を促し、常連客獲得に効果が期待できる
金券型 キャッシュ バック	レジで、次回来店時に使用できる金券を渡す。購入した金額に応じて金券を配布する場合と、もれなく一律の金券を配布する場合がある。飲食店で継続的に行われることが多い	ビデオレンタル店や書店で精算時に渡す500円券などが相当。定価が決められていて、価値を下げることのできない商品を扱う場合に有効

第 4 章／【実行 —— 販促手法 1】販売時点での直接的な販促活動　　129

11 各種割引制度

実行 販促手法1

販売時点直接型② **価格訴求手法（3）**

　前述のクーポンは、ある特定の商品に対して一律にターゲットに発行される割引券のことでした。**各種割引制度は、時間や年齢、記念日など、さまざまな条件によって、値引きの対象になる仕組みです。**

　この方法は、新規顧客の獲得だけでなく、既存顧客のリピート化にもつながります。たとえば、次ページの表のような種類があります。

　お歳暮の「**早期割引**」では、実際の商品価格は下げずに、配送料を無料にすることで、割引感を出しています。カラオケ店の「**タイムサービス**」は、ワンドリンク制を設けるなど、顧客単価の最低ラインを守るようにしています。

　割引方法によっては、家族や友人などの紹介客を増やすことができ、顧客の囲い込みに有効です。

　注意するポイントとして、「キャッシュバック」と同様に、**割引分の費用がかかり、一度始めると、顧客が期待しているため、途中で中止したときの影響が大きくなりやすいことです。**

　携帯電話会社の「**家族割引サービス**」はいまでは当たり前の割引サービスになりました。以前は、携帯電話会社にとって新規加入者の獲得は競合他社からの移行がメインで、割引サービスを行うことで顧客確保につなげることはできても、どんどん低価格化してしまい、サービス自体の価値が下がってしまうことになりかねませんでした。

　そこで、割引サービスを家族間に限ることで、一定コスト以上の赤字を防ぐことに成功しました。また、世帯全体の家計費節約にもつながるので、いったん加入してもらうと長く利用してもらえるというメリットがあります。

割引制度の種類

種類	方法	業種	概要
時間・期間割引	早期予約	イベント・贈答品・住宅	お歳暮やお中元の早期申込割引など。競合戦略の一つとして有効。見込客の取り込みに最適
	曜日	映画	映画館のレディースデーなど。来店行動を促す戦略。特定の曜日を決めて、定期的に足を運んでもらう。リピート客や見込客の確保に有効
	平日	美容室・ゴルフ場・ホテル・旅館	旅館やゴルフ場の平日サービス料金など。娯楽施設など、明らかに客足が減少する日の売上アップ対策として有効
	タイムサービス	カラオケボックス・飲食店	カラオケ店のフリータイムサービス、ドリンクサービスなど。滞在時間の拡大により、顧客満足度のアップにつながる
	季節外	ブライダル	結婚式場の仏滅割引など。不安や懸念要素を割引などによってカバーし、お得感を出すことで、購入意欲を促進
記念割引	発売・発表記念	化粧品、スイーツ、映画	発売や発表の日を中心に、通常ではありえない底値、または赤字覚悟の価格を打ち出す。顧客の購買衝動を駆り立てる方法
	オープン記念	パチンコ店、飲食店、美容室	美容室で、オープンから一定期間行う料金半額サービスなど。試用体験として、新規顧客の確保を促す
	記念日（誕生日、結婚記念日）	飲食店	飲食店による誕生日限定30％OFFやボトルサービスなど。競合戦略として有効
仲間割引	家族	携帯電話	携帯電話の家族通話無料プランなど。顧客単価を下げることなく、満足度を上げることができる。ブランド・スイッチの切替え防止に役立つ
	親子	携帯電話・美容室・飲食店	美容室の親子割引や、携帯電話の2台目割引など。顧客数の拡大に有効
	夫婦	映画・飲食店	映画館のカップルデー割引、飲食店のカップル料金など。夜間の顧客数を拡大するために有効
	高校生3人	映画	映画館の友情プライスなど。グループでの来店を促し、顧客数拡大に有効
年齢割引	シニア・熟年	スポーツクラブ、映画、ホテル、旅館、レジャー施設	旅館やレジャー施設のシニア割引など。ゆとり時間のある層をターゲットにした戦略
	学生	スポーツクラブ、映画、ホテル、旅館、レジャー施設	いわゆる学割。興味や関心が高いものの、価格にシビアな層をターゲットにした戦略
天候割引	雨天	飲食店、美容室	美容室の雨の日料金、書店の雨の日金券など。雨の日に客足が減少する業種に向く
	冷夏	電化製品	家電量販店によるエアコン価格割引など。見込客が離れるのを防ぐために有効
	猛暑	ゴルフ場	ゴルフ場のサマープライスなど。通常料金を引き下げるだけでなく、サービスドリンクを用意するなど、独自のプランで提供することが重要
大量購入割引	ギャザリング	インターネット通販	インターネットの共同購入割引サイトなど。顧客数の拡大に有効。食品や輸入品など、大量仕入れによってコストを抑えることができる商品に向く
	パケット料金	携帯電話	携帯電話のパケット定額プランなど。既存客の顧客満足度を上げ、他社への客流れを防ぐために有効

実行 販促手法1

12 均一価格

販売時点直接型② 価格訴求手法（4）

　割引価格による販売が多くなることで、消費者は価格への不安感が高まっています。そもそも、その価格に妥当性があるのかという不信感があるからです。

　以前は、価格が不透明といわれていたリフォーム業、葬儀業界も、価格への信頼性を高めるため、この方法の採用が一般的になっています。

　均一価格は、顧客から値引きされない方法でもあります。

　この方法を応用した例を見ていきましょう。

1. バンドル

　バンドルとは、「かたまり」とか「束」という意味です。**商品を個々でなく複数まとめて販売する方法**です。「1個500円を3個で1,200円」というように、通常は1個あたりの商品単価が安くなるように設定します。

　飲料のセット販売（ケース売り）が有名です。また、スーパーでよく見られる、肉や魚などを「3点まとめて買うと1,000円」もそうです。

　すでに顧客が商品の購入を決めている場合、少しでもお得に手に入れたいという意識があります。顧客単価を上げる方法として有効です。

2. 松竹梅

　昔から、料亭や寿司屋などで使われてきた「松竹梅」という表現も、均一価格の一つといえるでしょう。

　「松竹梅」は、選択肢を絞り、顧客が選びやすくなる方法でもあります。人間の心理として、「上中下」の3つがあると「中」を選択しやすいので、一番販売したい価格帯を「竹」に設定することがあります。

　最近は、飲食店だけでなく、通信販売業や、ホテル・旅館業でも応用されています。温泉旅館であれば、松＝満喫コース（マッサージや館内施設利用料金

132

＋宿泊代）、竹＝のんびりコース（飲み放題＋宿泊代）、梅＝ゆったりコース（露天風呂利用料金＋宿泊代）などのように、宿泊に付随する食事やお風呂のプランを変えたり、本来はオプションとなるサービスをつけたりして、利用料金の違いを設定します。

3. パスポート

　日本の法令上ではパスポートを旅券といいます。しかし、本書では「一般に身分を証明する文書ないしはカード類」として、販促手法として紹介します。

　ある一定額で、パスポート券を顧客に購入してもらいます。一定のルールは設けるものの、基本的にはパスポート券をもっている人は商店街、施設、イベントにおいて自由に使えるようにするというものです。

　大きく2つのケースが考えられます。

　1つは、商店街、レジャー施設、イベントに使える方法です。ある一定額で、パスポート券を顧客に購入してもらいます。

　商店街であれば特定のエリアの範囲を決め、そのエリア内のお店で自由に使えることにします。そして、エリア内で利用してもらうことで、顧客に得をしてもらいます。

　この方法は、商店街全体の売上を上げる効果があります。

　もう1つは、顧客の購買頻度を上げる方法です。ディズニーランドの「**年間パスポート**」が、その代表例といえます。ある一定期間であれば、何度でも施設内に入場できます。購入者だけが使えるもの、家族間で使えるもの、法人利用が可能なものなどがあります。この方法は、遊園地をはじめ、動物園、博物館で導入するケースが少なくありません。

　レジャー施設では、パスポートを購入して一定以上の乗り物を利用した顧客は、かなり得をすることになります。**娯楽施設やテーマパークの年間パスポートは、入場料金や基本料金をパスポート化することで、顧客の利用回数を増やすことが目的です**。顧客の利用回数が増えれば、飲食代や物品購入代など、顧客が入場後に利用する商品・サービスの売上アップにつながります。

　年間パスポートによる販促手法は、飲食店、美容室、ネイルサロンでも応用することができるでしょう。

実行 販促手法1
13 増量パック

販売時点直接型②　価格訴求手法（5）

　通常のパッケージよりも容量を増やし、消費者に割安感を訴求するのが増量パックです。価格を一定にして増量する場合と、価格の上昇以上に増量する場合があります。

　季節のタイミングに合わせた需要期に増量パックを販売することによって、大型サイズの商品に対するニーズを獲得することができます。

　「**詰め放題**」「**食べ放題**」も増量パックの応用ですが、これらの方法も割安感だけでなく、好奇心をくすぐるために効果的です。

　詰め放題は、スーパーの食品売り場でよく行われています。用意した品物を用意した袋に好きなだけ詰められるという方式です。一方、食べ放題は、ビュッフェスタイルで用意した料理を、価格と時間を決めて、好きなだけ食べられるという形です。ホテルのケーキバイキングは、女性に人気があります。

　レジャー施設での乗り物の「**乗り放題**」も、これにあたるでしょう。

　同じ価格で商品の量が増えるため、顧客側に「割安感」と「好奇心」の刺激をもたらし、購入を促進するメリットがあります。企業側は、集客効果が期待できます。

　しかし、販売価格を変えずに商品の量を増やすので、原価コストがかかります。オペレーションの仕組みを考え、人件費などのコストを抑えることによって、品質を落とさないようにする必要があるでしょう。飽和・飽食の現代では、単に量が増えても、質が落ちてしまえば、逆に顧客を失うことにもなりかねません。

実行 販促手法1
14 販売時点直接型③ キャンペーン手法

「オープン懸賞」「クローズド懸賞」など

　キャンペーン手法は、商品と消費者の接点をつくり、その商品の消費を奨励する目的で行ないます。

　「**スイープ・ステークス**」（懸賞やくじなどの総称）といわれる懸賞については、景品表示法によって、商品の購入を条件とする「**クローズド懸賞**」と、商品の購入を条件としない「**オープン懸賞**」に分かれます。特にクローズド懸賞は、さまざまなキャンペーンアイデアとして応用することができます。

　キャンペーン手法は、販売促進の成否を分ける重要な要素だといっても過言ではありません。

　すぐれたキャンペーンを考えるためには、すぐれた「**キャンペーンアイデア**」を考え出す必要があります。

　次項より、それぞれ詳しく見ていきましょう。

販売時点直接型③ キャンペーン手法の種類

（1） オープン懸賞 → 138p

（2） クローズド懸賞 → 140p

（3） キャンペーンアイデア → 142p

第 4 章／【実行 —— 販促手法 1 】販売時点での直接的な販促活動　137

実行 販促手法1

15 オープン懸賞

販売時点直接型③ キャンペーン手法（1）

　オープン懸賞は、商品を購入しなくても景品をもらえるものです。「**一般消費者向けのもの**」と、「**来店者を対象とする制限付きのもの**」に分けられます。

　たとえば、新商品の認知度を高めるための販促手法として活用されます。

　誰でも応募できる方法をとるのが一般的です。消費者にその商品の名前や特徴を回答してもらい、回答者の中から抽選で景品を進呈します。

　景品を魅力的なものにして、応募数の拡大を図れれば、早期に商品の認知度を高めることができます。

　このようなことからも、オープン懸賞は、小売業というより、メーカーがマス広告によって告知する必要があります。

　懸賞の応募内容の違いから、次ページの表のようなバリエーションがあります。

　オープン懸賞は、他の方法と比べて、直接的な販売効果は期待できないことから、以前より利用が少なくなってきています。とはいえ、食品や日用品の新発売時には、クローズド懸賞と併せて行われることが多いです。

　高額商品の場合は、購入資金をプレゼントすることで、応募してきた消費者の名前、住所などの情報を収集し、それを見込客のデータベースと結び付けます。その後の応募者へのアプローチによって、販売の可能性を高めることができます。

オープン懸賞の種類

種類	方法	概要
クイズ・タイプ	多くは、"虫食い"となっているところにブランド名や商品特性を書き込む	キャッチコピーや商品特性のうち、一単語を伏せ字にし、訴求ポイントをヒントにする。ハガキやインターネットで応募する
アンケート・タイプ	商品の使い方などについてアンケートをとり、抽選で応募者に商品を提供する	収納容器の収納アイデアについてのアンケートなど。アンケートは集計をとり、広告宣伝材料として活用
コンテスト・タイプ	ブランドの名前やキャッチフレーズの募集を行う。あるいは懸賞論文、商品の使い方のアイデアコンテストなど	イメージキャラクターの名前の募集など。商品の特徴や特性を情報として提供しつつ、認知度を高めることができる

第 4 章／【実行 —— 販促手法 1 】販売時点での直接的な販促活動　　139

実行 販促手法1

16 クローズド懸賞

販売時点直接型③　キャンペーン手法（2）

　クローズド懸賞は、法律では「**取引に付随する懸賞**」といわれます。**商品の購入者が抽選**によって景品をもらえるものです。商店街の大売出しなど、昔から活用されています。

　応募条件として、懸賞を行う企業の商品の購入やサービスの入会などの商取引が必要です。次ページの表のように、**一般懸賞、共同懸賞、総付**の３つに分類されます。それぞれについて詳しくは次ページの表をご覧ください。

　クローズド懸賞は、「**商品単体の販売で実施する場合**」と、「**お店で販売している商品や、商店街全体で実施する場合**」があります。

　購入者に抽選券や補助券を手渡したり、購入後のレシートを使ったりするなど、方法はいろいろです。これらは、ある一定の金額が集まると抽選できるという方法で行います。

　いずれも、「景品表示法第３条（景品類の制限および禁止）」で規定されています。

　一般懸賞・共同懸賞は「懸賞景品告示」で、総付景品は「一般消費者告示」で規制されています。

　オープン懸賞は、メーカーがマス広告によって告知する必要があります。しかし、クローズド懸賞は、ほとんどの業種で行うことができます。

　クローズド懸賞は、小売店や商店街の各種セールで欠かせない方法です。小さなお店でも、やり方次第で拡販の可能性が高まります。

140

クローズド懸賞の種類

種類	概要	例	告示方法
一般懸賞	特定の商品の購入者を対象に、商品に封入した当たり券、もしくは点数シール、購入レシートをハガキに貼って、メーカーや販売店に応募することにより、賞金や賞品を提供する。インターネットによる懸賞のほとんどは、「会員登録」「メルマガ登録」を応募の条件としている	パン屋などでおなじみの「点数シールを集めるとお皿がもらえます」といったもの。継続購入者の確保に有効	懸賞景品告示により、10万円まで(商品価額が5,000円未満の場合は商品価額の20倍まで)
共同懸賞	商店街やショッピングセンター内の複数店舗が共同で行なう。○円以上の購入者を対象にしたくじ引きなど	ショッピングモールや商店街のセールや、大売出しの時期に行う福引など。顧客単価を上げる方法	懸賞景品告示により、30万円まで
総付	「ベタ付け」ともいわれる。商品の購入者全員に何らかの景品を付ける。いわゆるオマケ。ある特定期間に特定の出荷ロット商品を購入した人全員に、もれなく何らかの景品が付くもの。商品にあらかじめ付属している場合と、ハガキなどで応募してあとで景品を受け取るケースがある	消耗品など、買い置きのできるものを対象とし、購入量を増やす方法	一般消費者告示により、商品価額の10分の2まで(商品価額が1,000円未満の場合は200円)

第 4 章／【実行 —— 販売手法 1 】販売時点での直接的な販促活動　　141

実行 販促手法1

17 キャンペーンアイデア

販売時点直接型③　キャンペーン手法（3）

　景品表示法の規定の分類の中でも、クローズド懸賞は、さまざまなキャンペーンアイデアとして応用することができます。

　すぐれた販促手法が最終的に販売につながることは、改めていうまでもありませんが、「どのように伝えるか？」よりも「何を伝えるか？」のほうにエネルギーを注ぎたいものです。

　その「何を伝えるか？」ということは、すぐれたキャンペーンアイデアを考え出すことに尽きます。

　キャンペーンは、販売促進の成否を分ける重要な要素だといっても過言ではありません。

　また、**キャンペーンは、期間を決めずにだらだらとやるものではありません。期間限定であることが、最低限の条件となります。**

　ネーミングも含めて、単純な割引ではなく、お客様の納得と信頼を得られる、購入につながる理由を考える必要もあります。

　キャンペーンは、ほとんどの業種で、新発売や需要時期に拡販するために実施することができます。消費者の興味や関心を引くものを考え出したいものです。

　キャンペーンアイデアの種類は、144 〜 145p の表のとおりです。

　キャンペーンアイデアとして、レンタルビデオ店における「**雨の日キャンペーン**」を見たことがあるでしょう。雨が降った日は、専用ののぼりを店前に出しています。

　人は、雨の日に外出していれば寄り道を避けて、早く家に帰りたいものです。お店にすれば、客足の減少につながります。そこで、この心理を逆手にとり、「雨の日だから家で楽しもう！」と打ち出し、さらにレンタル料金5％割引や、1本無料サービスなどを行っているのです。

　このように、顧客の拡大だけでなく、顧客を減らさない方法としても利用で

142

きます。成功したキャンペーンは、継続して行い、お客様を固定化する必要がありますが、それでマンネリ化して飽きられないように工夫することも忘れないようにしたいものです。

キャンペーンアイデアの種類

種類	方法	概要
新規訴求型	新規オープンキャンペーン	新規顧客の獲得を目的とする
	新装開店キャンペーン	新規顧客の獲得、顧客層の拡大や休眠客の掘り起こしを目的とする
	リニューアルオープンキャンペーン	顧客層の拡大や休眠客の掘り起こし、イメージアップを目的とする
	新商品デビューキャンペーン	ブランディングを目的とする
	新商品モニターキャンペーン	新規顧客の獲得、ブランディングを目的とする
	新規入会キャンペーン	ブランド・スイッチの切替えを目的とする
低価格訴求型	在庫一掃セール	商品切替えに向けての準備を目的とする
	売れ残り品処分セール	商品在庫の整理を行ない、新商品の入荷に備えることを目的とする
	店じまい売りつくしキャンペーン	商品在庫の処分を目的とする
	新古品キャンペーン	型落ち品などを割引して販売し、見込客の獲得につなげることを目的とする
	ワンコインキャンペーン	手軽さ・気軽さによって顧客の購入意欲を駆り立てることを目的とする
	リサイクルキャンペーン	まだ試用できる品を格安で販売。見込客の獲得を目的とする
	下取りキャンペーン	割引の代わりに行う。購入を検討している顧客の購入促進を目的とする
	理由あり商品キャンペーン (味は変わらないが、少し焦げ目がついた煎餅など)	トライアル客の獲得、常連客へのサービスを目的とする
	アウトレット品大量放出キャンペーン	見込客の獲得や、顧客単価を下げずに商品在庫を整理することを目的とする
	アップグレードキャンペーン	顧客単価を上げることを目的とする
	親子で体験キャンペーン	ファミリー層の獲得を目的とする
景品型	もれなく○○がもらえるキャンペーン	おまけを付けることで、お得感を与えることを目的とする
	抽選で○名様に○○が当たるキャンペーン	お得さと期待感をもたせることを目的とする

種類	方法	概要
景品型	大量サンプル贈呈キャンペーン	既存客へのサービス、見込客の獲得を目的とする
	ネーミング募集キャンペーン	見込客の獲得と話題性を広げることを目的とする
	マイレージキャンペーン (ガソリン代を次回の購入券としてサービス)	リピート客の獲得を目的とする
増量型	つかみ取りキャンペーン	アトラクティブ性をもたせることが目的
	セレクトキャンペーン	特別感をもたせることが目的
	使い放題キャンペーン	増量によるお得感を与えることが目的
話題型	○○優勝感謝キャンペーン	話題に合わせ、購入タイミングをつかむことを目的とする
	ワールドカップ応援キャンペーン	流行に合わせ、購入意欲を駆り立てることを目的とする
	実演販売キャンペーン	連鎖性による購入衝動を活かすことを目的とする
季節型	新入生応援キャンペーン	新入生をターゲットとした、新規顧客の獲得を目的とする
	年末ありがとうキャンペーン	既存客への感謝を名目としつつ、年度末の売上アップを目的とする
	福袋セール	アトラクティブ性をもたせ、購買行動の促進や集客を目的とする
	○○記念日キャンペーン	期日に限定性をもたせ、顧客の購買意欲や購買行動を促すことを目的とする
	花粉症撃退キャンペーン	シーズンの話題性を利用し、見込客を獲得することを目的とする
その他	紹介キャンペーン	既存顧客を利用し、顧客数拡大を目的とする
	スクラッチキャンペーン	ゲーム性を活かし、購買行動を促すことを目的とする
	秋の大感謝祭	イベントが多い時期に顧客の購買行動を促進することを目的とする
	無料診断キャンペーン	見込客の確保を目的とする
	無料手直しキャンペーン	修理や修繕により、将来見込客となるターゲットの確保を目的とする

第 4 章／【実行 —— 販促手法 1】販売時点での直接的な販促活動　　145

実行　販促手法1	販売時点直接型④
18	**プレミアム手法**

「総付プレミアム」「抽選プレミアム」など

　プレミアム手法とは、いわゆる「おまけ」の提供で、**購買を誘発する仕組み**です。

　この手法が多く使われる理由は、あからさまな値引きではなく、プレミアムの分だけ、魅力を上乗せできるからです。値引きは、値引いた価値しか生じません。

　逆に弱点もあります。「おまけ」をつけて「おまけ」を売り込むという矛盾です。

　商品自体の魅力を訴えたうえでプレミアム品の魅力も訴えなければならず、商品とプレミアム品それぞれの訴求の焦点がぼけやすくなります。そのため、商品の特徴がシンプルに伝わりにくいというデメリットもあります。

　プレミアム手法は大きく2つに分けられます。商品を購入すれば必ずプレミアム商品がもらえる「**総付プレミアム**」と、商品を購入したうえで抽選でもらえる「**抽選プレミアム**」です。

146

販売時点直接型④ プレミアム手法の種類

> **（1） 総付プレミアム** → 148p

> **（2） 抽選プレミアム** → 150p

実行 販促手法1

19 総付プレミアム

販売時点直接型④　プレミアム手法（1）

　総付プレミアムとは、商品を購入すれば必ずもらえる「おまけ」のことです。次のように、4種類あります。

1. 封入プレミアム

　封入プレミアムとは、プレミアム品を商品と一緒にパックし、一体化した展開のものです。

　プレミアム品の提供の仕方の違いとして、プレミアムがパッケージの内側に封入される「**インパック**」、外側に添付される「**オンパック**」があります。

　また、商品の外側にプレミアム品を置くなど、パッケージとは一体化せずに切り離される「**オフパック**」もあります。オフパックの場合、商品の持参と引き換えに、プレミアム品をもらうか、商品購入時に直接もらうかしなければなりません。

　たとえば、飲料の限定パックに付いたプレミアムグッズがあります。メーカーの協力を要しますが、既存顧客の購入数のアップや、トライアル客の獲得において効果が期待できます。

2. プレミアム容器

　プレミアム容器とは、商品パッケージ自体を小物入れなどのプレミアム品にしてしまうものです。たとえば、化粧品のクリスマスコフレがあります。限定販売を行うことで、購入行動を促進することができます。

3. 応募もれなく進呈プレミアム

　応募すれば必ずプレミアム品がもらえる方法です。応募条件の違いから、「**単数購入応募方法**」と、「**複数購入条件応募方法**」があります。

148

通信サービス会社による入会プレミアムグッズがそうです。顧客満足度のアップにおいて効果が期待できます。

4.自己精算式プレミアム

　レシートなどの購入証明や、指定の金額を送れば、必ずプレミアム品がもらえる方法です。

　「応募もれなく進呈プレミアム」と同様、応募条件の違いから、単数購入応募方法と、複数購入条件応募方法があります。

　たばこメーカーによるプレミアムグッズプレゼントがそうです。既存顧客の継続購入を維持したいときに効果的です。

実行 販促手法1
20 抽選プレミアム

販売時点直接型④　プレミアム手法（2）

　抽選プレミアムとは、商品を購入したうえで、抽選でプレミアム品が当たる方法です。

　次のように２種類あります。

1. 応募抽選プレミアム

　応募抽選プレミアムとは、レシートなどの購入証明を送ると、プレミアム品が抽選でもらえる方法です。

　応募条件の違いから、「単数購入応募方法」と、「複数購入条件応募方法」があります。

2. インスタント・ウィンプレミアム

　インスタント・ウィンプレミアムとは、「**スピードくじ**」として、その場でプレミアム品が当たる方法です。

　当たり券の発生方法の違いから、「**確率ゲームタイプ**」と「**管理ゲームタイプ**」があります。

　確率ゲームタイプは、どのカードにも当たり券が隠されているタイプです。消費者がカードの一部である銀色で覆われている部分を、スポットで爪やコインで削ると、当たりを示す文字やマークが現われる「**スクラッチ・カード型**」を活用するのが一般的です。

　管理ゲームタイプは、あらかじめ当たりはずれが決まっているタイプです。当たりはずれの発見プロセスに工夫をこらし、消費者の興味を高めることが必要です。

　以上のように、プレミアム手法を成功させるには、プレミアム品の内容によるところが大きいといえます。話題性やインパクトはもとより、商品との関係

性や、ストーリー性が大切です。

　プレミアム品は、商品本体の購入に対する返礼でもあるので、商品の一部であるという**意識**で**安全性**や**クオリティ**にも**気**をつけたいところです。

　さらに、プレミアム品はブランドの価値を代弁するものでもあります。そのため、そのブランドの価値を象徴するようなものを選択するといいでしょう。ブランドコンセプトに適合しているかどうかの点検も必要です。

実行 販促手法1

21

販売時点直接型⑤
制度手法

「ポイント制度」「メンバーシップ制度」など

　販売促進は、一定期間に展開され、終了後は通常の販売方法に戻るのが普通です。しかし、**制度手法は例外として、販売体系の中に制度として組み込まれます。**

　そのため、制度手法の特徴は、他に比べて実施期間が長く、比較的長期にわたり特典を提供することです。顧客が繰り返し商品・サービスを購入することを狙うものです。

　この手法では、需用の核となるユーザー層を獲得することが課題になります。そのため、特定層の顧客を確実に管理するという、いわゆる「**ダイレクト・マーケティング**」の手法を活用します。

　商品・サービスを頻繁に利用する顧客を優遇することで、優良顧客をつなぎ止めるという狙いと、一般的な顧客を優良顧客に導くという狙いの2つがあります。

　ですから、多くの顧客のうちの誰が優良顧客なのかを把握する必要があります。

　また、制度手法の計画にあたっては、「いかにして**長期にわたる顧客満足を形成するか？**」「いかに**良好な顧客関係を形成するプログラムをつくり上げるか？**」がポイントとなります。

　入手した顧客の購入履歴や、ライフスタイルに関わるデータを基に、顧客にとってより価値の高い商品・サービスの提供を継続していくことが重要です。

　次ページに挙げる方法があります。それぞれ詳しく見ていきましょう。

販売時点直接型⑤ 制度手法の種類

（1） ポイント制度　　　→　154p

（2） メンバーシップ制度　　→　156p

（3） 紹介制度　　　　→　158p

（4） 下取り制度　　　→　159p

（5） 保証制度　　　　→　160p

（6） レンタル制度　　　→　164p

22 ポイント制度

実行　販促手法1

販売時点直接型⑤　制度手法（1）

　ポイント制度は、「フリクエンシー・プログラム」ともいいます。これは、顧客の購買状況・利用状況の把握と、自社の商品・サービスを頻繁に購入・利用する優良顧客に対する優遇措置、を結び付けた制度です。

　小売業者の間では、「フリクエンシー・ショッパー・プログラム（FSP）」と呼ばれています。ホテル業界に限り、「フリクエンシー・ゲスト・プログラム（FGP）」といわれています。

　次のような代表的なタイプがあります。

1. トレーディング・スタンプ

　消費者の購入金額に応じて一定枚数のスタンプを発行し、割引購入特典を進呈する方法です。

　あるいは、スタンプが一定量たまったら特定の商品と交換する方法です。消費者は好みの景品をもらうことができます。

　洋品店によるポイントスタンプなどがそうです。常連客の獲得において効果が期待できます。この方法は、店舗ごとの実施が可能です。

2. ポイントカード

　「トレーディング・スタンプ」を発行する代わりに、カードを利用して、顧客の購買金額や購買点数を把握する方法です。多くは、電子処理の仕組みになっています。

　商店街やチェーン店でよく見かけます。顧客が他店に流れてしまうのを食い止めるのが目的です。コアファンの獲得において効果が期待できます。

3. マイレージサービス

「**マイレージサービス**」（またはマイレージプログラム、Frequent flyer program：FFP）は、航空会社が行う顧客へのポイントサービスのことです。

主なマイレージサービスは、会員旅客に対して、搭乗距離に比例したマイル（一般的に単位はポイント）を付加し、そのマイルに応じた無料航空券、割引航空券、座席グレードアップなどのサービスを提供するものです。

最近では、航空会社だけでなく、小売業やサービス業でもポイント集計システムを「マイレージ」と称して活用することも増えています。

一般的になった「**キャッシュバック型ポイントカード**」に、マイレージサービスといった呼称をつけることで、競合との差別化を図るケースが少なくありません。

ポイント制度は、金融機関や航空会社をはじめ、一企業や企業グループが運営する場合と、地方自治体などが中心となって運営する場合があります。

企業グループが運営する場合は、参加企業は購買に準じた互換性があるポイントや割引特典を発行します。**加盟企業が多くなればなるほど、固定費の負担が軽減されます。企業にとってはポイントの収集速度が速くなるというメリットがあります。**

チェーン展開のアパレルショップでの売上増大を目的としている場合、ポイントカードとの併用で、トレーディング・スタンプを活用し、店舗の独自性をアピールします。たとえば、近隣の飲食店の協力を得て、割引サービス券を特典にするなどが考えられます。

第 4 章／【実行 ―― 販促手法 1】販売時点での直接的な販促活動　　155

実行 販促手法1
23 メンバーシップ制度

販売時点直接型⑤　制度手法（2）

　メンバーシップ制度は、会員組織をつくることでもあります。店舗の場合、その店の購入者を組織化し、購入頻度、来店頻度を上げる目的で行います。メーカーの場合は、ある特定のブランドの購入者を組織化し、次の商品・サービスの購買に結び付けるか、または見込客を組織化して、その商品・サービスの購入を誘導する目的で行います。

　組織化する対象の違いから、次のバリエーションがあります。

1. 見込客の組織化

　商品・サービスの購入を検討している見込客に入会してもらい、その商品・サービスに関連する情報を提供します。**情報面で、見込客への接触を密にし、親近感を高められます。**また、購買のタイミングの機会創出など、商品・サービスの購入において有利な判断を引き出すことができます。

　インターネット通販において、ホームページ会員を募り、メールマガジンやキャンペーン情報の提供を行います。

2. 既存客の組織化

　商品・サービスの継続購入だけでなく、より多くの購入、あるいはワンランク上の購入への移行を促進します。また、**コア・ユーザーとの接触頻度を増やすことで、購入の促進はもとより、ブランドに対する良い価者・推奨者という**ファンを育てることもできます。

　インターネット通販やカタログ通販のクラブ会員などがそうです。既存客の顧客単価アップの促進において効果が期待できます。

　多くの場合、会員に向けて、定期的に機関誌やメールマガジンを発行し、年に数回イベントや展示会を行います。また、割引特典会員として前述のポイン

ト制度を展開する場合も少なくありません。

　たとえば、「**定期宅配制度**」は、メンバーシップ制度を応用した手法といえるでしょう。

　食品や化粧品などの一般消費財を扱う通信販売業では、顧客が注文する手間が省ける利点があることから、定期的に商品を届ける制度として、定期宅配制度が活用されています。

　定期宅配制度には2つのケースがあります。

　1つは、ある一定の商品を定期的に宅配するケースです。新聞や雑誌が代表的です。もう1つは、顧客が支払う価格に応じて、ある一定のカテゴリーの中で、顧客にとって必要性が高く付加価値のある商品のバリエーションとして宅配するケースです。

　後者では、ワイン好きの顧客から月額一定の会費を徴集し、「ソムリエが選んだ厳選ワイン」と謳い、会費以上の価値のワインを厳選して毎月宅配するという例が見られます。

　その他、メンバーシップ制度には、購買回数や来店頻度によって会員のランク自体が上がっていく手法もあります。

実行 販促手法1
24 紹介制度

販売時点直接型⑤　制度手法（3）

　紹介制度は、商品・サービスの購入者から友人や知人などの新規顧客を紹介してもらうために、**紹介する人、紹介される人の双方に特典を与える制度**です。

　まずは、購入者に紹介をお願いする方法をとります。すでに商品やお店の利点を理解しているので、効果が期待できます。

　ただし、注意しておきたいのが、ある程度の購買頻度、来店頻度が多い顧客、つまりロイヤリティの高い（いわゆるお店のファンである）顧客が、必ずしも新規顧客として友人や知人を紹介してくれるとは限らないことです。

　いわゆる「行きつけの店」や、愛着のある商品については「人には知られたくない」という心理が働くこともあります。

　逆に、商品・サービスの体験が少なくても、紹介してくれる人もいます。

　このように、**ロイヤリティの高さと、紹介実施率が必ずしも比例しない**ということも知っておきましょう。

　前述のように、紹介制度は、一般的に紹介する人、紹介される人の双方に特典を与えることになります。

　紹介してくれる人に、店頭やDMで内容を告知し、協力を依頼します。通常、紹介してくれた人には謝礼を用意し、紹介された人には割引や特典を提供します。**紹介された人は「紹介状」を持参して、商品・サービスを購入します。このとき、履歴を残して、双方にお礼を忘れないことが大切です。**

　このような紹介制度の流れは、一見複雑に見えることがあります。ホームページやチラシなどで、そのことをわかりやすく説明する工夫が必要でしょう。

158

実行 販促手法1
25 下取り制度

販売時点直接型⑤　制度手法（4）

　下取り制度は、顧客が所有している商品が古くなったり、使い勝手が悪くなったりした場合に、その商品を売り手が引き取って、その評価額分を新品の購入時に割り引く制度です。

　自動車販売が代表的ですが、パソコン、ゴルフクラブ、電気製品、楽器などの耐久消費財に広く応用できます。法人向けにも、コピー機をはじめ、精密機器などでこの方法が使われています。

　一般的に下取り制度は、たとえば同一メーカーの車を下取りし、新しい車に買い替えさせる手法です。下取り商品や価格の設定によって効果に差が出てきます。**価値ある商品を適正な価格で設定することが、成功の秘訣といえるでしょう。**

　以前より、百貨店や大手流通業では、家庭内の不用品を下取りし、割引券を発行する「**下取りキャンペーン**」が行われています。

　本来、家庭内で眠っている洋服などの不用品は、「タンスの肥やし」などといわれるように、「いつか着る機会があるだろう」と長い間、家の中でしまい込まれていました。その「タンスの肥やし」を買い取るという下取りキャンペーンに、消費者の購買意欲がかき立てられたのでしょう。

　また、エコロジーの考え方が広まり、環境にやさしい生き方を大切にする志向として、モノを大切にする人たちが増えています。そうした消費者に安心感を植え付けることで、買替え購入を促進することができます。

　下取り制度の注意点は、単なる値引きによる下取りはマンネリ化を助長しかねないばかりか、下取りに伴う費用が増えて利益を圧迫することにもなりかねないことです。再販できる仕組みなどの工夫が必要でしょう。

第 4 章／【実行 —— 販促手法 1】販売時点での直接的な販促活動　159

実行 販促手法1
26 保証制度

販売時点直接型⑤　制度手法（5）

　保証制度とは、顧客満足度を高めるため、購入時や購入後の顧客の不安をなくすため、顧客が購入した商品の機能について、事業者が一定期間保証する制度です。保証内容は、保証書などに規定されています。

　保証期間については、「**製品購入日より○年間**」という規定が一般的です。

　購入日を明確にするため、販売店の名称・購入日・印などの記載欄が、保証書に設けられています。ただし、家電量販店では、保証書の記載を一つにまとめたゴム印を保証書に押したり、専用のシールを渡して購入者が自分で保証書に貼ったりという方法がとられます。

　パソコンの直販メーカーでは、メーカー側で出荷日や機種、製造番号、販売先が記録されていることから、そもそも保証書がないこともあります。

　なお、販売店から消費者が商品を購入した瞬間が、保証期間の始点となります。購入直後に、消費者が商品を使おうとして、正しい操作方法にもかかわらず、まったく動かなかった場合には、たいてい不良品とみなし、その販売店で購入したことが証明できるレシートを添付すれば、新品の交換に応じるケースが多いです。

　保証制度は、販売店でも対応がまちまちです。販売以降は、メーカーの保証期間に応じて修理に対応する場合や、1週間程度であれば交換に応じる場合、1か月程度であれば応じる場合など、さまざまです。

　保証期間の長さは、お店や商品によって異なります。たとえば、家電製品では1～2年、ベッドやソファーなどの家具では3～5年、住宅では10年程度です。

　故障しやすいもの、買替え周期の短いものほど、保証期間も短くなる傾向があります。

　その一方、企業側の経営理念や、自社製品の設計・製造技術に対する自信に

よっては、「**無期限保証**」「**生涯保証**」といった長期の期間を設定しているケースも時にはあります。

　一般的に耐久消費財は、メーカーの保証が付けられていますが、それだけでは消費者は安心できません。そのためには、販売店側の工夫も必要となります。

　保証する対象の違いから、次のバリエーションがあります。

1. 返金・返品保証

　無料試用などを採用できない場合、あらかじめ商品の代金を支払ってもらう代わりに、実際に使ってみて気に入らなかったときは返品を認める制度です。その返送運賃を企業負担とし、商品の代金を顧客に返す仕組みです。

　美容器具、健康器具、健康食品の返品保証などがそうです。**トライアル客の獲得に効果が期待でき、認知度の拡大に有効です。**

　返品保証制度は、インターネット販売やカタログ販売において、絵画や美術品のような顧客が商品の情報と実物との違いを懸念する可能性のある場合の不安を取り除き、購入行動を後押しする効果があります。

2. 修理保証

　製品の動作を消費者に保証するため、販売後の一定期間、動作保証を付けることで、消費者に製品の優位性をアピールできる制度です。この場合の「**動作保証**」とは、設計時にあらかじめ定められたスペック（性能）を満たすことです。製品の外観（美観）や設計時に想定された範囲以上の性能は含まれません。

　オーディオや時計、アクセサリーの修理保障などがそうです。

　高価または長期に使用される製品の場合、見た目だけでは判断できない品質を保証することによって、顧客の購入後の不安を取り除けるので、購入行動を後押しします。

3. 点検保証

　顧客に対して、購入時にある一定の期間、点検を保証する仕組みです。主に耐久消費財で使われます。自動車販売が代表的です。たとえば、次の車検時まで、無償または低額の点検費用を保証します。

　住宅販売やリフォームはもとより、車・バイク、医療器具、カメラなどの精

第 4 章／【実行 —— 販促手法 1】販売時点での直接的な販促活動　　161

密機械を使用することで、**故障や不具合などが懸念される商品が対象です。点検を保証することで、顧客の利用に対する懸念を取り除くことができます。**

４．期間延長の保証

　顧客に対して、保証期間を延長することを提案する仕組みです。家電量販店では、「顧客獲得サービス」の一環として、延長保証制度を設定している場合があります。これは、事業者の設定した保証期間を過ぎた製品について、一定の期間中の有償修理の費用を販売店が代わりに負担する制度です。

　この制度を利用するための手続きや手数料、延長保証期間の長さ、販売店の負担割合（全額とは限らない）、利用できる回数などは、店舗によって異なります。

　また、メーカー自身が「**ユーザーサポート**」の一環として、修理保証を有償会員制サービスに含めて行うケースも見られます。

　これらは、一種の保険のようなものです。消費者は任意にこれらの保証の延長を選択することができます。

　家電量販店によるテレビ、エアコンなどの大型家電の延長保証がそうです。メーカー保証が３年であれば、延長期間２年をプラスした５年保証を設けます。他店との差別化を図るのに有効です。

５．２倍の額を返金保証

　商品・サービスが気に入らなかった顧客に、返品を認めるだけでなく、その代金を２倍にして返済することを保証する仕組みです。商品・サービスに絶対的な自信をもつ場合に有効であり、劇的な効果を生み出せます。

　学習塾、美容食品で、決められた方法での利用（または学習法）を促したい場合に確実に効果が期待できます。高額なブランド品にも向いています。

６．下取り保証

　購入時に、あらかじめ下取りの金額を保証する仕組みです。たとえば、新築一戸建ての販売で、将来、新しい物件を顧客が購入する際、中古物件の売却の下取り保証として、購入時の○％の金額を保証するなどがそうです。

　家電店や宝飾店、中古車販売店でよく行なわれています。同じ店舗で買替え

をしてもらえれば、買替え時に旧製品を下取り保証するなど、**古くなっても価値を残す商品である場合に実施します**。この方法は、購入行動を促す他、**見込客の確保にもつながります**。

7．全額買い戻し保証

「期間延長の保証」に似ていますが、コレクション的な意味合いのある限定版の商品で用いられます。5年間程度の指定期間内であれば、顧客の支払った元値で買い戻すことを保証するような仕組みです。**顧客に対して商品の価値を確信付けるのに有効です**。

アンティーク（ビンテージ）品、美術品、コレクターズ商品、車や宝飾品、保険や金融商品など、時間が経過しても同等の価値を見込める商品を扱う場合に活用できます。

実行 販促手法1

27 レンタル制度

販売時点直接型⑤　制度手法（6）

　レンタル制度とは、高額で、顧客の使用頻度が少ない商品を、ある一定の期間貸与する制度です。**試用してみないと良さが実感できない耐久消費財で、見込客を発掘するために活用できる方法です。**

　試用体験手法は、「商品サンプル配布」「お試し体験」など、比較的低額の商品・サービスに短期間の試用体験で購買を促進するものでした（108p 参照）。レンタル制度は、このようなケースにあてはまらない高額な商品に活用します。

　耐久消費財の自動車、楽器、スポーツ器具などがあてはまります。楽器やスポーツを習い始めたばかりの顧客が、そのための器具の購入を躊躇している場合にレンタル制度は効果的です。

　レンタル制度は、法人向けの商品・サービスで多く使われている制度です。たとえば、コーヒーメーカーや、医療用機器などの精密機器がその対象です。

　有料レンタル自体がビジネスモデルになっているケースもありますが、あくまで販促手法として、無料、有料にかかわらず、レンタルから最終的に購入につなげることを目的としています。

　レンタルした顧客が購入する場合、レンタル時期に支払った費用を割り引くなどの便宜を図ることによって、購入につながりやすくなります。

　呉服店の事例を紹介しましょう。

　お茶やお花教室の協力を得て、体験レッスンを開催し、教室に入門した人を対象にしたレンタル制度をスタートしました。それだけでなく、体験レッスンの参加者には、お茶会や音楽会（有料）のイベント開催のお知らせを発信しました。

　このように、利用シーンが限られている商品を販売する際は、利用を継続してもらうことを重視した展開を行うとよいでしょう。

164

実行　販促手法1	販売時点直接型⑥
28	**店頭手法（イベント除く）**

「POP広告」など

　店頭で活用される手法は大きく2つに分けられます。「**店頭でのイベントによる販売促進**」と「**店頭装飾による販売促進**」です。

　店頭でのイベントによる販売促進は、店頭で顧客に注目される催しを行うことです。実演販売、産地直売会、試食会、試乗会、見本市、演芸会、サイン会、カラオケ大会、クイズ大会などがあります（第7章で「イベントは、タイプ別に5つに分けられる」（220p参照）で解説します）。

　店頭装飾による販売促進とは、何かしらモノを用いて通行人に告知する方法です。いわゆる「**POP広告**」といわれるものです。

　POP広告は「Point Of Purchase Advertising」の略で、購買時点における広告物を指します。POP広告の役割は、単に商品・サービスを「知らせる」だけではありません。販売に直接的につなげることが重視されます。

　店頭手法として、POP広告以外にも、「**接客系アプローチ**」「**『待ち時間』の活用**」をこれから紹介します。

166

販売時点直接型⑥ 店頭手法（イベント除く）の種類

（1） POP 広告 → 168p

（2） 接客系アプローチ → 170p

（3） 「待ち時間」の活用 → 174p

実行 販促手法1
29 POP 広告

販売時点直接型⑥　店頭手法（1）

　POP広告とは、お客様を売場の商品へ誘導するために用意される一連のツールのことで、その置かれる位置と役割などによって、次ページの表のように分けられます。

　POP広告のツールは、果たすべき機能も、用いられる場所も、形状もさまざまなため、制作仕様が多様になっています。また、機能、使用場所によって、使用する主要素材が異なります。さらに、「動く」「音が出る」といった付加仕様も、効果的なPOP広告になることもあります。

　POP広告は、お客様にすれば、お店の手引き以外の何物でもありません。ガイドが適切で、行きたい売り場に迷わずにたどり着くことができれば、ショッピングを楽しんでくれるはずです。

　しかし、ガイドが適切でなく、売り場で迷ったりすれば、買い物をするどころか、不快感を抱かれてしまう恐れがあります。

　また、POP広告は、配置や表現を工夫しなければなりません。雑然としていれば、落ち着いて買い物ができないお店になってしまいます。

　失敗例として目立つのは、店側の視点で考えられているPOP広告です。お客様に理解できない用語を使ったり、お客様の目が届かないところに置かれていたりなど、その役割を果たしていない例が少なくありません。

　POP広告は、お客様が知りたい情報を、知りたいときに知りたい場所で得られるものでなければなりません。そのためには、内容も、配置場所も、お客様の視点に立ち、その動線をよく考える必要があります。

168

POP 広告の種類

■役割別

種類	概要	例
店内POP	入店した顧客に店内を案内し、目的の売場へ導くためのもの。売場案内や、トイレ、エスカレーターなどへの誘導表示、催事やセールのお知らせなどの販促情報を告知するものも含まれる	飲食店にあるメニューブックも、工夫次第で効果的な店内POPの一つになる
陳列時点POP	顧客を実際の購買に結び付けるためのもの。プライスカードとショーカードがある。プライスカードは、商品の品名や価格、セーリングポイントを記したもの。ショーカードは、商品の特徴や機能、効用、用途、サイズなどを記したもの。どちらも商品のすぐそばに置く	書店で見かける、本のあらすじやおすすめ理由を表記したカードなど。購入衝動を実際の行動につなげるためのツール

■付加仕様別

付加仕様	特徴
動きを伴うタイプ	視線をキャッチするためのもの。存在自体をアピールしたい場合に有効。多くの商品が並ぶ場所、商品自体が小さな場合などに効果が期待できる
音の出るタイプ	気配を感じさせるためのもの。五感に働きかけたい場合に有効。人の流れが速い場所や、注意を惹き付けたいときに効果が期待できる
照明を使うタイプ	明暗によって商品を際立たせるためのもの。関心や興味をもたせたい場合に有効。印象付けなどに効果的
映像を用いるタイプ	商品の情報やイメージを提供するためのもの。商品のイメージや特徴を記憶に働きかけたい場合などに効果的
インタラクティブ機能をもつタイプ	しかけを伴うもの。感情に働きかけたい場合に効果的。付加仕様別の他タイプとの複合により、多様な効果が期待できる

■使用場所別

使用場所	特徴
シーリングPOP （天井から吊り下げるもの）	売り場の案内や店内の雰囲気づくりに効果。アイキャッチやブランディングに有効。省スペースの売り場でも展開可能
ウォールPOP （壁に取り付けるもの）	顧客の購入意欲を促進するためのもの。情報提供を目的としたタイプ。顧客の目線に合わせた表示ができる。セール表示やポスターなど
フロアーPOP （床置きのもの）	立体的な形状にもできる。什器としても活用可能。特設会場での商品陳列に活用できる
ショーカード （カード形POP）	商品に直接取り付けたり、棚に取り付けたりするもの
大量陳列キットPOP （シェルフ・エンドでの商品の特設陳列時などに用いるもの）	売り場を目立たせることに有効。キャンペーン、セール品のアピールや、ブランディングなどに用いる
店外サイン （店舗の入り口などで用いるもの）	ウインドウに貼り付けるPOPや店舗の入り口に置く案内板など。店内への誘導に効果が期待できる

実行 販促手法1	
30	# 接客系アプローチ

販売時点直接型⑥　店頭手法（2）

　店頭手法の中には、接客を絡めたアプローチによって、売上に影響を及ぼす**ケースが少なくありません**。このことから、積極的に接客を絡めた販売効果の高い方法を取り入れているお店もあります。

　代表的な方法は次のとおりです。

1. 専門家を売り場に配置

　買い物に困っている顧客への対応によって、新しい需要を取り込めるといった、これまでにない販売効果が期待できます。そのため、資格保持者などの専門家が、接客対応するお店が増えています。

　ある酒店の事例を紹介します。30代の女性が来店しました。来客用に数本のワインを購入するためです。

　ワインアドバイザーである店員は、予算内におさまるように3種のワインをコーディネートしました。飲みやすい低価格の「発泡」、一般的に知られているある程度の価格の「白」、残った予算で購入できるコクのある「赤」をおすすめし、「来客時は発泡、白、赤の順で出してください」とアドバイスしました。

　数日後、その女性が再来店し、前回と同じ赤のワインを購入しました。理由を聞くと、「結局、来客当日は、発泡と白しか出せず、赤は自分用に飲んだ。手軽に購入できる価格だったし、独特の味わいに魅了され、普段もこれを飲みたくなった」と答えました。これは、ワインとワインアドバイザーに満足した証拠です。

　常温で保存ができ、オリジナルの味わいがある赤を、もしかしたら残るかもしれない3本目にすすめたことが功を奏したのです。

2. クロスセリング

　顧客が希望する商品・サービスに関連するものを推奨し、購入してもらうことで、**顧客単価を増大させる手法です**。より良いサービスや高い付加価値を商品にもたせることで、顧客満足度の向上につながるクロスセリングが求められます。

　クロスセリングの例として、洋服を購入したお客様に装身具を併せてすすめるといった施策が挙げられます。

　クロスセリングの成否は、顧客ニーズの見極めや、需要を喚起する販売促進の組み合わせで決まります。売れる商品に、売れない商品を抱き合わせて販売するようなやり方では、"空振り"に終わることがあるので注意が必要です。

　紳士服売り場での事例を紹介します。ある男性が葬儀に着用する礼服を探していました。この男性、いつも通っている有名店をすでに回っていましたが、ふだんなじみのない装いを選ばなくてはならず、どれにするか決めかねていました。最後に訪れたのは、これまで足を運ぶことがなかったこの紳士服売り場でした。

　男性が簡単に事情を説明したうえで、販売員にアドバイスを求めたところ、販売員はデザインの好みや体型ではなく、「結婚していますか？　おいくつですか？　どんな立場で出席されますか？」といった質問を男性に投げかけました。

　「結婚しています。30代後半です。親戚です」と回答した男性に対し、「これからも着用する機会があるでしょう。そして、その際には、年齢相応の礼儀やふるまいを見せられたほうが、あなたの人としての価値を上げることができます。ですから、ある程度長く着られるものを選び、その服に合わせたタイや靴を用意していくことをおすすめします」と、販売員はアドバイスしました。

　こうして男性は、礼服を購入しただけではなく、格式や礼儀に合わせた紐靴や黒と白のタイも購入したのです。

3. アップセリング

　顧客が希望する商品・サービスよりも高級または高価格のものを推奨し、購入してもらうことで、**顧客単価を増大させる方法です**。より良いサービスや高い付加価値を商品にもたせることで、顧客満足度の向上につながるアップセリ

第 4 章／【実行 —— 販促手法1】販売時点での直接的な販促活動　171

ングが求められます。

「元祖アップセリング」とまでいわれるアップセリングの例として有名なのが、ハンバーガーチェーンのマクドナルドの「ご一緒にポテトもいかがですか？」です。

現在は、より注文をしやすくするためにフライドポテト付きセットメニューが開発され、前述の言葉をかける必要がなくなりましたが、これを実施していた当時は、この言葉で 10％以上の人がポテトを注文したといわれています。

アップセリングの成否も、クロスセリングと同様、顧客ニーズの見極めや、需要を喚起する販売促進の組み合わせがカギとなります。

「マニュアル」のように、いつも同じことをいわれると、顧客はうんざりして、不満を抱くことにもなりかねません。ですから、顧客視点をもつことで、状況に応じたニーズを把握するといった柔軟な対応も必要となります。

４. 名刺類の活用

小売業をはじめ、美容室やエステサロンなどのサービス業の場合、担当スタッフの顔写真やイラスト入りの名刺を準備しておくのも、販売につなげるための効果的な販促手法の一つといえるでしょう。

顔写真やイラスト入りの名刺は、受け取るお客様に強い印象を残すことになります。これにより、再来店時に指名してもらいやすくなります。顧客満足度を向上させ、お店のファンになっていただくためのきっかけづくりにもなります。

欧米のビジネスカード（名刺）は、日本のものほど堅苦しくありません。誰に対しても気軽に渡しています。その人の個性やインパクトを重視しているものが多いようです。

美容室やエステサロン、マッサージ店のお客様は、プライベートな時間を使って来店しているので、カジュアルで印象的な名刺をもらうほうが、よりお店に対して親近感を感じることでしょう。

毎月、名刺の裏に入れる情報や顔写真を変えたり、手書きのメッセージを添えたりというように、来店時の話題を提供している店舗もあります。

５. 領収証の活用

会社・お店にとって領収証は発行する義務がありますが、お客様から求めら

れたら発行するが、求められないと発行しないなど、その扱いはまちまちです。

　お客様が財布に入れて持ち帰り、何かしらの動機付けを起こせるように、領収証の裏面にお得情報を載せているところもあります。

　ある美容室の事例です。領収証の裏面に次のような販売促進の機能をもたせています。

① お知らせ
② メール会員の募集
③ お客様の声の募集
④ QR コードとアドレス告知によるホームページおよびスマートフォンサイトへの誘導

　②③④は、ほぼ記載内容を固定しています。①は、時期によって変更するようになっています。たとえば、頭皮ケアの新サービス、季節ごとのキャンペーンの紹介、駐車場の拡充計画などです。

　このように、領収証の裏面も立派な販売促進のスペースとして活用することができます。

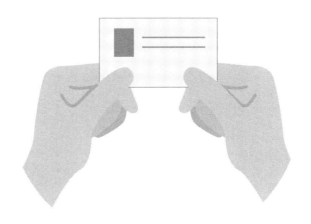

実行 販促手法1

31 「待ち時間」の活用

販売時点直接型⑥　店頭手法（3）

　ヘアサロンやエステサロン、歯科医院では、お客様が「予約した時間どおり
に来たのに待たされる」という不満をもつことがしばしばあります。もちろん、
待たせないように対応することが最も重要な解決策ですが、この待ち時間の不
満を解消しながら、販売促進の機能をもたせることも不可能ではありません。

　たとえば、お客様が待ち時間に読めるマンガを置くことは方法の一つです。
ありきたりのマンガを置くのではなく、来店するお客様の層に合わせた人気作
品を揃えるのがポイントです。

　**このような施策によって、待ち時間の不満を解消するどころか、来店するの
が楽しみになったというお客様は少なくありません。ここから、顧客満足度を
上げ、リピート率のアップや、口コミによる紹介のアップにつなげることもで
きます。**

　以上、第4章（108p〜）で説明してきた店頭手法は、全マーケティング活
動が結実する瞬間である購買時点の販促手法です。もし、この時点で商品が選
ばれずに売上につながらなければ、これまでの商品開発、生産、商品配送、広
告費、営業経費に至るまでの活動のコストは無駄になってしまいます。

　現在、多くの「購入ブランド決定」は、購買時点でなされています。だから
こそ、購買時点での店頭手法における優位性の確保がますます重要になりま
す。期待される役割も極めて大きいといえるでしょう。

　また、小売業だけでなく、サービス業である美容室、エステサロンでも、他
のサービスメニューを顧客にすすめることや、店販商品につなげたりなど、購
買単価を上げることにも寄与します。

　最後に、これまで紹介してきた展開手法が、どの業種に適用できるのかを一
覧にしました。次ページの表を参考にしてください。

展開手法別・適用業種の一覧表

	展開手法	A	B	C	D	E	F	G	H	I	J	K
試用体験手法 →108p	商品サンプル配布		○	○							○	
	お試し体験				○	○	○					
	モニター制度		○	○		○					○	
	デモンストレーション		○	○							○	
	カウンセリング		○	○	○	○	○	○	○		○	○
	診断サービス		○	○	○	○	○	○			○	○
価格訴求手法 →122p	クーポン		○	○	○	○	○		○	○	○	○
	キャッシュバック		○	○	○	○	○	○			○	○
	各種割引制度		○	○	○	○	○	○			○	○
	均一価格		○	○	○	○					○	○
	増量パック		○	○	○						○	
キャンペーン手法 →136p	オープン懸賞	○						○			○	○
	クローズド懸賞	○	○	○	○	○	○	○	○	○	○	○
	キャンペーンアイデア	○	○	○	○	○	○	○	○	○	○	○
プレミアム手法 →146p	総付プレミアム	○	○	○	○	○	○	○	○	○	○	○
	抽選プレミアム	○	○	○	○	○	○	○	○	○	○	○
制度手法 →152p	ポイント制度	○	○	○	○	○	○	○	○	○	○	○
	メンバーシップ制度	○	○	○	○	○	○	○	○	○	○	○
	紹介制度	○	○	○	○	○	○	○			○	○
	下取り制度	○	○	○	○			○				
	保証制度	○	○	○	○	○	○	○			○	○
	レンタル制度	○			○			○				
店頭手法 →166p	POP広告		○	○	○	○	○	○	○	○		○
	接客系アプローチ		○	○	○	○	○	○	○	○		○
	「待ち時間」の活用		○	○	○	○	○	○	○	○		○

【適用業種】
A 食品、日用品、耐久消費財などのメーカー
B 一般小売業（生花店、菓子店、洋服店、書店など）
C 百貨店、スーパー、量販店などの小売業
D 耐久消費財の小売業（自動車、電気製品販売など）
E 美容室、理容店、エステサロン、整体・マッサージなどのサービス業
F 学習塾、スポーツクラブ、資格スクールなどのサービス業
G 建築、不動産、リフォーム業
H ホテル、旅館、映画館、レジャーなどのサービス業
I 飲食店、レストランなどの飲食業
J 一般食品、健康食品、健康器具、化粧品などの通信販売業
K 銀行、信用金庫、証券会社、保険会社、クレジットカード会社などの金融業

第 5 章

実行
販促手法 2

媒体による販促活動
（新規顧客向け）

実行 販促手法2	新規顧客向け・媒体活用型①
01	**折込チラシ**

新聞以外にタウン誌の挟み込みもある

　本書で取り上げる「媒体活用型」の媒体（販促媒体）とは、マス広告（テレビ、新聞、ラジオ、雑誌）を除く媒体です。

　販促媒体は、「**新規顧客向け**」（新規顧客獲得型）と「**既存顧客向け**」（既存顧客関係強化型）の2つに大きく分けられます。

　この章では、新規顧客向けを見ていきます。

チラシの特性を考える

　代表的なのが「**新聞折込広告**」チラシです。

　新聞折込広告チラシは、キャンペーンやイベントの告知に利用されることが多いです。特定のエリアに集中した販促展開ができる地域密着型ビジネスの王道といえます。

　新聞折込広告チラシとは、宅配新聞に挟み込み、配布する販促媒体です。

　読売新聞、朝日新聞に代表される一般紙や、日本経済新聞に代表される経済紙のように、新聞のタイプによる購読者の属性を選定することができます。また、新聞販売店ごとに配布エリアがあるため、お店の商圏や告知したい配布地域に合わせて選定することもできます。

　新聞折込広告チラシは、訴求対象に効率的に展開できるため、地域に密着した密度の高い告知活動が期待できます。

　しかし、新聞購読率が落ちてきているので、若年層にリーチするのが以前より格段に困難になってきています。特に20代〜30代の女性の購読率が大幅に減っていることから、ターゲットの年齢層によっては、販促媒体として適さない場合もあるので注意が必要です。

　新聞折込広告チラシを見る人が最も多いのは、土曜日という調査結果もありますが、商品・サービス、またはお店の商圏によって効果が異なるので、適し

た曜日を選ぶことも大切です。

　通常、商圏調査を実施し、ターゲット層の多いエリアを選ぶ必要があります。なお、新聞折込広告チラシの仕様で最も多いのは、Ｂ４判です。これは、新聞のサイズ（タブロイド判）の中で、最も露出面積の多い大きさになるからです。インパクトを高めるため、縦長サイズや、大型サイズ（３つ折）など、競合店との差別化を図るための仕様も数多くあります。

　新聞折込広告チラシの特性を次にまとめておきます。

・宅配により、確実に対象者に到達されることができる。
・特定のエリアに集中した販促展開ができる。
・読者層やエリアを細かく絞り、最小ロットが少なく実施できるので、
　テストマーケティングに向いている。
・新聞購読率が落ちてきているので、全体のパイが減少している。
・医療関係、医薬品、健康食品の広告表現には厳しい制約があるなど、
　日本新聞協会加盟新聞社による「新聞折込広告基準」の規制がある。

　もちろん、チラシを挟み込むということでは、新聞ではなく、「コミュニティ紙・タウン誌」といった情報誌を活用する方法もあります。新聞と比べて保存されやすい情報が掲載されているコミュニティ紙・タウン誌は、販促媒体として、お客様の購入の検討が長期にわたる商品・サービスに適しています。

　チラシの特性として、「手に取りやすい」「ハンディさ」「ひと目で判断される」「自由さ」が挙げられます。さらに、地域的な情報源（地域密着性）としての特性を活かすことで、効果が最大化します。

　チラシは、商品・サービスの売行きに直結する、地域の消費者と売り手をつなぐのに有効な販促媒体です。

　どんなチラシにも、売り手が必ず伝えたいメッセージがあります。そのメッセージをお客様に伝えるために、目につきやすく、興味を引かせる工夫が必要です。受け手（お客様）が理解し、実際に行動を起こしてこそ、チラシの役目は完結します。そのためには、伝える（配布する）方法を考えなければなりません。次ページの図表などを参考に、最も効果を上げる配布方法を選択しましょう。

第 5 章／【実行 ── 販促手法２】媒体による販促活動（新規顧客向け）　　179

チラシの配布方法とメリット

配布方法	折込		戸別訪問	固定設置	手渡し
配布媒体 配布場所	新聞	コミュニティ紙 タウン誌	ポスティング →181p	店頭 屋内 →183p	街頭 →182p
配布地域	広い地域	限定地域	特定地域	固定	配布人員 により限定
配布の タイミング	前日または当日	発行日	7日〜1日前	長期	前日または当日
配布に かかる費用	大	ほぼ無料	中	中	小
配布による メリット	●ターゲットを絞ることができる ●客層を選ぶことができる ●新聞の半分のサイズなら形は自由		●確実に配布できる ●目立ちやすい ●DMよりも安価でできる	●目立ちやすい ●手軽に取りやすい ●興味のある人がもっていく	●見てもらうチャンスが大きい ●集客、案内の効果がある ●コミュニケーションのツールとなる

受け手から見たチラシ

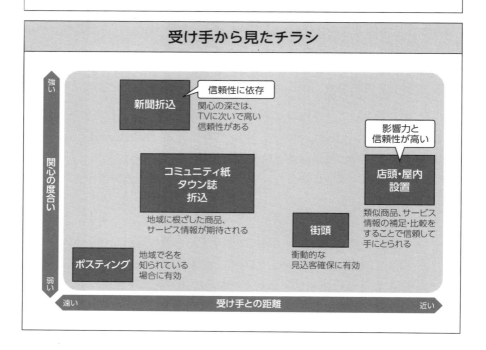

実行 販促手法2
02
新規顧客向け・媒体活用型②
ポスティング

効果を上げる工夫がポイント

　個人宅の郵便ポストや新聞受けに販促媒体を投函する手法を「**ポスティング**」と呼びます。郵便ポストに投函するという点では、DM に近い販促媒体であるといえます。

　しかし、基本的には無差別に投函するわけですから、**想定した顧客（ターゲット）に確実に届くかどうかという到達率の点で、まだまだ課題が多いです**。ただ、エリアはもとより、「一戸建て」「ガーデニングのある家」というように選別することも可能です。

　また、新聞折込広告チラシと違って、サイズをいろいろと工夫したり、封筒に同封物を入れることもできます。そうすることで、ターゲットの開封率を上げて、購買の動機付けを高められるのです。

　なお、マンションの管理組合は、ポスティングをセキュリティや公序の問題で禁止していることが多いので注意が必要です。

第 5 章／【実行 —— 販促手法 2】媒体による販促活動（新規顧客向け）　　181

実行 販促手法2
03 新規顧客向け・媒体活用型③
街頭配布 (ダイレクト・ハンド)

手から手へ直接届ける

　人通りの多い街頭や駅前、繁華街などで、地域周辺の住民、通勤者に手渡しで配布する販促媒体を「ダイレクト・ハンド」といいます。

　最もなじみがあるダイレクト・ハンドとして、「**チラシやポケットティッシュにクーポンを付けたもの**」が挙げられます。

　狙ったスポット・ターゲットにピンポイントで、手から手へ直接届けるという接触に対する意識度の高い、販促媒体といえます。

　ですから、手渡す人の挨拶、服装、立ち居振る舞いなども重要になるのはいうまでもありません。

　より高い販売促進の成果を出すために、記念品、粗品などのノベルティグッズを添付したり、タイアップイベントと同時に実施したりなど、さまざまな方法があります。

　なお、駅前、街頭、公共施設内でダイレクト・ハンドを行うときは、施設管理者の事前許可が必要になります。

　駅構内の場合は、駅に申請を出す必要がありますが、許可がむずかしい状況にあります。公道の場合は、所轄警察署の交通課に道路使用申請をして、それぞれ許可を受けることが必要となります。

実行 販促手法2
04
新規顧客向け・媒体活用型④
店頭・屋内設置(テイク・ワン)

視認性を高めることがポイント

　スーパーやレストランなどのレジ横や店頭に、簡易なパンフレット、小型の
チラシを専用のラックやケースに設置して、お客様に持ち帰ってもらう販促媒
体を「**テイク・ワン**」といいます。

　基本的にはお客様が持ち帰って、商品・サービスの利用を検討してもらうた
めの方法ですから、何よりもまず手にとってもらわなければその役割を果たせ
ません。

　そこで、「どこに、どのように設置するのか?」によって**視認性を高めるこ
とが、テイク・ワンの実施において大切なポイント**になります。

　また、POP広告との連動、イベントの告知に合わせることで、販売促進の
効果を高めることができます。

　テイク・ワンに活用する販促ツールは、わざわざこのためだけに新規に作成
するのではなく、DM(ダイレクトメール、次p参照)を流用するなどして、
コスト面を考慮し、コスト対効果を高める必要もあるでしょう。

　もちろん、専用のラックやケースに何も入っていないと、イメージダウンに
つながるので、補充にも気をつかわなければなりません。

第 5 章／【実行 —— 販促手法2】媒体による販促活動(新規顧客向け)　　183

実行 販促手法2	新規顧客向け・媒体活用型⑤
05	**ダイレクトメール (DM)**

送付先を特定する作業、顧客リストの活用が不可欠

　ダイレクトメール（DM）とは、郵便・宅配・インターネットなどによって直接、広告やセールスのためのメッセージを伝える販促媒体です。

　たとえば、**ハガキ・封書・カタログ・小冊子・CD-ROM・電子メール**などの形態があります。これらを個人宛・会社宛に送付します。

　新聞折込広告チラシで触れたことと同じように、ターゲットの関心のありそうな情報を伝えることで、レスポンス率、ひいては購入率が上がります。

　DMでは送付先を特定することが最も重要な作業です。過去の見込客、既存顧客のデータを蓄積したうえで、「顧客リスト」を活用することが求められます。しかし、新規顧客獲得型の媒体として、DMは個人情報保護法の施行後、個人向けに使えなくなりました。

　法人向けは、ターゲットの属性を見極めたうえで、DMの基本構成と表現を工夫して、費用対効果を高めます。

　セールスを目的とするDMには、次ページの表のような要素と機能があります。①～④が、基本的な構成要素です。⑤～⑧が、①～④を支えるその他の要素となります。

　DMの目的に合わせて組み合わせを考えるといいでしょう。

DMの構成要素

要素	機能
①外封筒	DMを届ける入れ物。開封率が最も重要なので、外封筒でDMの第一印象が決まる
②挨拶状（カバーレター）	顧客への挨拶として、コアメッセージを伝える重要な要素。すぐれた挨拶状は、顧客の心を動かし、その他の情報に目を移してもらえる
③パンフレット	商品・サービスの内容を理解してもらうために同封する案内。折り方や説明の展開の仕方がカギとなる
④申込書	商品・サービスの申込みをする機能をもつ。できるだけわかりやすいものにしたい
⑤ドアオープナー、封筒窓	開封率を上げるために、DMの中に入れておくノベルティグッズなどの立体的な小物。封筒の窓をつくって見せることもある
⑥チラシ	キャンペーンや特典などを個別に案内する小型版のチラシ
⑦返信用封筒	申込書を返送してもらうための封筒。申込書を兼ねて返信用ハガキにする場合もある
⑧チケット	招待券、優待券、割引券、抽選券などをチケット形式にして同封することも効果的。複数枚同封することで、紹介促進につながることもある

第 5 章／【実行 —— 販促手法 2 】媒体による販促活動（新規顧客向け）　185

06 実行 販促手法2

新規顧客向け・媒体活用型⑥
FAXDM

DMより安価で、中小企業に人気がある

　FAXDMとは、その名のとおり、FAXで送るダイレクトメール（DM）のことです。**FAX-DM、ファックスDM、FAX同報、FAX一斉、FAX一斉同報、FAXダイレクトメール、FAX広告**ともいわれています。

　このFAXDMは、もともと「FAX一斉同報サービス」という「同一文書を複数の宛先に一斉に送る」システムを利用することによりスタートしました。新規顧客獲得型の媒体として、DMと同じく、法人向けに利用できます。個人向けとしては、既存顧客にあらかじめパーミッション（許可）をとったうえで、情報提供を中心とした位置付けで送信するのであれば可能でしょう。

　通常のDMと比べて1通の料金が安く、費用対効果が高いFAXDMは、中小企業に人気の方法です。

　法人向けの広告、セールスとしてのFAXDMは、インターネットが普及するにつれ、一時期に比べて少なくなりました。しかし最近は、インターネットの氾濫により、インターネット広告の反応率が下がっています。逆に、準アナログ式の広告である**FAXDMの費用対効果が上昇**してきて、再注目されています。

　質の高い名簿（顧客リスト）を基に、まずは**ターゲットである会社のキーマンに訴求する内容をつくり、他のFAXDMに埋もれないようなタイミング・時間帯を考慮してFAX送信する必要があります。**

　このとき、注意すべき点は、なるべく少ない枚数（基本的には1枚）で、最初に「突然のFAXをお許しください」などの丁寧な挨拶と、「今後このような情報が不要な方はお知らせください」というような記載を入れておくことです。

　東京都内にあるオフィスのレイアウト、内装工事、引越関連のサービスを手がけるオフィス内装工事会社では、外資系企業、デザイン関連の会社など、ターゲットとなる業種を絞ってFAXDMを送っています。

FAXDMには、オフィスのレイアウト変更の必要性、オフィス移転時のコスト削減方法などが情報として盛り込まれています。

基本的には1枚にまとめ、FAXの下に資料請求や問い合わせの返信がしやすいように、そのための欄をしっかりと設けています。

反応を計り続けることによって、どの業種、どの表現方法が良いかを見極めることができ、最終的には、費用対効果の良い組み合わせを見出しています。

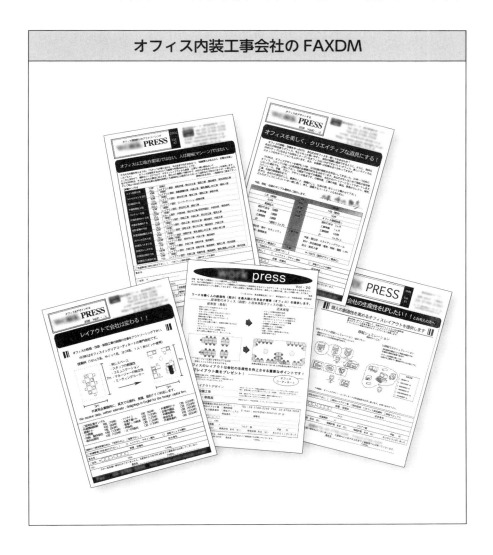

オフィス内装工事会社のFAXDM

実行 販促手法2	新規顧客向け・媒体活用型⑦
07	# 同封・同梱広告

他社の販売ルートを活用

　同封・同梱広告とは、特定の会員や顧客に発送する「会員誌」「通販カタログ」「請求書」などにチラシを同封・同梱をする広告手法です。**他社の販売ルートなどを使って、"相乗り"という形で行います。**

　自社の商品・ターゲットに向けて効率よく広告がうてるため、近年活用する企業が増えています。

　同封・同梱広告は、

　①年代・趣味などターゲットが明確なため、セグメントが容易
　②単独で郵送するDMに比べて、配布コストが安い
　③ロイヤリティの高い会員に送るので、高い開封率が期待できる

というようなメリットがあります。

　こうしたことから、新規顧客を効率よく獲得したい通販会社でおなじみの手法です。

　同封・同梱広告には、次ページの表のような種類があります。いずれも実施の可否は個別交渉が前提になります。

■会員誌・定期購読誌

ターゲット	媒体概要
全国のCATV有料契約ユーザー	有料のケーブルテレビに加盟している人に対して毎月宅配する番組ガイド誌

■富裕層向け広告媒体

ターゲット	媒体概要
中高年の文化水準の高い方	世界中の豊富なラインナップを揃えたワイン専門の通販カタログ
歌舞伎愛好家	歌舞伎クラブが発行するカード保有者向けに毎月発行される会報誌
優良中小企業オーナー、病・医院経営者	経営者個人名で直送される無料情報誌。相続・事業継承問題を中心に、エンタテイメントやレジャー系の情報を併載

■シニア向け広告媒体

ターゲット	媒体概要
互助会会員	冠婚葬祭サービスを中心とした会員の皆様へサービスの一環として配布される互助会の会員誌

■主婦・F1層（20〜34歳までの女性）向け広告媒体

ターゲット	媒体概要
看護師	白衣など、看護師専用の通販カタログ。時間に余裕はないが、お金に余裕のある女性に訴求できる
食品に興味がある主婦	自然食品通販の商品への同梱。健康志向でこだわりの強い主婦にアプローチ可能

■その他の広告媒体

ターゲット	媒体概要
芸能人・業界人	収録・撮影時の食事時間にロケ弁に同梱される情報誌。合わせてのサンプリング配布も可。情報発信源となる芸能人・業界人に訴求するため、テレビやブログなどでの露出の可能性もある

(参考資料：株式会社ファインドスター)

08 実行 販促手法2 新規顧客向け・媒体活用型⑧ フリーペーパー

フリーペーパー＝クーポン付き情報誌!?

　フリーペーパーは、広告収入を基に定期的に制作する印刷媒体で、特定の読者層に無料で配布します。ちなみに、「フリーペーパー」は和製英語です。英語では「free daily newspaper」「freesheet」などと称します。

　このフリーペーパーは本来、広告だけを掲載した「集合チラシ」とは一線を画す媒体として、地域情報や生活情報の記事を掲載していました。しかし、近年はフリーペーパーという表現の普及とともに、これらの情報を全面に出す割合は以前より少なくなってきています。

　フリーペーパーの配布方法としては、**新聞折込、ポスティング、オフィス配送、街頭ラック設置、街頭手渡し**などが挙げられます。

　最近のフリーペーパーの多くは「クーポン付き情報誌」です。『ぱど』や『Hot Pepper』がおなじみですが、各店舗の割引特典や、サービス特典が付いています。

　フリーペーパーには次ページの表のような種類があります。

　フリーペーパーは、地域性、対象者層、配布部数の実態、熟読率に大きく影響される販促媒体といえます。ですから、同じフリーペーパーでも発行している地域によって、集客効果が違ってきます。

　フリーペーパーの中でも、クーポン付き情報誌を販促媒体に活用する場合には注意が必要です。それは、クーポンだけが目当ての"浮遊客"がいることです。浮遊客が来店しても、必ずしもリピートにつながりません。浮遊客は、お店を選ぶ基本的な判断基準が、価格である可能性が高いからです。

　実際、美容室やネイルサロンでは、クーポン付き情報誌がきっかけで来店した顧客のリピート率が10％以下というところも少なくないようです。

　このような場合、価格を訴求するのではなく、最初からリピートを目的としたお店の明確なコンセプトを打ち出し、それにターゲットが共感できるように広告の表現を工夫することが大切です。

フリーペーパーの種類

種類	概要	媒体例
コミュニティペーパー	地域生活情報紙で、わが国で約1,000紙あるといわれる。新聞販売店、新聞社系が多いが、独立系も多々ある。発行部数規模は数百部のものから数十万部のものまでまちまち。小規模のものについては、ミニコミ紙と呼ばれることがある	
ターゲット・メディア	フリーペーパーはもともとターゲット媒体だが、読者ターゲットを特定の読者に絞り込んだもの	『シティリビング』(OLが対象) 『ahead』(30〜40歳のビジネスマンとパートナーが対象) 『あんふぁん』(幼稚園児→母親が対象) 『定年時代』(シニアが対象) 『5l(ファイブエル)』(シニアが対象) 『ぶらあぼ』(クラシック音楽好きが対象)
ニュースペーパー	地域のニュースを掲載しているほぼ日刊のフリーペーパー	『滋賀報知新聞特報』 『経済の伝書鳩』(北海道北見市)
タウンペーパー・マガジン	商店街単位や、複数街区をカバーするものなど、歴史も古い	『日本橋』(東京都中央区日本橋地区の話題・情報、エッセイなどの読み物中心) 『すすきの新聞』(居酒屋、新店、耳寄り情報を網羅した札幌すすきの総合情報誌) 『Ginza Net Times』(銀座エリアで働く人、ライフスタイルにこだわりをもつ30〜40代向け) 月刊『わたしの世田谷』(30代以上の女性向け、東京都世田谷区中心に配布)
広告紙誌	基本的には編集記事がほとんどない広告(クーポンを含む)だけの紙誌	『ぱど』(20〜40代の家庭にいる人、主に主婦層を対象に、全国約200地域、隔週発行) 『Hot Pepper』(20〜30代OLを対象に、全国約50地域、月末金曜日発行) 『Coupon Land』(20代女性を対象に、山手線主要エリア＝渋谷・新宿・池袋・有楽町・東京・新橋が中心、毎月20日発行)
広報・PR紙誌・通販などのカタログ・会員紙誌など	複数の広告を掲載するオープン型の広告媒体	『QooRan(クーラン)』(明治大学商学部ゼミと千代田区地域活性化事業のタイアップ、千代田区を中心に約3万部発行)

(資料出所：JAFNA日本生活情報紙協会)

実行 販促手法2	新規顧客向け・媒体活用型⑨
09	# 交通広告

メディアミックス媒体として利用機会が増加

　鉄道、バス、タクシー、飛行機の車内外、駅、空港の構内施設、敷地を利用して掲出するのが交通広告です。生活環境を取り巻くさまざまな交通機関、交通関連施設のスペースを利用する広告媒体です。

　交通広告の中でも、最も企業の広告出稿量が多いのは「**電車広告**」です。

　交通広告には、電車の車内の中吊り、窓上、ドア上のほか、ホーム、路線敷地内、駅構内に掲出するポスターやサインボードなど、さまざまな種類があります。

　交通広告は、掲出路線、駅を特定することで、地域を限定した対象に告知活動ができるというメリットがあります。

　通勤・通学など、日常生活において消費者（生活者）とコミュニケーションができるので、「**エリアマーケティング**」に欠かせない販促媒体ともいえます。

　また、通勤・通学者は毎日、ほぼ同一時間の同一車両を利用することから、短期集中かつ至近距離で交通広告に接触することになります。**訴求内容をじっくりと理解してもらえて、短期間に集中して訴求できる**という効果があります。

　交通広告の種類を見ていきましょう。

1.電車広告

　電車広告とは、電車の乗降客に訴求するための広告です。ビジネス層をターゲットとした経済雑誌や、女性ファッション誌の広告、沿線レジャー施設の広告などに多く利用されています。

2.駅広告

　駅広告とは、駅の利用客に訴求するための広告です。駅周辺のお店や施設への道標として利用されることが多いです。看板は、1年以上の長期掲載が可能です。

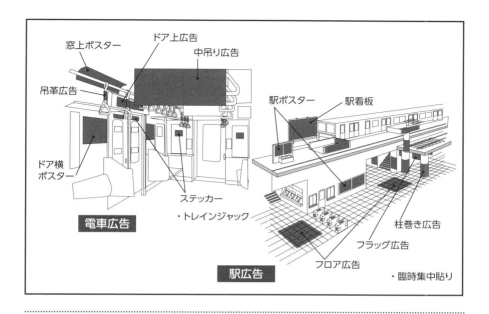

3. バス広告

　バス広告には、「バス車内広告」と「バス車外広告」があります。バス車内広告は、バスの利用客に訴求するための広告ですが、バス車外広告は、バスが行き来する路線の生活者（車や歩道から見る人々）に訴求するための広告です。

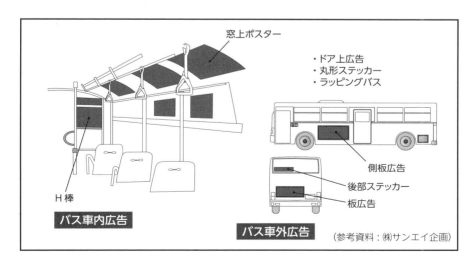

(参考資料：㈱サンエイ企画)

4. タクシー広告

　タクシー広告は、タクシーの乗降客に訴求するための広告です。閉ざされた空間で、経済力・購買力のあるビジネスパーソンを独占的に訴求することができます。

　タクシー広告は、従来からのエリアマーケティング的な活用を含め、「**アウト・オブ・ホームメディア**」（**OOHM**）として、広告効果が大きく注目されています。アウト・オブ・ホームメディアとは、家の外で接触する媒体の総称で、日本では主に交通広告（車内・駅構内・車両ラッピング広告 など）と屋外広告（197p 参照）を合わせたメディアを指します。

　特に交通広告は、街の移動者の広告に対する認識を確実に捉えられる媒体として、マス媒体とのメディアミックス媒体として利用される機会が増えてきています。

　また、交通広告の規制緩和が進んだことより、車体に広告をペイントした「**ラッピングバス**」や、1編成の車内すべての媒体を1社で独占し、一つの商品・サービスの広告を展開する「**トレインジャック（またはメディアジャック）**」も多く見られるようになりました。

　車両という閉じられた空間で、同じ商品・サービスを繰り返し目にするわけですから、新商品キャンペーンの場合に、イベント的な要素も含まれ、知名度の促進にその効果が期待できるでしょう。

交通広告の代表例

種類	方法	メリット	デメリット
電車広告	中吊、窓上（額面）、ドア横、ドア上、ドア・ステッカー、車体広告、吊革広告、広告貸切電車（車内ジャック広告）、トレインチャンネル	①乗降客が一定時間とどまる環境に露出するため、強制視認力が高い ②反復して接触するため情報の刷り込みが効果的に行える ③乗降客にダイレクトに訴求できるため、直接購買につながる確率が高い ④地域沿線でブランディング効果が高い ⑤週刊誌など、最新の情報を得るメディアとしても乗降客から注目されているため、トレンド情報の発信力になる	①閉ざされた空間内にさまざまな広告がひと並びに掲載される。そのため、デザインやレイアウトを工夫して他社と差別化を図る必要がある ②交通広告の中では高額の部類に入る ③公共交通機関への掲出となるため、デザイン審査に時間を要する場合がある。一部の業種は掲出不可となる場合がある
駅広告	駅看板、駅貼ポスター、臨時集中貼り、フラッグ広告、フロア広告、柱巻き広告、駅コーナーイベントスペース	①情報拠点となる駅では駅利用客以外の注目も集めることができ、高い効果が見込める ②反復して接触するため、情報発信の刷り込みを効果的に行なえる ③駅利用客にダイレクトに訴求できるため、直接購買につながる確率が高い ④地域沿線でブランディング効果が高い ⑤トレンド情報の発信力になる ⑥販促媒体など、駅によって広告の掲出場所をカスタマイズできる。オリジナルの広告展開をしやすい	①駅構内のどの位置に掲出されるかによって効果が異なる場合があり、現場の認識が必要 ②ポスターなど、掲出のボリュームが少ないと、他社の広告に埋没してしまう可能性がある
バス広告	側板広告、後板広告、ドア上広告、H棒（運転席後部ポスター）、ラッピングバス広告、車内ポスター、停留所サイン	①特定の地域を運行するため、地域に密着した広告展開を行える ②広告効果だけではなく、シルバーシート対象のタイアップ広告などとしても、イメージアップを図れる ③車外広告は、バスの外面を独占できてインパクトが大きいため、ブランディング力が高い ④交通広告の中ではコストが低い	①H棒（運転席後部ポスター）など、人気媒体は「1車1枚」が掲出可能枚数であることが多い。かつ長期掲出が多い。そのため、申込枠がすでに埋まっている可能性が高い ②電車に比べると、乗降客が少ない ③特に地方の場合は、ユーザーの入れ替わりが少なく、新規アプローチには不向きなケースもある
タクシー広告	パンフレット・ボックス、ステッカー（リアウインドウ・サイドウインドウ）、Cabチャンネル（タクシー内でビデオを設置してのCM放映）	①他の情報から遮断された独占空間で、リラックスしたお客様に密度の高い訴求が可能（平均乗車時間は18分） ②東京の情報に敏感な地方からの意欲的なビジネスマンにも訴求が可能 ③乗客層は30〜50代の経済力、購買力をもつビジネスマン。彼らへの訴求が可能	①他の広告に比べると、乗降客が少ない ②ビジネスマンが多いため乗客層の幅が比較的狭い

(参考資料：㈱サンエイ企画)

実行	販促手法2

10 新規顧客向け・媒体活用型⑩
屋外広告

ビルの側面、空中など、使用場所はいろいろ

　この媒体の特性は、長期間に設置する場合はもちろん、短期間に集中して設置する場合でも、**一定期間の継続的な露出で、商品・サービスの訴求ポイントを繰り返しアピールできる**という点です。訴求する商品・サービスの内容によって、アピールする対象地域を選択し、より多くの人の目に触れる機会をつくらなければなりません。

　代表的な種類として、**ネオンサイン、ビルボード、突き出し看板、懸垂幕、のぼり、野立看板、ポスターボード、アドバルーン、LED ボード、大型ビジョン**などが挙げられます。

　主なものを見ていきましょう。

1. ネオンサイン

　ビルの壁面や屋上に設置するネオン管などを使用した看板です。

　主に、都市部の人通りや交通量の多い大規模駅周辺、幹線道路沿いのビルの屋上や外壁に設置します。業種に限らず、幅広く利用されます。

　ただし、歓楽街の代名詞として「ネオン街」という言葉が存在するように、キャバレーやクラブ、パチンコ店で使われることが多いです。

2. ビルボード

　ビルの壁面や屋上に設置する、木製や金属に広告を塗装・掲示する看板です。

　日本では、都市部のビルやマンションの屋上で多く見かけます。高速道路など、車を運転している最中の視認性の高い場所も同様です。

　海外では、街中でも多く使われています。主に立体物を併用し、実際に何かが起こっているようなリアリティをもたせています。

　屋上看板は、高い所に設置するので遠くからでもよく見えますが、逆に近づき

すぎると消費者の視界に入らなくなります。日本では、単純な内容で、会社ロゴや商品名だけという形が多いです。

3. 突き出し看板

ビルや電柱から突き出して掲出する看板です。「**突き出しサイン**」ともいいます。店舗から街頭へ突き出している小型の看板を指します。袖看板がタテ長なのに対し、突き出し看板はヨコ長になっています。

建物の壁面から突き出して取り付ける看板ですから、お店や会社の前に看板を設置する空きスペースがとれないときによく利用されます。

大型のビルに、各階のテナントの看板が上から下まで連なっているものが代表的です。看板の中に照明器具を入れて、内照式になっているものが多いです。

突き出し看板は、お店や会社の前を移動している人に対して正面を向いています。しかし、人間の背丈よりも高いところにあるため、視認性は低くないものの、スタンド看板に劣ります。

4. 懸垂幕

ビルの壁面に垂らして掲出する布製の広告幕です。テント生地や厚めの丈夫な生地を屋上やベランダから吊り下げます。一般的に、縦長のものを「**垂れ幕**」といい、横長のものを「**横断幕**」といいます。

百貨店の短期のイベントや、マンションの入居者募集に使用されることが多いです。

百貨店の場合、懸垂幕にあらかじめ専用の取付け器具が付けられ、イベントの期間を過ぎると取り外す、または取り替えるようになっています。

5. のぼり

旗ざおなどに取り付け、歩道上や電柱、街灯柱に掲出するものです。飲食店、不動産、小売店、自動車関連の業種で、顧客を呼び込むための必須アイテムとしてロードサイドでよく使われます。また、イベントやキャンペーンを盛り上げる場合にも適しています。

交換がしやすいので、季節ごとにサービスの内容、新しいメニューなどをローテーションし、効果的にアピールすることができます。

小型のサイズであれば、店内に設置して、POP に近い役割をもたせることもできます。

6. 野立看板

鉄道、道路の沿線に掲出する広告板で、それだけで独立した看板となっています。建物と離れた場所でも効果を発揮します。

懸垂幕と同様、「一時的なお知らせ」として建物などに立て掛けて使うものを「**立看板**」といいますが、その性格から「**捨て看板**」とも呼ばれます。

7. ポスターボード

1つの絵柄を分割し、部分ごとにポスターに印刷して、それらを貼り合わせて掲出する大型の広告板です。

屋外広告として、イベントの宣伝・告知の他、商品・サービスの販売促進、交通安全運動の啓蒙などで幅広く使われます。

基本的にポスターは、お店の中で販促イベントを知らせるための掲示物として使われます。

以前より、屋外でも耐性の強い素材やインクの技術が進化し、長期間キレイに掲示できるようになっています。

8. アドバルーン

広告を吊り下げて空中に揚げる係留型の気球です。係留型の気球の浮力により、気球自体を 20 〜 50 メートル程度の高さに揚げて使用します。

たとえば、横 1 メートル、高さ 10 メートル程度のバナー（横断幕）に文字を配置した広告を、屋外の不特定多数の人々に、店舗やイベントの場所の目印とともに空中から標示します。

意外にも、アドバルーンは日本発祥の広告手法です。1913 年に化粧品会社が使用したのが最初とされています。

屋外用として、主に郊外の低層階の店舗や、イベント会場、展示会場などで利用されています。また、屋内の展示場、見本市会場、イベント会場、大型ショッピングセンターなどでは、室内装飾としても用いられています。

最近は、話題性を高めるために、自動車や魚、企業のキャラクターの形をした

だけの、宣伝文のない変形気球も見られます。

9.LED ボード

発光ダイオードを利用して、文字、映像をカラー表示する広告板です。明るく表示する LED ボードは、昼・夜を問わず、通行人の目を引き付けます。

手書きの文字や絵がカラフルに発色する電飾 LED ボードを組み込んだディスプレイスタンドや、ポスターをパネルに入れるものなど、さまざまなタイプがあります。

表示内容も多様に変更できます。季節ごとのキャンペーンに適しています。目立たせたり、見やすくしたりといった工夫によって、集客率、購買率のアップが期待できます。

最近は、省エネタイプの LED ボードが増えてきており、ランニングコストを抑えられるものが主流になってきています。

10. 大型ビジョン

大型の映像表示板です。テレビ中継や、TVCM、音声の出力も可能です。「街の顔」となり得る大型ビジョンは、対象エリアを限定でき、地域に密着することができます。視聴者の素早い反応が得やすい販促媒体です。

大型ビジョンの魅力は、迫力ある映像と音の演出により、通行人が思わず足を止めて見入ってしまうことです。圧倒的なインパクトを与えることができます。地域密着型の特定エリアに集中した展開から、キャンペーンなど全国にまたがってのネットワーク展開、通信衛星やインターネットとの連動による双方向企画など、フレキシブルな可能性に富んだ販促媒体といえるでしょう。

なお、**屋外広告は、安全性・風致・美観のため、都道府県、政令指定都市、中核都市には、「屋外広告物法」（国土交通省）に基づいた条例があります。**実施の際には、各条例または専門家に問い合わせるといいでしょう。

第 5 章／【実行 ── 販促手法 2】媒体による販促活動（新規顧客向け）　　199

屋外広告の種類

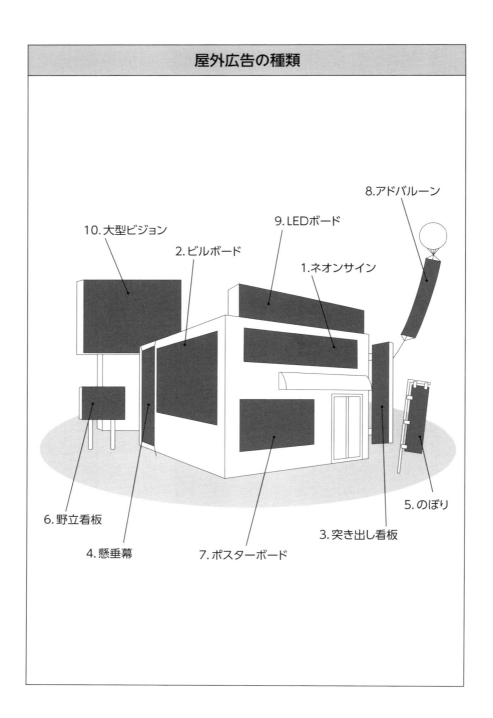

第6章

実行
販促手法3

媒体による販促活動
（既存顧客向け）

実行 販促手法3	「顧客情報」から
01	「顧客リスト」へ

CRMを基に顧客の階層を理解

　前章では、「媒体活用型」のうち、新規顧客向け（新規顧客獲得型）の販促媒体を説明しました。この章では、**既存顧客向け（既存顧客関係強化型）**の販促媒体を紹介します。

　第2章で述べたように、継続的に顧客に来店または購入してもらうことは、販売促進の中心テーマです。同時に、永遠にレベルアップを図っていかなければならない課題でもあります。いくら既存顧客、常連客であっても、今後、来店または購入しつづけるという保証はどこにもありません。

　そこで、販売促進の成否のカギを握るのが、「顧客のベネフィット」に焦点を絞った情報の提供です。たとえば、美容室であれば「髪を傷めないために自宅でできること」など、髪の専門家だから伝えられる情報も顧客のベネフィットの一つです。

　特に、常連客や会員だけが享受できる情報提供や生活提案をタイムリーに発信し、双方向のコミュニケーションを継続的に展開していく必要があります。

　既存顧客向けの媒体を活用する目的は、「**集客ステップ③　常連客育成促進**」が中心となります（39p参照）。

　販促媒体には、**手紙、ダイレクトメール（DM）、ニュースレター、カタログ、Eメール（電子メール）**などがあります。

　こうした販促媒体を活用するためには、「**顧客リスト**」を取得しなければなりません。

　顧客リストを集めるにはどうすればいいのでしょうか？　それには費用対効果を考慮して、氏名、住所、電話、メールアドレスなどの「**顧客情報**」を収集することが求められます。

　顧客情報の収集の大前提は、「**顧客の階層**」を理解することです。

「顧客」あるいは「お客様」の定義を明確にし、販売促進に関わるすべての人の認識にズレがないようにすることが大切です。

販売促進を効率よく成功に導くには、「ターゲット」を明確に設定することです。顧客の階層も明確に設定する必要があります。「どの階層の顧客にアプローチするのか？」を見誤ると、見当違いの販促活動に陥る可能性が高くなります。

そこで重要になる考え方が「CRM」です。

CRM（Customer Relationship Management）とは、「顧客関係性管理」のことで、情報システムを応用して企業が顧客と長期的な関係を築くための手法です。

CRMの構築により、詳細な顧客データベースを基に、商品の売買から保守サービス、問合せやクレームへの対応など、**個々の顧客とのすべてのやり取りを一貫して管理する**ことで、**顧客との長期的でかつ良好な関係性が実現できます**。

顧客ニーズにきめ細かく対応することで、顧客の利便性と満足度を高め、顧客を「常連客」として囲い込むことが可能になります。

CRMは、企業の収益率の最大化を図ることを目的としています。そのためには、**顧客のライフサイクルに合わせて、継続的にコンタクトをとる必要があります**。入学や就職、結婚、家庭生活、老後など、顧客のライフステージを区分したものに合わせて、必要な情報や特典を提供していかなければなりません。

このためには、いうまでもなく、顧客情報をよく知ることです。

実行 販促手法3	
02	# 顧客情報の収集方法

「ご意見カード」「会員アンケート」「観察メモ」「ヒアリング」

　氏名、住所、電話、メールアドレスなどの顧客情報は、郵送、電話、面接などによるアンケートによって収集するのが一般的でしょう。ポイントカード、会員制度の入会申込書でも収集することが可能です。

　しかし、よりきめ細かい CRM を行うには、**趣味、趣向、生活習慣といった、より詳細な顧客情報が必要**ということで、次の方法がよく使われています。

1. ご意見カード

　「お客様の声」などとして、顧客の目につく場所に質問用紙を用意して、お店や商品・サービスについて気付いたことを自由に記入してもらう方法です。

　ご意見カードは、旅館やホテルでは客室に、飲食店では各テーブルに置いてあることが多いです。

　実施にあたっては、**質問用紙を記入するための場所がわかりにくいなど、顧客満足という本来の目的を見誤らないように気を付けたい**ものです。

2. 会員アンケート

　顧客を組織化した会員に、定期的にアンケートを送り、企業側への意見や希望、期待を含めて必要な情報を入手する方法です。

　会報誌にアンケートを挿入し返信してもらう方法が一般的です。インターネットを活用して、電話、メール、ホームページ上でアンケートに答えてもらう方法もあります。

3. 観察メモ

　接客中の顧客の関心の示し方、性別、年代、購入した商品・サービスなどについて、販売スタッフが顧客に気付かれないようにメモする方法です。

大手チェーン店では、専門のスタッフがいる場合もあります。「覆面調査」などで外部に依頼することも少なくありません。

4. ヒアリング

顧客に直接、お店や商品、サービスについて質問する方法です。アンケートシートと併用して行うことが多いです。

たとえば、家電や家具の量販店では、顧客が商品を選択し、引き渡すまでの間、販売員が許可を得たうえでさりげなく質問します。

以上の方法は、単に顧客が気付いた点を注意してもらうというアプローチではありません。「アンケートに答えてもらった方には、抽選で素敵なプレゼントを差し上げます」というように、**特典を用意することによって、顧客情報を収集しやすくする工夫も必要**です。

収集された顧客の声を、今後の商品・サービスの開発や販売促進、ラインナップ、メニューの見直し、さらには接客態度をはじめとする売場づくりにも役立てながら、最終的に顧客満足を高めていきたいものです。

顧客満足度（CS）調査で有名な経験則に、「**ほぼどんな商品・サービスでも、それに満足している顧客は 60％にすぎず、残りの 40％は何らかの不満を抱いている**」という法則があります。

この不満層 40％を、さらに詳細に分析してみると、具体的に不満を「苦情」として企業にぶつけている顧客は、わずか４％にすぎないといわれています。不満層のうち、96％の人は、心の中で疑問を抱きながら、不平・不満をいいません。ということは、これらの人は競合他社の商品・サービスに移っている可能性が高いわけです。

この**不平・不満をいわない人を、「サイレント・マジョリティ」と呼びます。原因もわからないままに顧客を逃してしまうことは、会社やお店にとって大きな損失**です。

ある小売店では、顧客アンケートのチェックシートに「不満足」と選択されているのに、その理由が明確に記述されていないときは、確認のために手紙や電話で本音を聞き出すアプローチをしています。

顧客満足度調査は、ターゲットに向けて、再度、来店や購買を促すために目

を向けてもらうようにするアプローチ方法です。本音でじっくりとコミュニケーションを求める活動として重要です。

CRM の流れ

顧客データベース
- 本人情報
- 勤務先情報
- 商品・サービスの購入履歴情報
- 家庭の記念日情報
- 住所情報
- 家族情報

など

個々の顧客とのすべてのやりとりを一貫して管理
- 商品の売買
- 販売促進
- 保守サービス
- 問い合わせ対応
- クレーム対応

など

顧客ニーズにきめ細かく対応

顧客の利便性と満足を高める

顧客を「常連客」として囲い込む

企業の収益率の最大化

実行　販促手法3

03 顧客情報の活かし方

今後の販促活動に役立つ顧客のグループ化・細分化

顧客のライフステージを把握できることが重要

　販促活動は、前述の「顧客情報の収集」だけで終わりません。次に、顧客の
ライフステージ、ライフスタイル、ライフシーンに応じて、それぞれのニーズ
やウォンツにマッチした商品・サービスを、タイムリーに提供しつづける双方
向型のコミュニケーション活動が重要となります。

　代表的な顧客情報の項目をまとめたのが以下の表です。

顧客情報の代表例	
本人情報	氏名、住所、電話、メールアドレス 年齢、性別、職業、学歴、未婚 or 既婚、家族構成 生年月日、趣味、購読雑誌、購読新聞、生活習慣、住居形態 身長、体重、3サイズ（バスト、ウエスト、ヒップ） 年収、クレジットカードの種類
勤務先情報	社名、業種、職種、役職、所在地、電話
商品・サービスの 購入履歴情報	購入日、品名、個数、単価、金額、商品の特徴
家庭の記念日情報	結婚記念日、新築記念日
住居情報	築年数、立地、建築規制、建物規模、構造、間取り
家族情報	氏名、年齢、性別、本人との関係、同居（or 別居）、誕生日、職業、趣味

第6章／【実行 ── 販促手法3】媒体による販促活動（既存顧客向け）　　207

情報を活用するためには、コストや労力の無駄にならないように必要な範囲であてはまる項目を選ぶことが大切です。

前ページの表には、業種や商品・サービスによっては、必要のない情報もあります。たとえば、勤務先情報に関しては、一般的な小売店などには必要ないでしょう。

そのような**必要のない情報まで集めると、無駄に**労力がかかり、**効率性の面でマイナス**です。

そこで、次の項目を勘案して選ぶといいでしょう。

１. ターゲット層を定義する項目

年齢、性別、職業などの基本項目がこれにあたります。

２. 取扱商品・サービスの特性をアピールするために必要な項目

たとえば、リフォーム会社では家族構成、築年数の項目が必要となりますし、エステサロンでは体重、３サイズ、生活習慣の項目が必要となるでしょう。

３. 販売促進に有効と思われる項目

レストランや飲食店では、家庭の記念日情報を基に、今後の販売促進に活用することもできます。家族への紹介促進を狙う場合は、家族情報が必要になることもあるでしょう。

また、販売促進に必須な項目として、商品・サービスの購入履歴情報があります。

４. その他の項目

エステサロンや美容室で、待合室にどのような雑誌を置くのがいいのかを確認するために、顧客が購読している雑誌の情報を収集することもあります。

また、美容室やネイルサロンが、企業による社員への福利厚生の一つとして、企業も一部負担してトータルで安価に提供するといったサービスを提案して成功しているという珍しい例もあります。

このような法人需要を見越して営業アプローチを考えている場合は、勤務先

情報が必要になることもあります。

　選んだ顧客情報の項目は、今後の販売促進などにつなげられるように、たとえば予定しているキャンペーンの目的別に仕分けし、業種や商品・サービスによっては、さらに情報を顧客のライフステージ別に細分化します。そして、必要情報がすぐに検索できるように整理しておくことが重要です。

顧客情報を活用する手順

　顧客情報を整理し、活用する手順は次のとおりです。

①メニュー開発、売れ筋商品を明確にするためなど、自店の商品・サービスの構成を整理する
②販売促進に有効と思われる項目など、顧客関係方針に対応して選定した項目をグループ化する
③上の②の各グループの顧客を、成人、結婚などのライフステージ別に細分化する
④上の③で細分化した顧客層のライフスタイルに応じて、具体的な販売促進策を計画する
⑤上の①〜④の手順を踏み、定期的な生活提案を中心とする情報提供に活用する

　次項から、ソーシャルメディアなどの媒体を除く、既存顧客関係強化型の販促媒体を具体的に見ていきます（ソーシャルメディアなどの媒体については、第8章で説明します）。

第6章／【実行 ── 販促手法3】媒体による販促活動（既存顧客向け）　　209

04 既存顧客向け・媒体活用型① 手紙

実行 販促手法3

「お礼」「定期的」がポイント

　お客様との人間関係を良くするために手紙は出すべきです。なかでも、「**手書きのお礼状**」を出すことは、eメール（電子メール）が当たり前の時代だからこそ、手間はかかりますが、**お客様にとっては心がこもっている印象が高く、顧客ロイヤリティを高めるには効果的**です。

　お店でお客様に接触する美容室、エステサロン、ネイルサロンはもとより、紳士服量販店や百貨店の婦人服売り場には有効でしょう。

　手紙の内容は、あくまでお客様に購入や入金をしてもらったときの「お礼」としての役割が必要です。

　年賀状や暑中見舞い、季節のお便りも、あらゆる業種にとって大切なアプローチです。

　たとえば、手間をかけた、ほのぼのとした温かみのある「**絵手紙**」は、お客様の心を打ちます。

実行 販促手法3
05
既存顧客向け・媒体活用型②
ダイレクトメール (DM)

受け手を安心させる、反応率を高めるためのコツ

　ダイレクトメール（DM）は、ハガキや封書を直接郵送する方法です。個人に直接アプローチできる広告の一つですが、次のような利点があります。

①特定の相手に的を絞って、効率的アプローチができる
②定期化することで、顧客との関係を深めることができる
③反応に対する効果測定がしやすい

　DMも広告の一つですから、警戒心を強める人も少なくありません。見せ方や送り方を間違えると、反応がまったく得られない場合もあります。
　少しでも反応率を高めるためには、受け手を安心させる必要があります。その工夫のポイントは次のとおりです。

・いかがわしい感じを与えないように注意する
・DMを送った理由をはっきりと示す
・特典を設けるなど、受け手に優越感を与える
・名前やサイン、添え書きなどで親近感を感じてもらえるようにする

第6章／【実行 —— 販促手法3】媒体による販促活動 (既存顧客向け)　　211

実行 販促手法3
06

既存顧客向け・媒体活用型③
ニュースレター

ニュースレターは、売り込まない

　ニュースレターとは、自社発行の「手づくり新聞」のようなものです。「**お店通信**」「**情報誌**」「**会報誌**」「**瓦版**」など、呼び方はさまざまです。

　ニュースレターの特徴は次のとおりです。

1. 売り込みが少ない、あるいはほとんどない

　商品・サービスの売り込みは、誌面上にはほとんどありません。チラシなどのセールスツールが必要な場合は、ニュースレターとは別に準備するか、クーポンを同封します。

2. 受け手にとっての利益をもたらす情報に焦点をあてている

　美容室であれば、「髪のスタイリングを自宅で維持できる方法とは？」というように、髪の専門家だから伝えられる情報が求められます。話題はお客様のベネフィットに焦点をあてて、店側の売り込みは極力抑えましょう。

3. 専門家の立場からのアドバイスやお役立ち情報が多く盛り込まれている

　たとえば、「○○講座」「プロの裏ワザ教えます！」「間違いだらけの○○」「○○研究所」「トレンド情報」「素朴な疑問 Q&A」といったタイトルを付け、これらに沿ったコンテンツを用意します。

4. 社長、店長、スタッフのパーソナルな話題が盛り込まれている

　お店での裏話、感動話から、映画・音楽の感想、新人スタッフ紹介、コンテスト発表、編集後記まで、親しみやすいコンテンツを用意します。

5. 会社やお店の理念や歴史、商品・サービスに対してのこだわりが掲載されている

たとえば、「○○ History」「○○物語」「私たちの想い」「店長の本音」「○つの約束」「こんなことにこだわっています！」といったタイトルを付け、これらに沿ったコンテンツを用意します。

6. 地域情報など、身近な話題が掲載されている

たとえば、「冒険隊」「スタッフピックアップ店」「オススメ店紹介」といったタイトルを付けます。そして、これらに沿ったコンテンツとして、読者である顧客も思わず行きたくなるような近隣のお店の情報を用意します。

7. 双方向コミュニケーションで、顧客参加型の内容が含まれている

投稿コーナー、クイズ、アンケート発表、伝言板、お客様の声、イベント情報などのコンテンツを用意します。

このように、ニュースレターには売り込みがほとんどありません。役に立ち、親しまれる情報が中心です。**DM とは違い、継続的に出しても顧客に警戒心をもたれないという利点があります。**

ただし、それだけでは販売につながりにくいでしょう。ニュースレターの記事と連動して、新商品・サービスの告知をさりげなく入れたり、店頭で記事と関連した内容について声をかけたりする工夫も必要となります。

実行 販促手法3	既存顧客向け・媒体活用型④
07	**カタログ**

手軽なアプローチ方法だからこそ配慮すべきこと

「掲載内容」「仕様形態」で分けられる

　カタログは、販売促進に欠かせない重要アイテムの一つです。商品の特性や機能、スペックなどの基本情報を的確に説明するためのものです。また、顧客のライフスタイルの提案をすることもできます。

　提案型カタログとして、構成内容、見せ方、そして商品の特性を具体的なイメージが喚起できて、購買決定の動機付けにつながる内容になれば、効果的な販売促進ツールとしての役割を果たすでしょう。

　代表的なカタログの種類をまとめたのが、次ページの表となります。

214

カタログの種類

分類	形式	概要
掲載内容別	総合カタログ	会社やお店が取り扱っている商品・サービスの全体、もしくはある分野の商品を総合的に品揃えしたカタログ。単品カタログと比較した最大のメリットは、商品選定が可能であること
	単品カタログ	1商品、1サービスについての詳細を説明するカタログ。総合カタログと比較すると、商品、サービスの詳細スペックをはじめ、使い方の説明や、使用シーンの提案など数多く掲載できるメリットがある
	関連カタログ	メイン商品を中心に関連商品も掲載したカタログ。ライフスタイルの提案などによって、"ついで買い"を促進するメリットがある
仕様形態別	雑誌形式	雑誌のように、読み物としても充実している。定期的に刊行する。代表的なものに、カタログハウスの『通販生活』がある。家具、家電、生活雑貨など、暮らしに役立つ商品だけでなく、面白エッセイも掲載
	パンフレット形式	数頁程度でステープラー止め（中綴じなど）している形式の印刷物。商品のラインナップがあまり多くない場合の総合カタログに使われる。一般的には単品カタログ
	チラシ形式	1枚物の印刷物で、単品カタログとしてしか使えない。コストがかからないというメリットがあるが、誌面の関係上、詳細には記載できない
	CD-ROM形式	パソコンなどを利用する電子メディアのカタログ。商品の質感の設定など、さまざまな視覚効果や、音声なども設定できる。検索機能を付加できれば、商品を探すことが容易。印刷媒体と比較したメリットとして、小ロットでも作成が可能。修正があっても、それほどコストをかけずに改訂版をつくれる
	ホームページ形式	CD-ROM形式のカタログの機能をすべて保有することが可能。さらに、在庫をもたないメリットがある。更新もタイムリーに反映できる。名刺や販促ツールなどからホームページに誘導する方法次第だが、ホームページのアクセス後の使いやすさ、見やすさを高めることも大切

08 実行 販促手法3 既存顧客向け・媒体活用型⑤ eメール(電子メール)

手軽なアプローチ方法だからこそ配慮すべきこと

　前述の DM に代わって、既存客へのアプローチ方法として主役は、eメール（電子メール）でしょう。

　Eメールはいうまでもなく、パソコンや携帯電話にメールを送信するものです。次のように数多くの利点があります。

①eメールが通信手段の主流になっている

②顧客は見たいときに見られるので、送信時間に縛られない

③まとめて多くのリストに簡単に送信できる

④定期的な送信が容易である

⑤紙媒体の DM と比べて、制作や印刷のコストがかからない

⑥紙媒体の DM と比べて、制作や印刷の期間がかからないので、最新情報が配信できる

⑦その場ですぐに申込みや応募をしてもらえる

⑧メールアドレスだけであれば、顧客リストが比較的入手しやすい

⑨データベース化が容易にできるので、ターゲットを絞った販売促進ができる

⑩メールの転送が容易なため、紹介促進につながりやすい

　このように利点がたくさんありますが、注意点もあります。

　最も気を付けなければならないのは、顧客にeメール配信への許可(パーミッション)を得ることです。これは、最低限の条件です。また、許可を得ていたとしても安易に活用すると、既存顧客から信頼を落としかねません。

　既存顧客との信頼関係を継続するためにも、次ページの表のような点に配慮する必要があります。

eメール配信において配慮するポイント

ポイント	説明
送信先は自社に関心をもつ人に絞り、そうでない人への配信は控える	基本的には、ホームページ上で登録された人、または店舗などで許可を得て、メールアドレスを記載された人に送る。たとえば、名刺交換をした人などには、できればその時点で、メールを送る旨などを伝えておくといい
継続して送信する場合は、相手の了承を得ておく	名刺交換をした人などには、「このメールは、名刺交換していただいた方にお送りしています。今後、このようなお知らせが不要な方、配信先の変更などをご希望の方は、○○○」といった文面をメール内に入れておく。配信時ごとに相手の了承を得ておかなければならない
役に立つ情報やゲーム的要素を入れるなど、受信者にとって喜ばれる内容に工夫する	ニュースレターと同じように、専門家の立場からのアドバイスやお役立ち情報を入れることや、イベントなどの情報を中心に入れ、売り込みはできるだけ少なくする
配信元には、会社や店の名前を入れることはもとより、担当者の名前も入れる	たとえば、フッター(メール文の下部)などで、発行責任者、編集担当者などの個人名も入れておく
いつでも配信停止ができることと、その方法をわかりやすく明記しておく	たとえば、「配信停止はこちらからお願いいたします。」というような文面を、本文の最後などに記述し、配信停止のURLに簡単にアクセスできるようにしておく

第7章

実行
販促手法4

イベントによる販促活動

実行 販促手法4	
01	# イベントは、タイプ別に5つに分けられる

「セールス型」「認知促進型」「社会貢献型」「商談型」「店頭型」

「**イベント**」とひと言でいっても、国家規模で開催されるオリンピック・万博をはじめ、ショッピングセンターでの店頭実演販売、商店街での福引き・縁日など、その範囲は幅広いです。

ちなみに、百貨店ではイベントのことを「**催事**」と呼んでいます。

販売促進の分野でいえば、**文化・スポーツ催事、ショー、発表会、展示会、博覧会**などの総称が、イベントになります。

販売促進におけるイベントの強みは、他の販促手法、販促媒体と比べると、**見込客に対して、商品・サービスの特徴、さらにはブランド全体の価値を直接的に体験してもらえる**点にあります。消費者の"五感"に訴えることによって、その場限りの体験で終わらない、思わず人に知らせたくなるほどの長期的な記憶をつくることも可能です。

すべてのイベントに共通していえるのが、より多くの人を一つの場所に集客しなければならないことです。

ただし、集客数の多さがイベントの最終目標ではありません。**あくまでも「相互に参加している」という場の共有感、一体感をつくることが目的**です。その結果として、イベントの実施企業、店舗、さらには商品・サービスに対しての共感を与え、購買に貢献することが最終目標になります。

販売促進におけるイベントは次のとおりです。

1. セールス型イベント

直接販売につなげるイベントのことで、次の3つに分かれます。

（1）デモンストレーション

デモンストレーションは、主として小売業の店頭・店内で行われる販促活動

の一つです。略して「**デモ販売**」または「**実演販売**」とも呼ばれます。

　実際に実演販売者（デモンストレーター、マネキン）が商品を使ってみて、その商品の機能や性能、使用方法、使い心地を消費者に直接的に訴えかけることで、購買に結び付ける方法です。

　たとえば、スーパーで実演販売者が料理方法を実演し、消費者に試食してもらう「**試食販売**」は、デモ販売の代表例です。

　食品や飲料、調理器具、家電製品、健康器具などでもよく利用されています。一般的に、メーカーや問屋から実演販売者を派遣して行われることが多いです。

　デモンストレーションは、商品の宣伝や試用が主な目的です。消費者に対して、その商品の直接的な宣伝・試用の機会の提供になります。特に新商品販売の際に効果的でしょう。

（2）販促キャラバン

　販促キャラバンとは、イベント的な要素が強いデモンストレーションのことです。「**キャラバンセールス**」ともいいます。これは、メーカーが自社製品の販促および消費拡大を狙い、営業部隊やPRスタッフを組織して、取扱店や消費者の集まる場所で商品の使用実演を行いながら販売する方法です。

　新商品の発売時をはじめ、「**○周年記念イベント**」としてよく利用されています。その他、実演販売者が家庭や職場に出向いて、そこで商品の使用実演を行いながら販売することもあります。

（3）展示販売

　家具展やガーデニング展などが有名です。地域性を前面に出した**物産展（特産品展）**、**コレクション展**、**展示即売会**、**特別招待販売会**などもあります。

　関連企業が集まって開催する場合や個店で対応する場合など、その形態はさまざまですが、いずれにしても展示スペースを設けるイベントが展示販売です。

2. 認知促進型イベント

　認知促進型イベントは、**新商品・新サービスのキャンペーンなど、既存ブランドの認知拡大を図ることが目的のイベント**です。

認知促進型イベントには次の2つの種類があります。

（1）パフォーマンス・イベント

コンサートやスポーツ大会、講演会などのパフォーマンスによって、顧客動員業務が中心になるイベントです。

（2）パブリシティ・イベント

話題拡散を目的とし、マスコミに取材してもらい、記事にしてもらうなど、話題づくりに重点が置かれるイベントです。

3. 社会貢献型イベント

文化貢献や、環境問題に対応する社会貢献などがコンセプトのイベントです。自社の主催では負担が大きい場合は、各自治体と協賛するなどして、イベント活用の目的を達成することもできます。

4. 商談型イベント

一定期間に集中して販促活動を展開するキャンペーンでは、メーカー、卸、小売店との商談も、集中的に行う必要があります。商談をすみやかに進めるには、実際にキャンペーン対象の商品を見てもらったり、サービスを体験してもらったりすることも必要です。

そのためには、**あらかじめ会場を準備し、関係者を招待して集まってもらう**ことが効率的です。

そこで実施されるのが商談型イベントです。

商談型イベントには、「**メーカーが卸売店や小売店を対象に開催する見本市で、商品を見せて販売担当者が説明し、その場で直接取引するイベント**」や「**卸売店やディーラー、特約店を対象に、メーカーが販売協力体制を固めるために開催する集会型のイベント**」などがあります。

また、販促方法や陳列方法など、具体的な販売方法を提案するタイプのイベントもあります。

5 店頭型イベント

人、物、金などの経営資源が少ない中小企業や個店でも対応できるイベントに、**店頭型イベント**があります。店頭型イベントには、224～225pの表のようにさまざまなパターンがあります。

店頭型イベントは、大上段に構えるのではなく、想像力とアイデア、そして実行力があれば、成功する企画が立てられます。

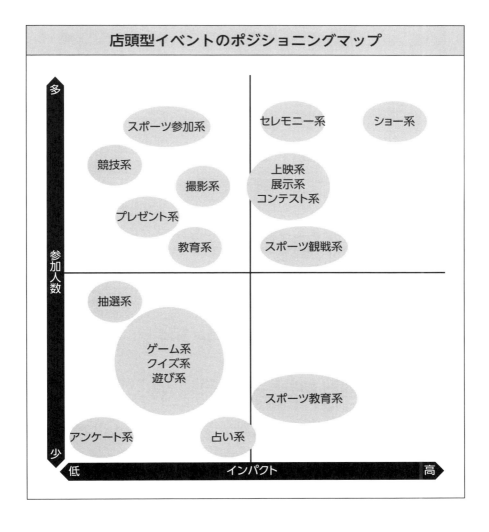

店頭型イベントの種類

パターン	概要	アイデア例
ゲーム型	参加型のイベントであり、話題を提供することができる。ターゲット層が興味が引きやすいアイデアを考えることがポイント。ユニークなゲームが考えられれば、口コミにもなりやすい	スタンプラリー、ジャンケンゲーム、スクラッチカード、ビンゴゲーム
遊び系	ファミリー層をターゲットにしている場合に、まずは子どもを引き付けるのに効果的。できれば親子で参加できるようなアイデアも考えたい。顧客満足度が高いイベントができたら、定例化も視野に入れたい	縁日(輪投げ、金魚すくいなど)、将棋、竹馬、けん玉、花火、盆踊り
クイズ系	参加型のイベントであり、話題を提供することができる。テーマ性をもって実施できれば、コストをほとんどかけずに効果的なイベントにもなり得る。ルールをしっかりと準備しておくことが大切	歴史クイズ、時事クイズ、○○ルールクイズ
プレゼント系	試飲会、試食会などは、単独のイベントとして成り立たせられるが、プレゼントについては、他のイベントパターンとの連動になる。アイデアによっては、販売につなげやすいイベントが可能	試飲会、試食会、サンプル配布、特産品プレゼント
教育系	参加型のイベントがあることはもとより、商売、ビジネスの専門家として、暮らしの提案、ノウハウなどを顧客に提供することができる。内容は、商売、ビジネスとの整合性を見極める必要がある	料理教室、体験学習、音楽教室、絵画教室、演芸教室、パソコン教室、講演会・講習会
占い系	占いは、女性にとっては年齢に関係なく、基本的に好む。ターゲット層が女性の場合は、一考の価値がある。ただし、一歩間違えるとうさん臭くなるので、演出などに注意を払いたい	タロット占い、占星術、色彩占い、相性占い、動物占い、手相占い
スポーツ参加系	典型的な参加型のイベント。顧客や見込客にスポーツに参加してもらうことで、参加者同士のコミュニケーションを密にすることもできる。何よりも楽しんでもらうことが大切	ボーリング大会、ゴルフ大会、ゲートボール大会、体力測定診断
スポーツ教育系	商売、ビジネスと直結していない場合は、テーマ性をもったアイデアを考える必要がある。教える(教育者)側のクオリティがポイント	スキー教室、ゴルフワンポイントレッスン、テニスクリニック
スポーツ観戦系	場所を移動する必要があるため、ツアーを組むなどの工夫も必要になる。その場合、道中にも参加者に楽しんでもらい、参加者同士のコミュニケーションも密にするアイデアを考えたい	プロ野球公式戦招待、Jリーグ観戦招待、大相撲招待、スポーツ観戦ツアー
セレモニー系	主催者や来賓の挨拶があるイベントなど、比較的形式的なものであるため、ともすれば退屈なものになりかねない。贈呈や表彰などの工夫をはじめ、音楽や映像を絡めるなどで、エンターテインメント性をもたせたい	除幕式、テープカット、くす玉割、○○初め、鏡開き、餅つき

224

パターン	概要	アイデア例
ショー系	比較的多くの参加者を集められるイベント。見る、聞く中心だが、集客の目玉として客寄せに適しているが、アーティストや芸人の段取りにコストがかかるので、費用対効果を慎重に検討したい	コンサート、ファッションショー、トークショー、ぬいぐるみショー、落語、漫才、大道芸、マジック
展示系	雑多に作品を集めるのではなく、テーマ性をもって展示したい。コンテスト系のイベントを絡めることにより、話題性も高められる。作品自体を既存顧客から集めれば、参加意識を高めることもできる	絵画、写真、デザイン、書道、イラスト、漫画、彫刻、陶芸などの芸術作品、趣味作品
コンテスト系	参加型のイベントであり、話題を提供することができる。展示系のイベントを絡めることにより、話題性も高められる。審査基準をしっかりと設けておくことが大切	似顔絵コンテスト、写真コンテスト、手づくり作品コンテスト、作文コンクール、わが家のお宝自慢
アンケート系	このパターン単独ではイベントにはならないが、顧客満足を追求するためには重要な要素。他のイベントパターンと絡める必要がある	顧客の不満や要望を聞くアンケート、投票
競技系	典型的な参加型のイベント。顧客や見込客にスポーツに参加してもらうことで、参加者同士のコミュニケーションを密にすることができる。何よりも楽しんでもらうことが大切	縄跳び、オリエンテーリング、じゃんけんラリー
上映系	独自で上映会を行う場合、著作権の問題も出てくるので、事前に許可を得ることが必要。スポーツ観戦系と同じく、映画館などでツアーを組むなどの工夫もあり。上映後、参加者同士の感想のシェアがあると満足度が高まる	アニメ上映会、試写会、映画鑑賞ツアー
撮影系	テーマ性をもったアイデアを考えられれば、話題性を高めることもできる。コンテスト系と絡めることも検討してみたい	モデル撮影会、水着撮影会
抽選系	アイデアによっては、コストをそれほどかけずに、集客の目玉として顧客の動機付けを強くすることができ、顧客の満足度が高いイベントにすることが可能。ターゲット層に合わせたアイデアを一考したい	オークション、ガラポン抽選会、三角くじ抽選会、お菓子のつかみ取り
生活密着系	商売、ビジネスと直結している場合は、販売につなげやすいイベントが可能。そうでない場合は、テーマ性が重要となる。比較的多くの参加者を集められるイベントなので、当日、参加者に対して混乱を招かないように、会場の設営、スタッフの配置など、準備を念入りにしたい	フリーマーケット、在庫処分、産地直送販売

第 7 章／【実行 ── 販促手法 4】イベントによる販促活動　　225

実行　販促手法4	店頭型イベントを成功させる
02	**7つの秘訣**

イベントを実施する際のチェックポイント

　店頭型イベント以外は、比較的大がかりのイベントになります。イベントの開催にあたって、緻密に計画を立てて、入念に準備することは当然のことです。

　店頭型の小さなイベントであっても、実施マニュアルを準備し、それに基づいて運用していきたいものです。目的・目標を明確にすることをはじめ、アフターフォローや定例化する流れまで、イベントに関わるスタッフすべての人と共有することが大切です。

　ここでは、店頭型イベントを成功させるためのポイントを7つ挙げます。

1. 目的・目標を明確にする

　まず、「話題づくりのため」「固定客を増やすため」「売上を上げるため」というように、イベントの目的を明確にしておきます。

　さらに、「売上を上げるため」であれば、どれくらいの売上を上げるのかという**数値目標も必要**です。イベントの集客人数も目標になるのであれば、具体的な人数を明確にしましょう。具体的な数値目標を明確にすることによって、あとで検証することができます。

2. 話題性をつくり上げる

　友人や知人に話したくなるのはもとより、マスコミ（まずは地域誌などでも良い）に取り上げられるような話題をつくり上げることが大切です。

　認知促進型イベント（221p 参照）のように、話題拡散を目的としたイベントはもとより、他のパターンのイベントでも、イベントの話題性をうまくつくり上げられれば、地域誌であっても取り上げられる可能性は高いです。そもそも**話題性があると、口コミなどが広がり、集客に大きく貢献することができま**す。

3. 参加者に具体的なメリットを与える

「楽しかった」「おいしかった」「もらって得をした」などの有形無形のメリットを、参加者に与えましょう。

参加者にメリットを与えることによって、前述のように口コミが広がりやすくなり、商品・サービス自体と、イベントの主催者側の信頼性が高くなります。このことにより、ターゲットの購買行動に大きく貢献することができます。

4. 参加型にすることが大切

ゲームや抽選に参加することはもとより、お得な買い物ができることも参加型として大切な要素です。

また、直接販売目的の商品を試食してもらうだけでなく、テーマ性をもち、それに関連する試食を開催するといったアイデアもあるでしょう。

さらに、小規模でも、コンサートやトークショー、コンテストを開催するというアイデアもあります。

いずれにしても「食べる」「見る」「聞く」「触れる」「体験できる」など、**参加者の"五感"を刺激することで、記憶に残り、次回のイベントにリピートしてもらいやすくなります。また、直接販売につながることや、口コミにもつな**がりやすくなります。

5. ネーミングは大切な要素

イベントのタイトルを聞いただけで、ターゲット層がワクワクするようなネーミングを考えましょう。

ただし、**話題性であるインパクトが高いネーミングとしてだけでなく、顧客ベネフィットであるターゲット層の共感性を考慮したネーミングを考えたい**ものです。

6. タイアップにより魅力をアップ

イベントには多くの人が集まります。ですから、イベントは多くの人に情報発信できる媒体としての価値もあります。

メーカーに協力してもらい、サンプルなどの展示を行えれば、高いPR効果

第 7 章／【実行 —— 販促手法4】イベントによる販促活動　　227

が得られます。

また、地域でターゲット層を共有できる店とのタイアップによって、よりコスト対効果の高いイベントも可能になります。

7. 定例化する

小規模のイベントでも継続して行なうことで、ファンを増やし、「名物イベント」に仕立てることも可能です。定例化することで、最初のときと比べてイベントに費やすコストや労力を小さくできますし、顧客満足を実現することもできます。

また、定例化することにより、地域の消費者に「このお店は、いつも楽しそうなイベントをしている」という印象をもってもらえるので、地域での認知度が高まり、最終的には販売につなげることにも貢献することでしょう。

店頭型イベントは、以上のようなポイントを押さえることによって、アイデア次第で効果的なイベントを企画・実施することができます。

また、不特定多数を呼び込むイベントの場合、来場者数は気になる点でしょう。しかし、単なる話題性だけで、そのときに来場者が多くても仕方ありません。商品・サービスの販売につなげるためのテーマ性をもち、企画からアフターフォロー、販売までの戦略が明確でないと、単なる"打ち上げ花火"で終わってしまう可能性が高いでしょう。

イベントを活用した販売促進の利点は、ターゲット層と直接コミュニケーションをとれることです。そのメリットを活用し、対象者に商品・サービスの認知を高めてもらうと同時に、顧客ニーズの把握も目的に据えることが大切といえるでしょう。

その意味で、参加者数がある程度限定されても、対象者をセグメントしたほうが効果的な場合もあります。集客についても、このことを勘案して実施することが必要です。

成功するイベントを実施するためのチェック事項（チェックリスト）を次ページに挙げておきます。

イベントを実施するにあたってのチェックリスト

イベントの目的

□ 商品・サービスの認知度を上げられたか？

□ 商品の品質や特徴をアピールできたか？

□ 消費者の購買行動を促進できたか？

□ イベント自体の話題性でパブリシティ効果を狙えたか？

□ ターゲット層の実態を把握できたか？

□ 顧客ニーズを正確に把握できたか？

成功するイベントの判断基準

□ 話題性を獲得し、同業他社の商品・サービスに比べ
商品認知度を高められたか？

□ 高い頻度のマスコミ露出が獲得できたか？

□ 参加者の声が集約でき、今後の商品・サービス開発のための
情報を獲得できたか？

□ 参加者の反応より、今後の販売計画に役立つことができたか？

□ 一定の顧客層において、リピート行動に結び付けることができたか？

実行　販促手法4

03 イベント終了後のアフターフォロー

次回の集客につなげられてこそ成功

　どんなイベントのタイプであろうと、目的に応じたターゲット層がどれだけ集まるかがイベント成功のポイントになります。

　イベントのときは、来場者に対して必ずアンケートをとり、顧客リストを収集することを忘れないようにしたいものです。

　前述の「商品の認知度を上げる」「商品の品質や特徴をアピールする」「消費者の購買行動を促進する」「イベント自体の話題性でパブリシティ効果を狙う」以外に、イベント運営において重要なポイントは、**「顧客情報を収集し、ターゲット層の実態を把握し、顧客ニーズを正確に把握する」**ことです。

　そのためには、イベント会場にアンケート用紙を置くだけでなく、アンケート協力者へのプレゼント提供などの工夫も必要です。

　トレードショー（産業見本市）では、入場券にプロフィールを記入してもらう方法もあります。

　店頭型イベントでは、サンプルやサービス券の提供で、メーカーやタイアップ先の協力を促すと良いでしょう。

　イベントが無事に終わったとしても、来場者リストの収集と、そのリストを活用し、アンケートなどによる改善点の把握や、次回のイベントの案内、関連商品の告知といった展開につなげられてこそ、そのイベントが本当の意味で成功したといえるのです。

　イベント終了後のアフターフォローとして、**「イベント自体の目的に対する評価」**と**「顧客リストの収集と活用に対する評価」**のチェック事項を次のページの表にまとめておきます。

イベント終了後のアフターフォローのチェックリスト

イベント自体の目的に対する評価

☐ 想定するターゲット層の来場が図られたか？

☐ 目標来場者数を達成できたか？

☐ ブランド認知が図られたか？

☐ ターゲット層の好感度が得られたか？

☐ ターゲット層の実態を把握できたか？

☐ 予定販売数や売上を達成できたか？

顧客リストの収集と活用に対する評価

☐ 今後の商品・サービス開発に役立つ情報が収集できたか？

☐ ダイレクトメール（DM）、または e メール（電子メール）を
　　送れる情報が収集できたか？

☐ 営業アプローチができる情報を収集できたか？

☐ モニタリングに使える情報が収集できたか？

☐ 今後の販売促進活動に活用できる情報を収集できたか？

第 8 章

実行
販促手法 5

インターネットによる
販促活動

実行 販促手法5

01 インターネットによる販促活動とは

変わったものと変わらないもの

　インターネットは、すでに多くの企業が販促活動の中心に置きつつあり、インターネットによる販促活動は、この数年も引き続き増加傾向となっています。多くの企業が参入、強化を行い、5年前とは比較にならないほど、競争が激化、複雑化しています。さらにインターネットでのメディア、広告、手法なども変化しているのが現状です。

　変化の大きいインターネットでの販促活動ですが、変わった点もあれば、変わっていない点もあります。まずこれを整理しておきます。

　では何が変わったのでしょうか？　従来、インターネットでの販促活動とは「検索エンジンからホームページへのアクセスを増やすこと」といっていいくらい、その比率が高いものでした。企業ホームページのアクセス解析を見れば、流入のほとんどがYahoo!、Googleなどの検索エンジンといった状況でした。もちろん現状でも検索エンジンマーケティングの重要度やウエイトは少なくありません。

　しかし、現在ではFacebook、Twitter、Instagram、Google＋、YouTube、LINEなどSNS（ソーシャルネットワークサービス）の利用が増えており、消費者の購入に影響を与えていることは否定できません。

　企業側は検索エンジンからの流入を増やす対策をとっていれば、顧客を獲得できていましたが、現在ではソーシャルメディアなどの運営も行わなければならなくなった、という点が大きく変化したところです。

　また、皆さんがご存じのようにホームページを閲覧するデバイスにスマートフォンが加わり、いまや主流になっています。この点も大きく変わった点です。

　反対に変わらない点もあります。それは、消費者にホームページを訪問してもらい購入、問合せをしてもらうという機能面です。

　多くのSNSは購入や問合せの機能をもっていません。ホームページへ流入

させるというのがSNSの役割です。ですからインターネットからホームページへ訪問して購入、問合せをするという点については変わっていません。

変化した点とは、皆さんのホームページを訪問する前に見ているメディア。

変化していない点とは、ホームページで購入、問合せを行うという流れ、構造、と説明すると理解しやすいのではないでしょうか？

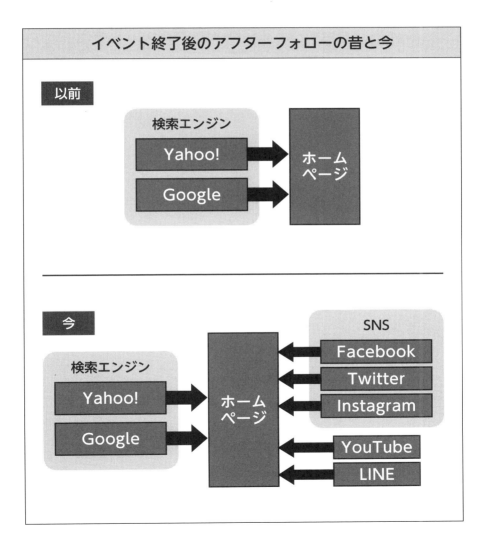

実行 販促手法5
02 インターネットによる 販促活動の3要素

アクセス、Web コンテンツ、フォローを理解する

　インターネットを使っている人は大きく2つに分けられます。

　「目的をもって使っている人」と「目的もなく暇つぶしで使っている人」です。

　「目的をもって使っている人」は、何かを探しています。

　「家を買いたい」「ホテルを予約したい」「税理士を探している」「コピー機を買いたい」などの目的をもっていますので、検索エンジンを主体に使います。よって比較的、購入に近い傾向があります。

　一方、**「目的もなく暇つぶしで使っている人」**は、ニュースやブログ、ソーシャルメディアを主に使っています。これらの人は、情報を消費する中で欲しいものが健在化され、購入という流れをとります。よって購入までに長い期間や、それなりの情報が必要になります。

　これらの2つのパターンのインターネットユーザーを皆さんの顧客へ変えるのがインターネットでの販促活動です。

（1）**アクセス**：インターネットユーザーをホームページへ連れてくる

（2）**Web コンテンツ**：ホームページを訪問した消費者に購入、問合せをしてもらう

（3）**フォロー**：成約してもらう、リピート購入してもらう

　というのがインターネットによる販促活動の3要素です。

　前述したように（1）のアクセスが複雑化していますが、（2）と（3）の要素と流れについては大きく変わっていません。

　インターネットによる販促活動の専門家は、この（1）～（3）の流れにある問題を解決しています。反対から見れば、この点が理解できれば専門家は不要です。

236

ですからホームページでの成果が上がらないという現象は、アクセスかWebコンテンツのいずれかに問題があります。

具体的にいうと「アクセスが少ない」か「ホームページ（Webコンテンツ）が弱い」ということになります。

問合せはあるが、成約しないという現象であれば、「フォローに問題があります」。よって営業活動を改善すれば良いということになります。

（1）から（3）の要素についてやるべきことは非常にシンプルです。

（1）アクセス：インターネットユーザーをホームページへ連れてくる

この要素でやるべきことは簡単にいうと「広告を出す」「Webコンテンツを増やす」「ソーシャルメディアでのフォロワーを増やす」「YouTubeに映像をアップする」ということになります。ホームページへの流入経路を強化すれば良いということです。

（2）Webコンテンツ：ホームページを訪問した消費者に購入、問合せをしてもらう

この要素でやるべきことは、購入するための情報を掲載するということです。インターネットで購入、問合せをする消費者は、必ず複数のホームページの情報を比較します。よって、「購入するために必要な情報」と「他社と比較して有利な情報」を掲載する必要があります。

「購入するために必要な情報」には、商品・サービスの情報、場所（立地や対応エリア）、費用、購入までの流れ、連絡先、保証があります。

「他社と比較して有利な情報」には、実績、プロフィール、メディア掲載、お客様の声、有名企業との取引実績、推薦があります。

具体的にいうと、Webサイトの購入/問合せ率が1%を下回った場合、これらにてこ入れが必要です。

（3）フォロー：成約してもらう、リピート購入してもらう

この要素でやるべきことは、ずばり営業活動です。営業で話す内容、提案や見積りの内容、eメールや電話、DMなどのコミュニケーションのことです。

この量と質に問題がなければ成約はとれますし、リピートは増えます。

第8章／【実行 ―― 販促手法5】インターネットによる販促活動　　237

3つの要素のどこに問題があるのかをジャッジし、その1つ前のステップを改善すれば、販促活動が停滞することはなくなると考えられています。

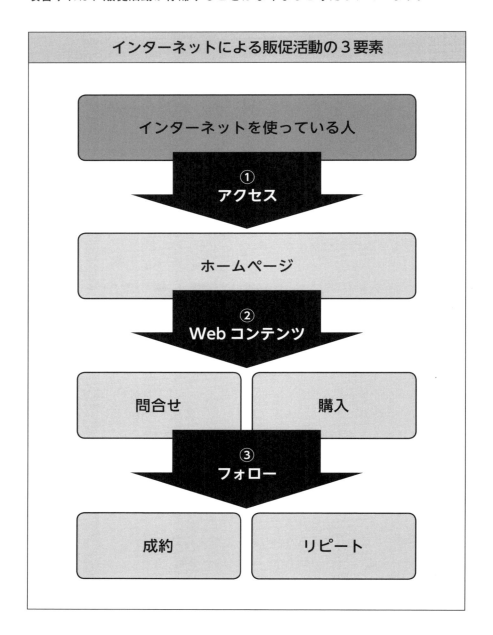

実行　販促手法5

03 アクセスの獲得

すべての起点となるアクセスを獲得する方法とは？

　インターネットによる販促活動は、ホームページの善し悪しよりも、まずアクセスの多さに左右されます。当たり前ですが、いかにいい商品・サービス、ホームページがあっても、アクセスがなければ売上は立ちません。

　インターネットによる販促活動が大きく変化しているといわれているのは、このアクセスの獲得が多様化していることに起因します。

　アクセスの獲得は非常に重要な施策であり、大きく2つの手法があります。お金がかかる手法と、お金がかからない手法です。広告と非広告ともいえます。

　もう少し細かく見ていくと、以下のように分類できます。

（1）広告を使ったアクセスの獲得
・検索連動型広告
・ディスプレイ広告
・ソーシャルメディア広告
・アフィリエイト広告

（2）広告以外でのアクセスの獲得
・ブログ
・オウンドメディア
・ソーシャルメディア

　過去のインターネット広告は面に出すものがほとんどでした。面とは、キーワードやページのことです。

　特定のキーワードで検索されたときに広告を表示する、特定のページにのみ広告を表示することを指します。

第 8 章／【実行 —— 販促手法 5】インターネットによる販促活動　　239

近年、これらの面に出す広告に対し、人へ出す広告のウェイトが増加しています。

これは、**性別や年齢、嗜好を選んで広告を出す**ことを意味します。

このように、インターネット広告においては「面から人へ」という大きな変化が出てきています。

しかも、やっかいなことに、**スマートフォンという要素が入るため、検討要素が倍増している状況**にあります。

以降、一つずつ解説していきます。

実行 販促手法5

04 検索連動型広告

購入、問合せに一番近い広告が検索連動型広告

「**検索連動型広告**」は、検索されるキーワードに対して広告を出す仕組みです。**検索広告、キーワード広告、リスティング広告**などといわれることもあります。一般的に検索結果にテキストで表示される広告のことを指します。Yahoo! の**スポンサードサーチ**、Google の**アドワーズ（AdWords）**検索広告がその代表格です。

購入に一番近い広告が検索連動型広告であるといわれています。なぜなら検索という行動は見込客しか行わないからです。

検索する見込客に対してのみ広告が表示され、しかもクリックされた分しか課金されないというのが、検索連動型広告の最大の特徴であり、多くの経営者や販促担当者に支持された理由です。

「珈琲　通販」「大阪市　賃貸住宅」など、一語ではなく、多くの単語の掛け合わせで広告を出すことも可能です。

検索エンジンの検索結果画面の上部と下部に、検索順位のように表示されます。

キーワードに出稿するので考え方はとてもシンプルです。

ただし、**どのように出すのか、どのように表示されるのか、という点を押さえておく必要があります。**ここでは、**出稿するキーワードのマッチタイプとランキングの決定**について説明します。

キーワードのマッチタイプは、どのような検索語句で広告が掲載されるかを決めるための設定のことであり、以下の5種類があります。

（1）完全一致

読んで字のごとく、登録キーワードと検索されたキーワード（以下、検索キーワード）が、まったく同じ場合のみ広告を表示します。

（２）フレーズ一致

検索キーワードの中に登録キーワードが同じ語順で含まれた場合のみ広告を表示します。

（３）部分一致

「完全一致」「フレーズ一致」でマッチするものプラス、登録キーワードと関連性のあるキーワード、類似したキーワードで検索された場合に広告を表示します。

（４）絞り込み部分一致

「部分一致」のマッチタイプで登録したキーワードの一部の語句の前に「＋」をつけることで、その語句自体か、少しの揺れがある語句（タイプミスや伸ばし棒の有無など）を拾って広告を表示します。

（５）除外キーワード・対象外キーワード

登録キーワードと関連性の低いキーワードで検索された場合にも広告が表示されると、その分、効率の悪い運用になってしまう可能性があります。それを避けるために除外キーワード・対象外キーワードを登録する必要があります。
※ Google アドワーズでは除外キーワード、Yahoo! プロモーション広告では
　対象外キーワードといいます。

　ランキングは、**広告ランク＝入札単価×広告の品質スコア×広告のフォーマット**、の公式で決定されます。要素を一つずつ説明します。（右ページ下図の「広告表示のランキング決定要素」を参照）

（１）入札単価

出稿するキーワードに１クリックあたりいくら払うかを入札しますが、その入札金額のことです。

（２）広告の品質スコア

ユーザーが求めている情報とマッチしているかをスコアリングしたもので

す。主に推定クリック率、広告の関連性、ランディングページの利便性で決定されます。

（3）広告のフォーマット

広告にビジネス情報（住所、電話番号、ショップの評価、ホームページへの追加のリンクなど）を加えて表示する機能です。

あいまいな表現になってしまいますが、**上位表示する**ためには、「**できるだけ高い入札単価**」で、「**できるだけユーザーにマッチした広告文**」を、「**できるだけたくさんの情報**」で設定、**改善する**ということになります。

検索キーワードのマッチタイプの例

絞り込み部分一致	部分一致	完全一致	フレーズ一致
「誕生日 プレゼント」	「誕生日 プレゼント」	「誕生日 プレゼント」	「誕生日 プレゼント」
「プレゼント 誕生日」	「プレゼント 誕生日」	「プレゼント 誕生日」	「プレゼント 誕生日」
「誕生日 プレゼント 人気」	「誕生日 プレゼント 人気」	「誕生日 プレゼント 人気」	「誕生日 プレゼント 人気」
「プレゼント 誕生日 アクセサリー」	「プレゼント 誕生日 アクセサリー」	「プレゼント 誕生日 アクセサリー」	「プレゼント 誕生日 アクセサリー」
「時計 誕生日 プレゼント」	「時計 誕生日 プレゼント」	「時計 誕生日 プレゼント」	「時計 誕生日 プレゼント」
「プレゼント」	「プレゼント」	「プレゼント」	「プレゼント」
「誕生日」	「誕生日」	「誕生日」	「誕生日」
「お誕生日 プレゼント」	「お誕生日 プレゼント」	「お誕生日 プレゼント」	「お誕生日 プレゼント」
「プレゼント 花」	「プレゼント 花」	「プレゼント 花」	「プレゼント 花」
「贈り物 誕生日」	「贈り物 誕生日」	「贈り物 誕生日」	「贈り物 誕生日」
「贈り物 時計」	「贈り物 時計」	「贈り物 時計」	「贈り物 時計」
「誕生日 芸能人」	「誕生日 芸能人」	「誕生日 芸能人」	「誕生日 芸能人」
「プレゼント 懸賞」	「プレゼント 懸賞」	「プレゼント 懸賞」	「プレゼント 懸賞」

広告表示のランキング決定要素

広告A	=	500円	× スコア1	………	5 位
広告B	=	400円	× スコア2	………	3 位
広告C	=	300円	× スコア5	………	2 位
広告D	=	200円	× スコア9	………	1 位
広告E	=	100円	× スコア6	………	4 位

実行 販促手法5
05 ディスプレイ広告

日々進化し、主流になりつつある広告

ディスプレイ広告とは、さまざまなホームページに掲載される広告です。

検索エンジンで検索しない消費者に対して広告を表示させることができます。

検索連動型広告では、検索数以上の広告は表示させることができないというデメリットがありますが、これを払拭するのがディスプレイ広告です。

極論すればインターネットを使っている人のほぼすべてが対象となります。

この広告は、消費者自身のニーズが顕在化していない場合や、認知度を大幅に上げたいときに使います。ただし、年々複雑化する傾向にあり、初心者には思ったとおりに出稿するのに時間がかかることがあります。

Yahoo!のネットワークで表示されるものを YDN といい、Google のネットワークによって表示されるものを GDN といいます。

それぞれ広告が表示されるホームページが異なります。代表的な媒体を挙げると、YDN は Yahoo! ニュースやヤフオク！、GDN は YouTube、Gmail に表示させることが可能です。

媒体側ホームページ内にある広告枠へ、テキスト形式やバナー形式で広告が表示されていましたが、現在では映像CM など動画も配信可能になっています。

ディスプレイ広告の出稿には大きく分けて、「**媒体を限定して表示させる広告**」と「**人をターゲティングして表示させる広告**」があります。

「どこに出すか？」「誰に出すか？」という違いです。

また、ディスプレイ広告をクリックする時点では消費者側にニーズが顕在化していないことがほとんどです。

よって、ハードルを下げるなどの工夫も必要です。たとえば、**メールマガジン登録、カタログ請求、資料ダウンロード**などです。

一度、名簿に登録し、その後、メールや DM などで追客していくという流れです。

その過程で、一度、ホームページに訪問した消費者を無記名のリスト化し、リスト別に広告を配信することができます。

Google は「**リマーケティング**」、Yahoo! は「**サイトリターゲティング**」と呼びます。

リターゲティング、リマーケティングとは、一度ホームページを訪問したユーザーに対して表示させる広告のことです。購入や問合せをあきらめ、ホームページを離脱したユーザーを追いかけて広告を表示させることができます。また商品 A を購入した顧客に「商品 B もいかがですか？」という追いかけ方も可能です。

従来のディスプレイ広告は、広く出せば、認知度を上げるためにとても有効な広告である反面、非常にコストがかかるというデメリットもありました。これに対し、コントロール幅がとても大きい点が特徴ですが、難易度も比較的高いため、最適な状態をつくるために日々の改善が必要です。

ディスプレイ広告で最も重要なことは「誰に売るか」を決めることにあります。

いったん、誰に売るかを決め、さらに 2 つに分類します。

①すぐに購入しそうな人は誰か？
②情報を求めている人は誰か？

これが明確になれば、ターゲットは決まります。ターゲットが決まれば、媒体も決めやすくなります。ですから、**まずはディスプレイ広告を始める前に「誰に売るか？」という点を押さえる必要があります。**

次項から、ディスプレイ広告のターゲティングと表示フォーマットについて解説します。

実行 販促手法5	
06	# ディスプレイ広告の ターゲティング

ディスプレイ広告の醍醐味、ターゲティングとは？

　ディスプレイ広告には、「どこに表示させるか？」と「誰に表示させるか？」でターゲティングや選ぶ広告が異なります。またYDNとGDNでも、ターゲティング方法が異なります。（YDN、GDNについては244p参照）

　以下は、どこに表示させるかを決めるターゲティングです。

①媒体サイトのコンテンツをキーワードによってターゲティング

②媒体サイトの属性をターゲティング

③配信先の媒体サイトをURLによってターゲティング

　以下は、誰に表示させるかを決めるターゲティングです。

④年齢、性別などデモグラフィックをターゲティング

⑤ユーザーの興味関心をターゲティング

⑥ユーザーの検索履歴をキーワードによってターゲティング

⑦Webサイトに来訪したユーザーをリスト化してターゲティング

⑧リマーケティングリストの対象ユーザーと検索や閲覧などの行動履歴が類似
　しているユーザーをターゲティング

　一般的には、予算を使って広く認知度を上げたい場合は①、②、④、⑤を検討します。一方、ターゲットが明確な場合は、③、⑥、⑦、⑧を検討します。

　ディスプレイ広告では、まず、「誰に売るか？」というターゲット設定から始めますので、③、⑥、⑦、⑧のターゲティングを使った広告からというのがセオリーです。

　訪問した消費者が購入や問合せを行わずにホームページを離脱しても、その消費者を追い広告を表示できるため、より成果を出しやすいからです。

　この方法では、成果率を上げることはできますが、成果数を伸ばすには限界があります。

　成果数を伸ばしたい場合には①、②、④、⑤のターゲティングで、消費者が

246

見ている媒体サイトのコンテンツや、興味関心をターゲティングする方法が効果的です。

ディスプレイ広告のターゲティングの特徴

	ターゲッティングの種類	GDNの広告名	YDNの広告名
1	媒体サイトのコンテンツをキーワードによってターゲティング	コンテンツターゲット	×
2	媒体サイトの属性をターゲティング	トピックターゲット	サイトカテゴリターゲティング
3	媒体サイトをURLによってターゲティング	プレースメントターゲット	プレイスメントターゲティング
4	年齢、性別などデモグラフィックをターゲティング	デモグラフィックターゲティング	デモグラフィックターゲティング
5	ユーザーの興味関心をターゲティング	インタレストカテゴリ	インタレストカテゴリ
6	ユーザーの検索履歴をキーワードによってターゲティング、閲覧サイトに広告配信	×	サーチターゲティング
7	サイトに来訪したユーザーをリスト化してターゲティング	リマーケティング	サイトリターゲティング
8	リマーケティングリストの対象ユーザーと検索や閲覧などの行動履歴が類似しているユーザーをターゲティングできる機能	類似ユーザー	×

※ GDN、YDN は 244p 参照

第 8 章／【実行 —— 販促手法 5】インターネットによる販促活動　247

実行 販促手法5
07 YDN の表示方法

YDN の広告表示の種類と特徴

　YDN（Yahoo! で表示されるディスプレイ広告）では、画像やテキスト、動画を広告として掲載できます。広告は表示されただけでは課金されず、クリックされて初めて課金されます。広告の基本的な構成要素は以下の4項目です。

タイトル　　　：掲載面に表示される広告の見出し
説明文　　　　：掲載面に表示される広告の本文
表示 URL　　 ：掲載面に広告の一部としてタイトルおよび説明文とともに表示される URL
リンク先 URL：広告がクリックされた際に、表示されるウェブページとして設定する URL

　YDN の広告の掲載フォーマットには以下の種類があります。

（1）テキスト広告
　広告掲載面にタイトル、説明文、表示 URL が表示され、広告をクリックするとリンク先 URL に設定したページへ遷移します。

（2）ディスプレイ広告
　広告掲載面にバナー画像が表示され、広告をクリックするとリンク先 URL に設定したページへ遷移します。

（3）テンプレート広告
　広告掲載面に入稿したテキスト内容（タイトル、説明文、表示 URL など）・画像・ボタンなどの要素で構成された広告が表示され、広告をクリックすると

リンク先URLに設定したページへ遷移します。

(4) 動画広告

スマートフォンのアプリのみですが、YDNでは、5秒～60秒の動画を利用した広告を掲載可能です。

実行 販促手法5	
08	# GDN の表示方法

GDN の広告表示の種類と特徴

　GDN（Google で表示されるディスプレイ広告）では、YDN と同様、画像やテキスト、動画などさまざまなフォーマットやサイズで広告を掲載できます。広告の基本的な構成要素は以下の 3 項目です。

広告見出し：掲載面に表示される広告の見出し
表示 URL　：掲載面に広告の一部としてタイトルおよび説明文とともに表示される URL
広告文　　：掲載面に表示される広告の本文

　GDN の広告には以下の種類があります。

（1）テキスト広告

　文章からなる広告で最も手軽に管理できます。

（2）レスポンシブ広告

　広告枠に合わせて広告のサイズ、表示形式、フォーマットが自動的に調整されます。テキスト広告やイメージ広告として表示されます。

（3）画像広告

　静止画像またはインタラクティブなグラフィックを使った広告です。.gif 形式や Flash 形式のアニメーションを使用できます。

（4）アプリ訴求広告

　アプリのダウンロードを増やす広告です。アプリストアにリンクします。広

告が表示されるのはアプリと互換性のあるデバイスのみです。

（5）動画広告

　オンラインで表示される動画広告です。単体の動画広告として掲載できる他、Youtubeなどの動画コンテンツ内に挿入することも可能です。

（6）商品ショッピング広告

　ショッピング広告では、商品の写真の他、見出し、価格、店舗名などの詳細情報をユーザーに表示できます。

（7）ショーケース広告

　画像と説明をクリックすると、複数の関連商品と店舗情報が展開表示されます。

（8）電話専用広告

　電話番号を表示する広告で電話での問合せを増やすことができます。消費者が広告をクリックすると店舗や企業に電話をかけることができます。この広告はスマートフォンなどの通話可能なデバイスにのみ表示されます。

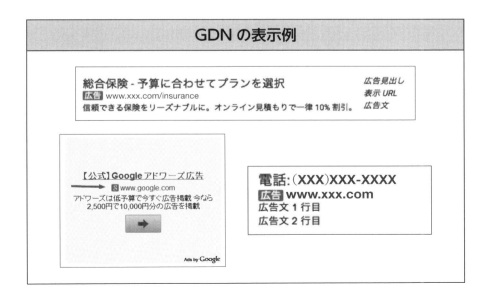

実行　販促手法5

09 ソーシャルメディア広告

メディアの特性と広告の注意点

　ソーシャルメディアは誰でも参加できて、主に文字情報、写真、映像、音声などを告知、共有するコミュニケーション中心のメディアです。Twitter、Facebook、Google ＋、LINE、Instagram などを指します。

　当然ですが、みなさんの扱っている商品・サービスの利用者がソーシャルメディアに参加していることが広告を出す条件です。

　以下、代表的なソーシャルメディアについて説明します。

（1）Facebook

　国内月間アクティブユーザーは 2,700 万人（2016 年 12 月現在）です。**90％以上はモバイルからのアクセスとされています。30 代、40 代以上が半分以上の割合を占め、10 代は少ないとされています。**企業での利用、特に中小企業が比較的多いのも Facebook の特徴です。

（2）Twitter

　国内月間利用者数は Facebook よりも多い 4,000 万人（2016 年 11 月現在）です。**継続的に 10 〜 20 代のユーザーが多かったのですが、ここへ来て 30 〜 40 代のユーザーも増加傾向にあるようです。**

　若年層へのプロモーションとしては外せないメディアです。

（3）LINE

　国内月間利用者数は 6,600 万人以上（2016 年 12 月現在）とされており、**最も利用者の多いサービスです。**

　利用者のほとんどがインストールして実際に使っています。メッセージアプリとして人気ですが、**ソーシャルメディアとしての側面もあり、注目されています。**

252

（4） Instagram

　国内月間利用者数は 1,600 万人（2016 年 12 月現在）であり、この中では**成長段階にあるサービスです。写真だけを取り扱うという限定されたメディアですが、10 ～ 20 代の女性を中心に人気があり、購入率も高いといわれています。**

　2012 年に Facebook に買収されました。

　ソーシャルメディアは、ディスプレイ広告同様、ニーズが潜在的な消費者がターゲットとなります。

　よって、購入、問合せといった成果も重要ですが、メールマガジン登録、カタログ請求、資料ダウンロードなどハードルの低い関係性構築も重要です。

　ソーシャルメディアでは、いいね、フォローという関係性構築のバロメーターもあります。これらを複合的に活用しなければなりません。

　よって、**購入・問合せのみを狙う広告だけだと費用対効果が悪いケースが多い傾向があります。あくまで購入・問合せのきっかけをつくり、情報発信によって、消費者との距離を縮めなければなりません。**きっかけから育成、購入問合せを獲得するまでの設計と継続的な実行が求められます。

　また、**個人で使うメディアであるため、通勤時間帯、昼食時、夜間などの利用が多く、広告を表示させる時間帯などの工夫も必要です。**

　広告を「どこに出すか？」という点を考慮する必要はほぼありません。圧倒的に「誰に出すか？」が重要です。

　ソーシャルメディアの広告は、ターゲティングに始まり、ターゲティングに終わるといってもいいすぎではありません。

　次項からその代表である Facebook 広告と Twitter 広告について解説します。

第 8 章／【実行 ── 販促手法 5】インターネットによる販促活動　　253

実行 販促手法5

10 Facebook 広告

Facebook 広告の魅力

　Facebook 広告は、Facebook 上の「ニュースフィード」と「右側枠」に掲載できる広告です。Facebook だけでなく、Instagram へも広告を出稿させることができます。広告は目的ごとに大きく分けられます。

① ブログ記事など Web ページへのアクセス獲得
② Faceboo ページへの「いいね！」獲得
③ 販売、問合せの獲得

　ニュースフィードに広告を出すには Facebook ページが必要です。また、大きな成果を出すにはこのニュースフィードへの掲載が必須です。
　利用者の傾向から見ても、スマートフォンを中心に検討することをおすすめします。
　Facebook の利用者は、本人が個人情報をそのまま登録します。よって自らの属性や行動データ（いいね！、クリックなど）を基にターゲティングすることができます。その結果、「**属性**」「**興味関心**」「**悩み**」**などを基にターゲティングがしやすいという特徴があります**。複数のターゲティングを組み合わせて使うと、より正確な見込客へのターゲティングが可能です。
　ターゲティングが可能な例として、

・居住地
・家族構成
・子供がいる人、交際中の人
・ライフイベント（新婚、最近転居した、転職したなど）
・趣味関心（テニス、クレジットカード、瞑想、ホラー映画など）

・現在旅行中、2週間前に旅行から戻ったなど
・つながり(ページに「いいね!」した人、「いいね!」した人の友達など)

　など詳細な絞り込みも可能です。
　また、ディスプレイ広告同様、リマーケティング広告も使うことができます。
　さらに、みなさんがすでにもっている見込客のメールアドレスや電話番号で**ターゲティングするカスタムオーディエンスという手法**もあります。これは、なかなか購入・問合せへの階段に上がらない見込客には有効な広告です。
　リマーケティング、カスタムオーディエンスのリストと類似した消費者へターゲティングする**類似オーディエンス**という手法も併せて利用すると、さらに多くの見込み度の高い消費者へリーチすることができます。

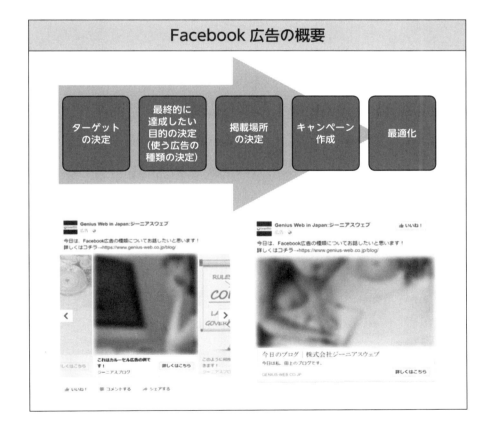

実行 販促手法5

11 Twitter 広告

Twitter 広告の魅力

　Twitter 広告は、Twitter の「**タイムライン**」や「**検索結果**」に出せる広告です。
Twitter 広告も豊富なターゲティングがあります。

①キーワード
②フォロワー
③**興味関心**
④テレビ
⑤イベント

①キーワード
　Twitter でツイートされた言葉、検索された言葉に基づいてターゲティング
します。
②フォロワー
　特定のアカウントのフォロワーまたは、フォロワーに似たユーザーをターゲ
ティングします。
③**興味関心**
　Twitter 側が用意した興味関心のカテゴリーからターゲティングします。
④テレビ
　特定のテレビ番組についてツイートした内容を基にターゲティングします。
⑤イベント
　全世界のイベントや、地域のイベントに興味をもっているユーザーにターゲ
ティングします。

　また、Facebook 広告と同じようにメールアドレス、電話番号などの顧客名

256

簿、サイト訪問者などに限定した**オーディエンスターゲティング**も可能です。

ただし、これには 500 人以上のリストと Twitter ユーザーとのマッチングが**必要**です。

運用のポイントとして、まずは、タイムラインのみに広告を表示するよう設定してください。入札額は低めでスタートすることをおすすめします。露出が足りない場合、入札額を上げれば露出が増加します。

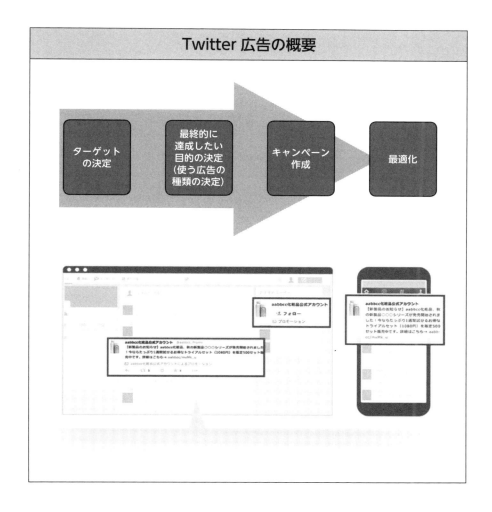

実行　販促手法5

12 アフィリエイト広告

費用がわかりやすいがデメリットも

　アフィリエイト広告とは、**成果報酬型**の広告です。

　「**クリック**」されただけでは課金されません。**広告をクリックしたユーザー**が「**購入**」「**資料請求**」「**会員登録**」をした場合に費用が発生します。

　広告主がアフィリエイトサービスプロバイダへ登録し、媒体運営者と提携したあと、広告が掲載されます。

　広告主側から見ると、1成約あたりの広告費用を指定できるため、当然ながら非常に費用対効果は良いのですが、媒体側の利益の都合などもあり、販促活動の種類により向き・不向きがあります。

　一般的にフォームやカートを通過するホームページに向きます。成果が測りやすいのが理由です。

　一方、電話や来店を促すホームページの運営者は成果が測りにくいため、アフィリエイト広告を採用していません。

　成果が測りにくい広告主は効率が悪いので、媒体運営者側も避ける傾向があります。

　アフィリエイト広告は、提携、掲載期間が長くなると、成果が伸び悩んだり、下降することがあります。このようなときは、以下の①から③までのステップを繰り返し、常に最新にしておく必要があります。

①提携する媒体を増やす
②成果の上がる良い媒体を調べる
③良い媒体の良い掲載位置に広告を出稿する

258

実行 販促手法5
13 広告以外でのアクセス獲得

費用をかけずにアクセスを確保するための施策とは？

インターネットによる販促活動のすべての始まりはアクセスの確保です。アクセスについて、費用を使って解決するのが広告でした。

ここでは、その反対で「**費用を掛けずにアクセスを獲得する方法**」について説明します。

費用はかかりませんが、私たちの手間（時間）がかかります。社内のスタッフがやるか、外部に依頼するかの違いはありますが、基本的に自らコンテンツを作成し更新していきます。

①ブログ
②オウンドメディア（264p 参照）
③ソーシャルメディア（Facebook、Twitter、Instagram）

の３つに大別できます。

情報をつくりつづけてアクセスを確保します。

これらのメディアの目的は先述したようにアクセスです。

しかし、お客様向けの情報が増えると成約も増加する傾向があります。これは、消費者が情報に触れ、安心して購入、問合せをすることになるからだと推測しています。この過程で指名検索が増加するケースも少なくありません。

良い情報に触れれば、消費者は、商品・サービス名、社名、サイト名を思い出し、指名検索をするからです。

よって、「**アクセスが増えたか？**」「**指名検索が増えたか？**」「**結果、成約数が増加したか？**」ということで計測が可能です。

では、次項からブログ、オウンドメディア、ソーシャルメディアについて見てみましょう。

第 8 章／【実行 —— 販促手法 5】インターネットによる販促活動　259

14 ブログによる集客

実行　販促手法5

最も手軽で有効なメディア

　ブログは、説明の必要がないくらい認知度も高く、非常に簡単なアクセスの獲得方法です。そして、すべての業種、業態で有効です。

　ただ、ブログの目的、効能についての理解があいまいな人が多いのも事実です。

　ブログを運営する目的はシンプルです。繰り返しになりますが「**アクセスの獲得**」と「**購入、問合せの獲得**」です。

　この目的を果たすように運営されなければなりません。ここで想定すべき消費者の行動パターンを説明します。

①検索エンジンやソーシャルメディアでブログの記事を発見
②興味をもち、購入や問合せへ至る

　アクセスを獲得するには、簡単にいうと、文字量、記事数などが必要です。

　もちろん良質な記事があるに超したことはありませんが、まずは質より量が重要です。

　情報量（文字量、記事数）が多ければ、検索エンジンで拾われる可能性が単純に高くなります。1ページよりも100ページのほうがアクセスを集めやすいということです。

　また、多様化といわれる現代において、たった一つの記事で購入や問合せに至るほど簡単ではありません。

　多様化する消費者に対しては、多くの情報（ブログの記事）を用意することで対応します。

　ブログが販促活動で有効になるためには、いくつのかのルールがあります。

260

①自社ホームページの配下に設置する（外部のブログサービスを使わない）
②商品、業務に関係ないことは書かない
③継続で更新する

　このルールを守り、更新をつづけている企業は、軒並み良いパフォーマンスを出しています。
　基本的にはブログを積み上げた人が有利です。早く始めたほうが分があるというのも良い点です。

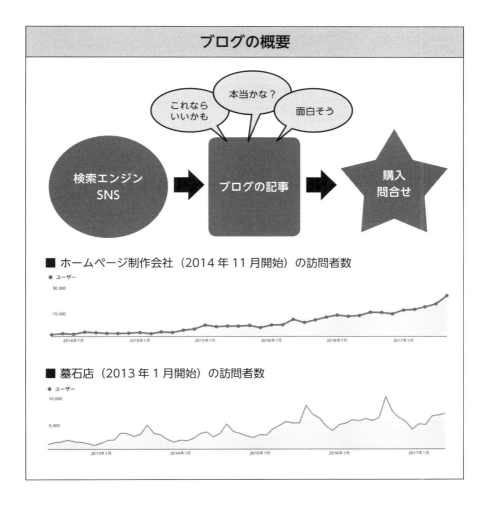

ブログが消費に対する影響は、年々向上しています。消費者はインターネットで欲しいものを発見し、その後、比較を行います。前述したように、ブログはこの発見にも比較にも有効です。

　なお、**発見には、情報量（文字量と記事数）が必要であり、比較には、情報量（パターン数と的確さ）が必要です。**

　ブログを継続的に更新すれば、文字数、記事数、パターン数が増えます。アクセスが増えて、比較の土俵に乗ることができます。

　問題は的確さですが、これをはじめから理解することはむずかしいですし、効率が良くありません。

　まずは、継続的に更新してアクセスを獲得し、集まったユーザーのアクセス状況を見れば、何が的確かのヒントが得られます。

①**どの記事のアクセスが多いか？**
②**どの記事の滞在時間が多いか？**

　この２つを知れば、良い記事が判断できます。それによって、記事の的確さのレベルを上げることができます。

　付け加えておきたいのは、現代の消費者は非常にレベルが高く、慎重な比較を行います。

　広告を出して、ホームページへ訪問してくれたとしても、私たちのことを簡単には信用しません。

　きちんとした会社かどうかを判別したいのです。こうした消費者がトップページからわざわざブログへ移動し、企業の姿勢を確認するという行動が非常に増えています。

　特に高額な商品やサービスにおいて顕著です。ですから、継続的なブログの更新を行えば、ホームページでの購入率、問合せ率が上がる傾向があるのです。

消費者はブログで企業を確認する

ホーページのトップページを訪問した
消費者の19%がわざわざブログを見に行く

記事の的確さが大切

A社ブログ

2017年9月30日
新商品のご紹介

2017年9月29日
お客様からの感想

2017年9月26日
商品についての注意点

VS

B社ブログ

2014年1月5日
あけましておめでとう
ございます

2014年12月28日
ブログ開始しました

どちらが安心できるか？

更新頻度が低いと、ブログの訪問者は不安に感じる。
年に数回しか更新しないのであれば、むしろブログをしないほうがよい。

実行 販促手法5

15 オウンドメディアによる集客

爆発的なアクセスを生むオウンドメディアの魅力と運営

「オウンドメディア」とは、企業が運営するニュースサイト、Webマガジンのような情報サイトのことです。

オウンドですから、自社で運営するというのが基本的な考え方です。

オウンドメディアが注目されている背景には、ホームページだけでは新規客の獲得から長期的な関係性の構築までがむずかしくなっていることや、高騰する広告費を抑えたいなどの理由があります。

自然検索やSNSからの費用のかからない流入を獲得し、消費者に商品・サービスを購入するための比較軸をもってもらうのが目的です。

オウンドメディアは、構築そのものに時間がかかります。たった一つの記事だけではメディアとして成立しないからです。

さらに、成果を上げるまでの育成にも時間がかかることがデメリットです。

構築、育成がある程度進み、運用が軌道に乗れば、大きなアクセスが見込めます。ここが最大のメリットです。

オウンドメディアで取り上げるコンテンツは以下のようなものが挙げられます。

・お客様にとって役に立つ情報
・購入の手助けとなる情報
・お客様が疑問に思うこと
・関連するニュース
・新しい製品情報
・特定分野の専門家へインタビューしたもの
・お客様へのインタビュー
・Q&A

オウンドメディアは、アクセス獲得にかかる費用が低いことにのみフォーカスされますが、**実際にオウンドメディア内の記事を多く見ている人は、購入率が高いこともわかっています。**

　繰り返しますが、**オウンドメディアは、難易度が高く、運営も簡単ではありません。**しかし、それを上回るメリットがあるため、多くの企業がオウンドメディアに挑戦しています。

オウンドメディアの例

https://tate-maga.tateru.co/

http://www.venture-support.biz/media/contents

16 実行−販促手法5
ソーシャルメディアの運用

ソーシャルメディアでやるべきこと

　ソーシャルメディアは、この10年で話題になり定着した、比較的新しいメディアです。

　誰でも参加できて、主に文字情報、写真、映像、音声などを告知、共有するメディアでもあります。

　Twitter、Facebook、Google＋、LINE、Instagramなどがその代表です。

　ご存じのものや、すでに利用されている人も多いと思います。

　企業側が行うのは、情報発信とコミュニケーションです。これを繰り返し、顧客との関係性を構築していきます。**情報発信、コミュニケーションともにマンパワーが必要です。**

　また、コミュニケーションにおいては即時性も求められるため注意が必要です。

　ソーシャルメディアで最も重要なことは、ソーシャルメディアから、みなさんのホームページへどれくらい誘導できたか、という点です。

　「いいね！」やフォローが増えることは良いことですが、目的が販売促進なら、ホームページへの誘導で判断したほうが賢明です。

　基本的にソーシャルメディア上で販売することはできません。ですから、ソーシャルメディア上の反応に終わらせず、できるだけ深い情報（ホームページ）へ誘導することを目標にします。

　成果を計測するためには、以下の数字をよく確認しておく必要があります。

①いいね！、フォロー
②オウンドメディア、ブログへのアクセス
③ホームページへのアクセス
④購入、問合せ

ソーシャルメディアの運用レベルには、大きく3つのステージがあります。

（1）情報発信を行う
（2）質問や意見に反応する
（3）情報を収集する

（1）情報発信を行う
　情報発信は告知と報告が基本要素です。「これをやりますという告知」と「これをやりましたという報告」で成り立っています。
　ですから、次のような投稿が基本となります。

・ブログ、オウンドメディアなどの記事アップをお知らせする。
・イベント、セミナーなどの案内を行う。
・近況などの報告を行う。

（2）質問や意見に反応する
　ソーシャルメディアに寄せられる質問、クレームなどに対応することです。
　これは難易度が高く、対応をルール化することが求められます。一歩間違えば、大きく信用を毀損してしまいます。
　一方で、良い対応を行えば、大きな好感を得られる可能性もあります。
　まさに「ハイリスク、ハイリターン」「災い転じて福となす」の典型です。
　基本的には何かしらの反応を行ったほうが良いのですが、反応するまでもないものもあります。このあたりは、知識量と経験が求められます。
　まずはソーシャルメディアで模範となる企業や反面教師となる事例を調査し、学習することが重要だと考えます。

（3）情報を収集する

・どのような投稿がいいね！やフォローを集めやすいか？
・どのような写真が好まれるか？
・だれが影響力を持っているか？

第 8 章／【実行 —— 販促手法 5】インターネットによる販促活動　　267

・ライバルは何をしているのか？

　単に収集するだけでなく、表計算ソフトなどを使って表にまとめておくことをおすすめします。まとめておけば、何を行うべきか、視覚的にどこを強化すべきか、どこが弱点なのか、が理解できます。そのあとに方針が決まるので、それを実行に移せば顧客や見込客との距離、ライバルとの溝も埋まるはずです。

　ソーシャルメディアの運用は非常に時間を使います。できるだけ効率化するためにツールが必要です。大小、さまざまなものがありますが、おすすめするのは以下の２つです。

① Zoho ソーシャル
② hootsuite（フートスイート）

　本格的に運用する場合は、上記２つに限らず、アプリケーションの導入を強くおすすめします。

ソーシャルメディアの例

■ Zoho ソーシャル（100$/ 年～）

■ Hootsuite（19$/ 月～）

実行 販促手法5
17 ホームページの表現

制作、運営するうえで知らなければならないこと

　近年、インターネットユーザーのデバイスはパソコン（PC）からスマートフォンへ大きくシフトしています。ほとんどのB2C（Business to Consumer）企業は、スマートフォンでの閲覧がPCを上回っており、B2B（Business to Business）企業ですらスマートフォンでの閲覧が3割を超えることが出てきています。

　したがって、**ホームページは、スマートフォンでの閲覧を前提にしなければならなくなっています。**また、テクノロジーや回線などのインフラも進化しています。これによって表現方法が大きく変化しています。

　ホームページを制作するうえでは、以下の5つの要素を押さえる必要が高まっています。

①**わかりやすさ**
②**ビジュアル重視**
③**安全面**
④**スピード**
⑤**パーソナライズ**

　以下、一つずつ解説します。

①**わかりやすさ**

　小さな画面での説明、説得が必要となりました。以前のように長文で説明するよりも、文章量を抑え、要点を押さえた表現が求められています。

②**ビジュアル重視**

文章量を落として情報が不足するという問題をビジュアルで解決する必要があります。ビジュアルとは図表であり写真のことです。

③ **安全面**

Googleはホームページに SSL（Secure Sockets Layer）設置を要求しています。SSLとはインターネット上でデータを暗号化して送受信する仕組みのことで、安全性が消費者やGoogleからも要求されています。

④ **スピード**

スマートフォンでのホームページ閲覧は、読み込みスピードが悪いと必ず離脱が増えます。よって、ページの軽量化やインフラの増強などによって快適な環境を用意しなければなりません。

⑤ **パーソナライズ**

現代の消費者は非常にせっかちです。できるだけ早く目的のページへ誘導しなければなりません。訪問者によって見せるページを分けるという施策が求められています。

実行　販促手法5

18 ホームページのデザイン

スマホファースト時代の Web デザインとは？

　ホームページをデザインするうえで変わったことと変わらないことがあります。変わったことは「ホームページの表現」でお伝えしたように、**スマホファーストになったことです**。スマホファーストになったことで、パソコン（PC）とスマホの閲覧に耐えうるようにデザインしなければならなくなっています。

　この双方に対応するようなホームページのことを、「レスポンシブウェブ」といいます。レスポンシブウェブには複雑な構造は向きません。できるだけシンプルな構造にする必要があります。

　Google はこのレスポンシブウェブを推奨すると明言しています。

　Google がレスポンシブウェブを推奨しているのには理由があります。まず、**一つの URL を使うことで、ユーザーがシェアしたりリンクを貼ったりすることが簡単になります。**

　また、ホームページ管理者は管理の労力を減らすことができます。PC サイトとスマホサイトが1枚で表現されているので、1枚だけ更新すればよくなるからです。分けた場合は倍の労力がかかります。

　しかし、レスポンシブウェブは制作の難易度が上がるため、時間やコストがかかるというデメリットもあります。

　レスポンシブウェブはシンプルな構造のホームページになりますが、同時にデザイン上の表現手法に動くものが増えています。

①シネマグラフ

　シネマグラフとは画像の一部のみを動かす Web デザインの技術のことで、このデザインを導入することで、動画とは違うインパクトをユーザーに与えることができます。

②パララックス

　パララックスはスクロールなどの動作に応じて視覚的効果が発生する Web デザインです。ページが重たいなどの意見がありつつも、依然として人気の Web デザインです。

③インフォグラフィックス

　インフォグラフィックスはグラフや表などデータなどを視覚的に見やすい形で表現したデザインです。

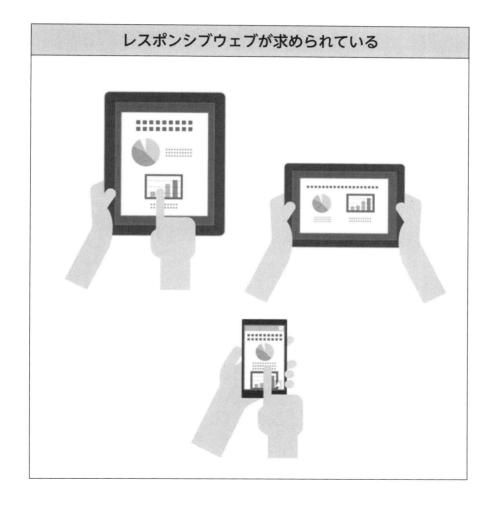

また、ホームページで使える要素も増えています。

　基本的な方向はレスポンシブウェブへシフトしていますが、一方で変わらないこともあります。それは、Web デザインの３つの要素です。

①**写真**
②**色**
③**フォント**

　これを使ってホームページをデザインすること自体に変更はありません。

　しかし、レスポンシブウェブが前提になると、どれを選択するかに変更があります。たとえば、写真では、サイズが大きくなっている傾向があります。

　また、ホームページで使える要素も増えています。

　動画はそのトップランナーです。ホームページ内で動画を使うこと自体は珍しくありません。

　現在は、メインビジュアルと呼ばれるトップページの上部に大きな動画を背景で動かすものが出てきています。

　動画は写真と比較すると情報量が多く、有効になることも今後増えてくると考えています。

　スマホファーストとはいえ、スマートフォンでホームページを発見し、確認するために PC で閲覧するというプロセスが有効な場合は、PC のホームページの表現レベルを上げておくことは引き続き必要です。

　ホームページがレスポンシブウェブになり、シンプル化されていますが、その中での表現は「動き」という要素がプラスされ豊かになっています。

　この点を押さえたデザインを志向することが望まれます。

ホームページのデザイン例

（出典）http://tenshoku.abi.co.jp/kaigokyujin/

実行 販促手法5

19 ホームページのコンテンツ

ホームページに必要な情報は何か？

　ホームページは目的があります。

　企業が運営するホームページであれば、最終的には購入や問合せの獲得になります。

　消費者はホームページを通じて、必ず他社と比較します。購入や問合せを獲得するには、比較の土俵に乗る必要があります。

　つまり、競合よりも良いホームページを運営しなければならないということです。

　良いホームページには条件があります。

（1）反応率が1%以上あること
（2）一目で何を扱っているかが理解できること
（3）購入、問合せが簡単であること

（1）反応率が1%以上あること

　ホームページの標準的な反応率は1%です。取り扱っている商品・サービスや問合せの形態などによって変化しますが、おおよそ1％です。

　1%以下の場合は、ホームページに問題があります。改善が必要だということです。

（2）一目で何を扱っているかが理解できること

　消費者は訪問したホームページに目的の情報があるかを瞬時に判断します。もし、情報がないと判断すれば即、ブラウザの「戻るボタン」を押すでしょう。何を扱っているか、比較するうえで大事な情報は「**ファーストビュー**」と呼ばれる一番上の画面です。それに表示させなければ、情報がないのと同じことに

なってしまいます。

（3）購入、問合せが簡単であること

　電話番号がわからない、問合せフォーム、ショッピングカートが使いにくいなども反応を下げる要因です。また豊富な決済手段も含まれます。できるだけ選択肢を用意するというのが基本的な対応です。

良いホームページの条件とは？

ホームページの制作を依頼するならどちら？
実態を的確に表現しなければわかりにくく、問合せしにくいので、抽象的な表現ではなく、より具体的に表現する必要がある。

ホームページのコンテンツで反応を上げるには、以下の要素が欠かせません。

①重要なことは上部で伝える
②写真は現場、現物、本人で伝える
③盛らない、ヒネらない

　あれこれと工夫するよりも、まずは、正確に伝えることを目指します。
　共通して重要なことは、次のとおりです。

・どんな商・サービスなのか？
・どんな実績があるのか？
・誰がやっているのか？

　競合他社のホームページは必ず確認してください。消費者はほぼ間違いなく比較を行います。この比較対象となることが大前提です。
　注意しなければならないのは、競合他社と比較して弱い部分にも触れておくことです。弱い部分は通常、掲載しないことにしがちです。しかし、掲載していないと比較に漏れてしまうことが少なくありません。
　弱い部分はいい換えで対応します。たとえば、次のように表現します。

「機能は少ないですが、安いです」
「高いですが、ランニングコストが安いです」

　競合他社より価格帯が高く、負けてしまうことが多い場合は、実績や、なぜ高いのかという理由を記載するべきです。
　特に、「KBF：Key Buying Factor（購買決定要因）」は必須です。KBFとは「この商品を買うとき、これが満たされなかったら（わからなかったら）買わないだろう」という要素のことです。業界やビジネスモデルによってさまざまです。また、消費者が比較を行う際に判断の基準にする要素を「**差別優位要因**」と呼びますが、これも非常に重要ですので、ぜひ押さえておいてください。

ホームページに必須のKBF（購買決定要因）

ビジネスモデル	KBF	優先度が高い差別優位要因
クリニック・診療所・歯科医	場所、休診日、診察時間、電話番号と予約方法、対応可能な症状、院長紹介、治療の流れ(特殊な専門科の場合)	症例紹介、診療実績、院長の詳しいプロフィール・哲学、スタッフのプロフィール、患者さんの声(顧客事例含む)、メディア紹介履歴、院内の紹介、治療設備紹介
士業	場所、来所が必要かどうか、先生紹介、相談方法、サービスの提供形態(顧問契約や書類作成など)、申込みからサービス提供までの流れ	先生の詳しいプロフィール・哲学、実績紹介、メディア紹介履歴、クライアントさんの声(顧客事例含む)
旅館・宿泊業	場所、価格、電話番号と予約方法、予約ができる部屋の一覧、室内写真	メディア紹介履歴、お客さまの声(顧客事例含む)、お風呂写真(旅館の場合)、料理写真(旅館の場合)、眺望写真
コンサルタント、教育業	数字を伴う実績紹介、コンサルタント・先生紹介、依頼方法、サービスの提供形態(顧問契約やセミナー講師依頼など)、申込みからサービス提供までの流れ、場所、来所が必要かどうか	コンサルタントや先生の紹介、クライアントさんの声(顧客事例含む)、メディア紹介履歴
来店誘導型ビジネス	場所、営業時間、休業日、予約方法	お客さまの声(顧客事例含む)、メディア紹介履歴
オーダービジネス(法人向け含む)	対応エリア、制作例・実績紹介、価格目安、発注から納品までの流れ	お客さまの声(顧客事例含む)、メディア紹介履歴、公的機関や有名企業など権威ある納入先への納入実績、保証、アフターサービス
物販	発送可能エリア、発送日、製品一覧、価格	お客さまの声、メディア紹介履歴、送料、代引料、クレジットカード、保証、アフターサービス

実行 販促手法5

20 受注獲得とリピート促進

インターネットによる販売促進活動はここで優劣が決まる

　受注獲得とリピート促進は、インターネットによる販促活動で明暗を左右する最重要ポイントです。インターネットというチャネルで一番強いのは、この受注とリピートが強い企業です。なぜなら、利益率が高いということと、ほとんど同じ意味だからです。このような状況はいかにして生まれるかを考えてみます。

・営業力がある

・商品力がある

・サポートが充実している

・顧客との関係性が良い

　以上の条件をいい換えると**LTV**（Life Time Value）が高い、と表現できます。LTVとは「**顧客生涯価値**」のことです。顧客ごとに最適なアプローチをしたり、より良い商品・サービスの提供をすることによって、顧客の価値経験が大きくなり、その会社が好まれます。このLTVを最大化させることこそが、企業利益の最大化にもつながります。

　LTVが高ければ、顧客獲得に投じる広告費が大きくなっても問題ではありません。このような企業は、他社が太刀打ちできないような高い入札単価でインターネット広告に参入してきます。結果として、独占的にアクセスを集め、購入、問合せを獲得します。こうして、優劣が明確についてしまうのです。

　では、LTVを上げるためにはどうすればいいのでしょうか。

・平均購入単価を上げる

・顧客の購入頻度を上げる

・継続して顧客になってもらう

・顧客獲得、維持コストを下げる

　これらの項目にそれぞれ対処をする必要があります。

280

たとえば、以下のような方法が挙げられます。

・平均購買単価を上げるためにクロスセル施策を行う

・購入頻度を上げるためにメルマガの配信を行う

・継続して顧客になってもらうために定期購入サービスを導入する

・顧客獲得、維持コストを下げるために CRM で分析を行う

　新規顧客の獲得には、既存客のフォローコストよりも 5 倍かかるといわれています。

　どこの市場も飽和状態となる中で、新規顧客の獲得はむずかしくなり、多くの企業では LTV を最大化させることにいっそう注目しているわけです。

LTVの最大化を目指す

CPA ＝ 広告費 ÷ 問合せ数
CPO ＝ 広告費 ÷ 購入者数
LTV ＝ 平均購入単価 × 平均購入回数

LTVを上げるには？	
購入単価を上げるには？（粗利）	原価を下げる スペックを上げる セットで販売する
購入回数を上げるには？	接触回数を増やす 長期契約をとる

第 8 章／【実行 —— 販促手法 5】インターネットによる販促活動　281

実行　販促手法5

21 マーケティング オートメーション

必要な業務を自動化するための仕組み

　ここ数年で、マーケティングオートメーションツールを導入する企業も急激に増えてきており、ご存じの人も多いと思います。**マーケティングオートメーションとは、マーケティングの各プロセスにおける行動を自動化するための仕組み**のことを指します。

　顧客や見込み顧客に対して、アクションをとってきたか、また顧客はどのような行動をしたかを記録し、「**最適なコンテンツを、最適なタイミングで、最適な方法で届ける**」というのが目的です。

　顧客の最終形態である「お得意様」になるまでには、見込客→顧客→お得意様、といった過程があります。そこで、見込客から顧客に育てる、またはリピートしてもらいお得意様に育てるという、各ステージで必要な業務を自動化できるというのが、マーケティングオートメーションの主な役割になります。

　こうした、見込客の行動・閲覧履歴などのデータを収集し、解析したものを「**見える化**」することで、適切なアプローチを適切なタイミング、適切な方へ届けることが可能になってきます。

　たとえば、次のようなことが可能となります。

（1）ホームページの資料請求やアクセスした履歴、ネット広告などから獲得した見込客を自動でリスト化し、見込客度合いに応じてクラス分けを行う。

（2）リスト化されたそれぞれの見込度合いに合わせ、メールなどでアプローチして自社製品・サービスへの理解・知識を深めるための施策を打ち出すことができる。

　それ以外にも、次のメリットがあります。

・見込客、顧客獲得、リピート獲得にかかる時間やコストを削減できる
・マーケティング業務にかかる作業を自動化するため、効率化を図れる

　一番のメリットは、こうしたツールを導入することで、顧客の行動・閲覧の履歴から読み取れる「**顧客の興味**」を可視化できることによって、**適切なマッチングが図れる**点にあります。これで、営業にかかる効率が向上します。

　マーケティングオートメーションをうまく利用することで、顧客との距離を縮め、長期的な信頼関係を築くことができるはずです。

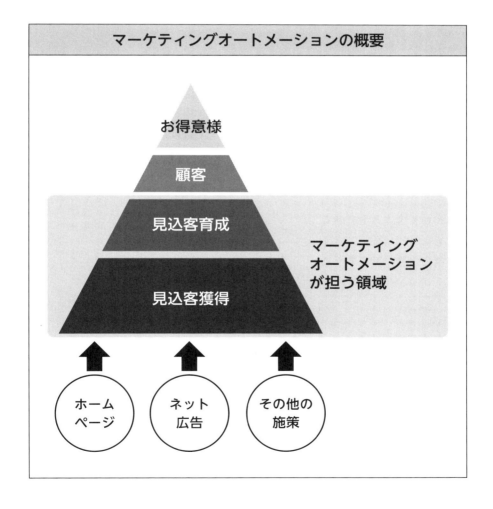

実行 販促手法5	

22 顧客とのコミュニケーション

4倍の顧客にリーチする方法

　昔から「顧客との接点は多いほうが良い」といわれています。それは事実です。ただし、現代の消費者は自分にふさわしくない情報を送りつけられることに対して、非常にシビアです。

　手段についても、eメール（電子メール）、電話、FAX、チャット、LINE、Facebookメッセンジャーなど多岐にわたります。一般的なものはメールです。メールは過去のものといわれて久しいですが、メール配信は業界問わず、商品・サービスの情報を発信し既存客・見込客のフォローを行える有効な施策の一つです。

　メルマガのメリットを挙げます。

・**とにかく低コストである**
・**好きな時間に配信できる**
・**一気に大量に配信できる**

　このように、自社のサービスを発信するうえで、「手軽で有効な手段」であるといえます。

　また、マーケティングオートメーションを使ってメール配信をすると、メールの開封、メール内にあるURLのクリックなど、さまざまなデータが取得できます。

　メールマガジンは多くの企業が配信していますが、開封率を把握していないケースが少なくありません。開封率を把握せずにメール配信している企業は**概ね5％未満の開封率**であることが多いです。

284

開封率が把握できるようになると、改善箇所が理解できるため、10％を超えるのはむずかしいことではありません。メール配信で開封率を上げるためにできることは、メールのタイトル欄を改善することしかありません。
　タイトルを改善し、配信リストを細分化して個別に送付すると、手間がかかりますが、20％を超える開封率になることがよくあります。内容は重要ですが、メールによるコミュニケーションで最も重要なのはタイトルです。5％だった開封率が20％になれば、情報が伝わる顧客が4倍になり、大きな改善になります。
　計測を行い、改善することからしか、顧客のコミュニケーションを良化させる方法はありません。まずは計測可能なメール配信システムを導入してください。

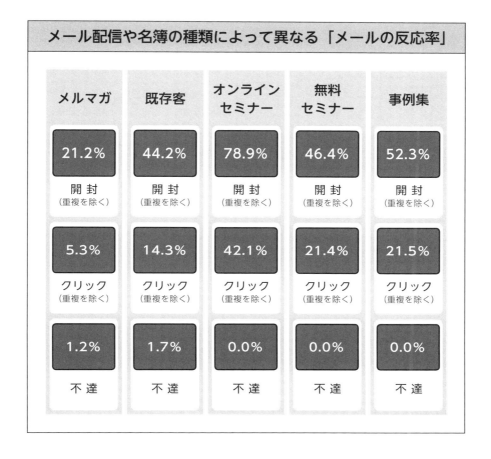

実行　販促手法5

23 追跡と行動分析

　顧客の理解がなければ、すぐに嫌われてしまうというのが現代の基本的な考えです。よって、顧客の行動をよく把握する必要があります。

　GoogleAnalytics のようなホームページのアクセス解析ツールも引きつづき必要ですが、どのページに何人のアクセスがあったというデータだけでは不十分です。現在では、テクノロジーが進化し、**特定の個人がどのページを何分見たというデータを取得することが可能です**。

　私たちがレストランのホームページを運営しているとします。そこへ A さんが訪問してきました。A さんはラーメンと中華丼のページをかなりの時間を使って見ているが、親子丼にはまったく興味がないというデータを取得できるのです。これがわかれば、A さんへ踏み込んだ提案ができるとともに、親子丼をすすめるというような、的外れな提案をやめることができます。

　これらの機能はマーケティングオートメーションの基本機能として備わっています。販促活動の分析ポイントは線でしたが、これからは点（個人）になります。メールマガジンの開封も e メールの中の URL クリックもすべて個人で追跡します。

　恐ろしいことのようにも感じますが、先進国である米国や欧州、そして日本でもそのような追跡と行動分析がいま、主流になりつつあります。

　また、**このような追跡や行動分析ができれば、ディスプレイ広告やソーシャルメディア広告のターゲティングの精度も上がります**。

　一件、複雑なように見えますが、個人ごとで見れば合点がいく箇所も多く、営業やリピートの実務においては行動がとりやすくなります。

　行動の質とスピード、そして量が増えることをツールが解決してくれれば、もっと販売活動に専念できるはずです。そしてこのようなツールは、安価なも

のや、無料のものまで出回ってきています。
　まずは、リスクの低いものから小さく始めてみることを、強くおすすめします。

第 8 章／【実行 —— 販促手法 5】インターネットによる販促活動

実行 販促手法5
24 インターネットによる
販促活動のまとめ

販売促進活動で担当者がやるべきこと

　ここまで述べてきたインターネットによる販促活動は、非常に多岐にわたり、ある一面では複雑であり、ある一面では非常に手間がかかります。

　このように広い業務がある中で、販売促進の担当者はすべてカバーできるのでしょうか？

　答えは NO です。

　欧米の大企業において、販売促進の担当者たちは、IT ツールを用いて徹底的に効率化とデータの取得を行っています。

　彼らは、いわゆる作業をやりません。やっているのは、主に「分析」と「企画」です。あとは、アウトソーシングしているところが増えています。

　ですから、大企業の販売促進担当部門は、グローバルであっても人数が少ないことがよくあります。

　彼らは広告の運用やクリエイティブ業務をできるだけ外に出す傾向があります。「分析」と「企画」を行ったあとにやることを、広告運用や制作などに反映させています。そして、リリースした企画を基にさらに分析をする、という流れです。

　「分析」と「企画」が効率良くできる IT ツールの導入は、現代の販売促進活動においては不可欠なのです。

　人手を使っていては、人手不足の日本では何もできません。

　まずは、現状をよく「分析」し、そこから足りない要素を「企画」する。私たち販売促進担当者のはじめの一歩はそこにあります。

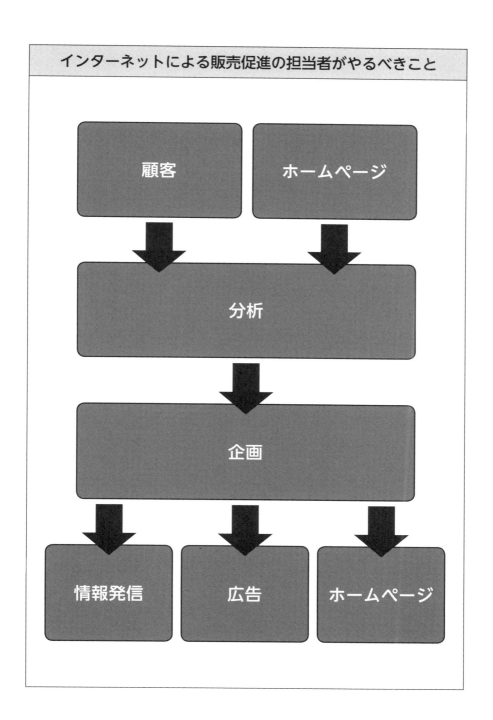

第9章

評価・改善

販促活動の
精度を上げる

評価・改善	
01	# PDCA サイクルの重要性

"やりっぱなし" の販促活動から抜け出すために必要なこと

　ビジネスでは、仕事の進め方についての「基本は PDCA」とよくいわれます。実は、販促企画においても、この **PDCA サイクル**は重要となります。

　店舗における販促活動では、顧客の来店や購買を促して積極的に売上の拡大を図りますが、顧客のマインドシェア（26p 参照）を拡大する役割も大きく、最終的には店舗ブランドの醸成にも関わる展開です。

　そのため、PDCA サイクルを活用して、店舗での販促活動の改善や、あるべき姿を模索して調整することが、結果的に店舗にとっての最適な効果的な展開スタイルを見つけ出すことにつながります。

PDCA サイクルは運用の落とし穴

　PDCA サイクルはご存じのとおり、「Plan：計画を立てる」「Do：実行する」「Check：評価する」「Action：改善する」の順に進め、改善（A）からまた次の計画（P）へと進めていきます。サイクルをこのように「クルクルと回し、継続的に改善する」ことが大切です。

　しかし、この PDCA サイクルを回すことがむずかしいのです。それぞれのステップやその重要性はわかっているものの、実際には上手に回せていないのが現状です。

　PDCA サイクルを回せていない失敗例に、次のようなケースがあります。

　1つ目は、計画（P）と実行（D）の繰り返すだけの展開。

　計画を立てて実行に移すまでは良いのですが、**実行した結果が期待どおりではない場合、その差を埋めるため、別の施策に変更して実行する展開**です。

　一見、正しいように思えますが、**実は分析して次の計画を行うのではなく、単に"その場しのぎ"の変更を繰り返すだけ**になっています。これは、意外と多くの店舗にあてはまります。

2つ目は、改善（A）を急ぎすぎる展開。

実行した結果を十分に分析せずに、判明した改善ポイントを、すぐに次の計画に落とし込むため、いろんな変更を実行しすぎ、「結局、何が大きな原因なのか」「うまくいかない根本的な要因は何か」というが判断つかなくなるパターンです。

これをつづけていくと、さまざまな要因が複雑に絡まり分析がむずかしくなるだけでなく、せっかく効果のある要素があったとしても気づかず、店舗のノウハウにはなりません。

3つ目は、計画（P）倒れ。

より成果を出そうと、分析から計画に時間をかけすぎて、実行に移して試すタイミングを失ってしまうパターンです。

計画や改善でいくつもプランを立てるものの、「どれをやれば良いのか」「どこから始めようか」判断がつかずに時間だけ経っていき、その間に市場やトレンド、顧客の需要などの状況が変わってしまい、販促活動の実施タイミングを逃してしまうのです。

PDCA サイクルを回す 3 つのポイント

それでは、PDCA サイクルをうまく回すにはどうすれば良いのでしょうか。それには、3つのポイントがあります。

ポイント①：目的や目標を明確にする

販促活動の PDCA サイクルにおいて、目的や目標は最も重要です。明確な目的と目標は、自分たちが「何のために販売促進を行うのか」を意識して、目指すべき方向を見失うことを防ぎます。

販促活動の一つひとつのプロセスにも目的と目標を設定することで、PDCA サイクルを回すうえでの "チェック地点" となり、より高い成果につなげていくこともできます。

ポイント②：定期的にチェックする

定期的に目的や目標がどれだけ達成できたかを評価して、その都度、販促活動の進捗状況を確認しましょう。ここで重要なのは、確認するだけではなく、

第 9 章／【評価・改善】販促活動の精度を上げる　293

次の改善案を出すように意識することです。それにより、継続的にサイクルを回すことができます。

ポイント③：経過を記録する

　目的や目標ごとの進捗状況や、その成果などをレポートにまとめておくことで、それぞれの変化に対してその要因を具体的に分析できます。**PDCA サイクルを回すうえでは、前回の展開の結果から改善し実行したあと、どのような成果をもたらしたかを、常にわかるようにしておくことが重要なポイントです。**

　経過を記録することで改善の精度が上がり、店舗のノウハウとして蓄積することができるのです。

　PDCA サイクルは、これらのコツを活用して地道に継続して回すことで、店舗の環境と課題にマッチする販促活動への軌道修正と、店舗サービスの維持・向上を図ることができます。

　"マンネリ化" や、効果があるのかわからないけれどとりあえずやっておく "やりっぱなし" 状態から抜け出し、より効果的で効率的な販促活動のスタイルを構築して、販促活動の精度を上げていきましょう。

　それには、**販促活動の成果を評価することと、その評価に基づいて内容や運用スタイルを改善していくことをバランス良く行うこと**が、ポイントになってきます。

　そして、実施後にその効果を測定することはほぼできないので、**計画の段階から「どのような指標で評価するのか」「そのために、どのような方法でデータを獲得するのか」**を考えておく必要があります。

　この章では、PDCA サイクルをうまく回していくために、あらかじめ検討しておく必要がある評価（C）と改善（A）にフォーカスをあてて、解説していきます。

評価・改善
02 変わる販促と変わらない販促

「変える」と「変えない」では販促の方針に違いがあります

販促活動には、"手を変え、品を変え"展開するケースと、同じ販促活動を長い期間継続して行っているケースがあります。実は、「変える」販促と「変えない」販促とでは、それぞれ理由や意義が異なっています。

販売促進を「変える」ということ

本来、販売促進はその時々の環境や課題に対応して考えていくべき活動です。そのため、社会の動きやトレンド、競合の状況、生活者の動向などが変化することで、必然的に販促企画も変わってくるはずです。

また、店舗での販売促進の場合、店頭でさまざまな活動を行うことで、新しさや楽しさを演出することができます。そのため、販促活動を「変える」方針を持っている店舗が多いのです。

販売促進を「変える」ということは、環境の変化を見ながら、店舗の現状を把握して課題を見つけ出し、その解決策として新たな展開を行うといった"本来のあり方"を守っていることになります。

仮に、販促活動が成功した場合、この販促施策を継続したいところですが、競合他店で真似されるケースも多いので、PDCAサイクルをうまく活用することで、さらに上を行く活動に変えていくことも考える必要があります。

販売促進を「変えない」選択とは

しかし、販促活動は必ずしも「変える」必要があるものではありません。

たとえば、40年近くつづいて有名な『白いお皿キャンペーン』があります。このキャンペーンでは、景品は白い無地の食器であること、実施する時期が季節で決まっていること、購入する際にポイントを一定数集めると必ずもらえる仕組み、ポイントの配布からプレゼントの交換までを各店舗で完結できる運営

第 9 章／【評価・改善】販促活動の精度を上げる　　295

システムなど、毎年同じような仕組みで展開されています。この販促活動は、ターゲットの専業主婦から、実施開始時からずっと一貫して多くの支持を得ています。

さらに、参加店舗の理解と協力も得て、通常ではむずかしいとされる『チャネル店舗完結型の販促スタイル』が実現できており、そのことで系列店舗の店舗ブランドの要素の一つとなっています。

ターゲットのお客は毎日の買い物の中で商品にシールが付いた段階から、"いつものキャンペーン"が始まったことを認識して、シールを集めるために購入頻度を変えます。まさに、顧客の購買行動を変えることができています。

これは販売促進を「変えない」で、同じ仕組みで継続することの成果といえます。同様に、普通ではむずかしいとされる実施体制の構築もそうです。

しかし、ここで注意しなくてはいけないことがあります。

こうして販促活動を同じ形式で継続して行うことのみが、チャネル店舗との協力体制の構築と系列店のブランド化につながるわけではありません。これには、販促活動の実績が伴っていたことが大きいといえます。

その実績をつくるためにそれまでどうしてきたのでしょう。

たとえば、そのキャンペーンでは、プレゼントの内容は「白い無地で、普段使いの食器」をルールに、デザインなどは少しずつ変えています。**長くターゲットの支持を得るためには、このように顧客の声に耳を傾け、少しずつ「変える」ことが必要となってきます。**

そのため、同じような仕組みとはいえ、販促活動を PDCA サイクルに乗せて回すことで、よりターゲットの満足を得る内容と体制をつくり上げていたのです。

結果として「変える」ことなく「変わらない」販売促進となっていますが、実は見えないところで「これで良いのか」をチェックして、選択していった結果でもあります。

このように、販促活動は大きく2つの道に分かれます。**販売促進を「変える」ことで店舗の新鮮さや楽しさを演出するのか、大きくは「変えない」ことで、定番化させ店舗ブランドを構築していくのか。**ある意味、経営的選択が必要となります。

296

評価・改善
03 定量データと定性データ

定量的と定性的の2つの違いを理解して効果測定に活用しよう

　販売促進には、ただ実施するだけでなく、それぞれの目的や目標に向けてそれを達成する成果が求められます。そのため、効果測定を行って評価する必要があります。

　その際には、何らかの指標となるデータを活用して評価することになりますが、データには大きく分けて**定量データ**と**定性データ**があります。

　そのため、販売促進の効果測定で必要なデータや調べられるデータが、**定量データなのか、定性データなのか区別しながら、それぞれの特性を活用すること**が重要です。まず、それぞれがどのようことを評価するときに適しているのか、定量データと定性データの違いを確認していきましょう。

定量データと定性データの違い

　定量的とは「対象の状態を連続する数値の変化で捉えること」。簡単にいうと、物事を数値化して、具体的に捉えることです。

　そのため、**定量データは、人数や割合、傾向値などの明確な"数値や量"で表され、どれくらいの数量なのかが、誰にでもわかりやすい特性があります。**また、数値データであるため、時系列や性別・年齢など顧客別に細かく加工し比較することができ、あらゆるマーケティング活動での基礎データとして活用されています。

　一方、定性的とは「対象の状態を不連続な性質の変化で捉えること」。つまり、物事の質的な面を抽象的に表現することです。

　要は、**定性データとは、「なぜこのお店に来店したのか」「この商品をどうして購入したのか」などのように、数値に表せない感覚的なデータのことです。**顧客の価値観や購買意識などを分析するデータとして活用されます。

　定量データと定性データは、表記の仕方に具体的と抽象的の違いがあり、数

第9章／【評価・改善】販促活動の精度を上げる　297

値で表現できるかどうかが大きな違いとなります。**顧客の行動の回数や範囲を把握するのが定量データであり、購買行動の理由や深さを見るのが定性データ**ともいえます。

定量データと定性データを組み合わせて活用

一般に、販売促進での効果測定は、定量データを活用して目標を達成できているかどうかを評価しています。しかし、設定した目標によっては、実際に目に見えて数値化できる内容だけでは判断できない場合もあります。

たとえば、顧客インサイト（74p参照）やブランドエクイティ、顧客満足、店舗イメージなどを変えることを目標とする場合です。これらは定性データとなりますが、市場が成熟し顧客ニーズが多様化した今日のマーケティング環境においては、その必要性が高まってきています。

そのため、定性データを定量データ化して評価する必要があります。**販売促進の効果測定では、定量データに加えて、定性データの活用が必要となることが多いので、定性データを定量データ化して評価することになります。**その方法には、次の3つがよく使われます。

①定性データ＋実績値で表現する

定性データに、それを裏付ける実績値（定量データ）を組み合わせることで、定性データを定量データとして活用します。

②チェックリストで表現する

定性データを抽象的なまま活用するのではなく、より具体的な要素にブレイクダウンしたチェックリストをつくり、その項目をいくつクリアしているかをカウントすることで、定量データ化します。

③アンケート結果を提示

定性データを定量データ化するために、5段階評価などの評価基準を使ってアンケートを実施して、その結果を数値に落とし込みます。

評価・改善
04 販促活動の効果測定

販売促進の効果測定は目的や目標に合わせて行おう

　販売促進の効果測定は、PDCAサイクルを回して、より効果的な販促活動に修正していくために、単に売上だけでなく、目的や目標に合わせた視点でデータを集め、分析して改善することを目指します。

　そのために、いわゆる**マーケティング手法や視点が必要**となってきます。

効果測定で活用する基本的な数値

　さて、販売促進の効果測定では、評価する指標として定量データを活用することが原則です。その数値には、次の9つのパターンがあります。

1. 反応数（反響数、レスポンス数、目標達成数）

　反応数とは、資料請求や、問合せ、来店、購買、再来店など、何らかのレスポンスがあった件数（人数）です。通常は、それぞれのレスポンスに合わせて、カウント集計してデータとして活用します。

2. 反応率（反響率、レスポンス率）

　反応率とは、何らかの反応があった割合のことです。反応数を総数で割って算出しますが、母数の総数は、たとえば来店総数やチラシ配布数など、販促活動の目的や目標に応じて異なります。

3. 目標達成率（コンバージョン率）

　目標達成率とは、商品購入や再来店など、設定した目的や目標に至った割合のことを指します。一般的には、目標達成数を総数で割って算出します。母数の総数には、たとえば来店総数、チラシ配布数などがあり、目的や目標に応じてさまざまです。

第 9 章／【評価・改善】販促活動の精度を上げる　　299

4.CPR（Cost Per Response）

　CPRとは、販促活動での反応1件あたりに費やした販促コストのことをいい、販促コストを反応数で割って算出します。

5.CPO（Cost Per Order）

　CPOとは、目標達成1件あたりの獲得に費やした販促コストのことをいい、販促コストを目標達成数で割って計算します。

6. 損益分岐点（BEP：Break Even Point）

　損益分岐点とは、損益と利益の分岐に達するために必要なCPRやCPOの数値のことを指します。この損益分岐点の見極めこそが、いま行っている販促活動を今後も継続していくべきか、やめるべきかという判断するための、重要な指標となります。

7. ライフタイムバリュー（LTV：Life Time Value）

　ライフタイムバリューとは、1人の顧客がニーズのつづく限り店舗にもたらすと予測される利益のことです。顧客生涯価値ともいわれます。

　　ライフタイムバリュー＝平均購買単価×購買頻度×継続購買期間

　ライフタイムバリューは上記の式で計算しますが、ニーズがつづくであろう継続購買期間を予測するのはむずかしいことが多いので、通常は1年で計算します。

8.ROAS（ロース：Return On Advertising Spend）

　ROASとは、販促コストに対して、どれくらい回収（つまり売上）ができたかを示す割合を意味します。売上を販促コストで割って算出します。

9.ROI（投資対効果：Return On Investment）

　ROIとは、投資対効果のことで、販促コストに対する利益率を表す指標のことです。その算出は次の数式で行います。なお、売上や利益、販売数は販売促進で拡大された数量を用います。

　　ROI（%）＝販促活動による拡大利益÷販促コスト×100

販促活動での拡大利益＝販促活動で獲得した売上－販促コスト

販促活動で獲得した売上＝販促活動で増加した販売数×平均利益単価

平均利益単価とは、商品1個を販売したときに得られる平均的な利益のことです。また、ROIは、主に投資全体に対する効果測定を行う数値として用いられることが多いので、その場合はライフタイムバリューを考慮します。

この9つのパターンの中から、販促活動の目的や目標に応じて、効果測定の指標を選択して使い分けていくことが必要となります。その数値を目標数値と比較したり、前回の数値と比較したりすることで、効果測定を行っていきます。

販促活動の効果測定で注意すべきこと

また、販促活動の効果測定を行う際に、その精度を高めるために、次の注意点に留意して効果測定を進めることが大切です。

■**売上だけではなく、利益を基準にして評価しているか**

■**販促活動を行わなかった場合との比較を行っているか**

■**効果とみなすレスポンスをカウントする期間は、適切に設定されているか**

■**効果としてカウントする対象者・商品を、適切に設定しているか**

■**一部分ではなく、まずは全体でどうだったかを見ているか**

■**販促コストには媒体費や制作費だけではなく、人件費も認識しているか**

■**販促活動を長期的に捉えて評価できているか**

■**効果測定を次回の施策に活かせているか**

■**まずはできるところから始めよう**

販売促進には、購買促進による売上の増大だけでなく、顧客のマインドシェア（26p参照）の拡大、購買行動や顧客インサイト（74p参照）を変えること、店舗イメージの醸成と店頭ブランドの具体化など、広い活動範囲があります。そのため、販促活動の効果測定は、**コミュニケーション効果測定、売上に対する効果測定、個別媒体の効果測定**などのパターンがあります。

いずれの効果測定を行うべきなのかは、計画段階で設定した目的に合わせて、目標の達成度合いを評価できる方法を選択することが"鉄則"となります。

また、より効果的な販売促進を推進するために、PDCAサイクルを回す必要があるので、次の計画の改善ポイントを明確にできる指標を選択しましょう。

第9章／【評価・改善】販促活動の精度を上げる　301

評価・改善
05

コミュニケーション効果測定

コミュニケーション効果としての顧客の心の動きを測定するには

　販売促進の効果測定の一つに、**コミュニケーション効果測定**があります。

　このコミュニケーション効果とは、広告活動の主力評価である到達率（リーチ）や頻度（フリークエンシー）ではなく、**「顧客のマインドシェアをどれだけ拡大することができたか」**という視点で見ていきます。

　代表的な効果測定には、一般的には"コピーテスト"があります。販売促進を行う前に事前テストとしてメッセージを評価することが多く実施されていますが、実際の効果を測定する事後テストを行うケースは少ないのが現状です。

　この**事後テスト**とは、たとえばコミュニケーションの効果について、**顧客の購買行動モデルに合わせて指標を作成して、定期的に電話調査や訪問調査を併用しながら追跡調査を行う**ことです。こうした定性データの蓄積を、計画立案に役立てるように活用しています。また、意図したメッセージが伝わっているかを測定する項目を追加するケースもあります。

　顧客の購買行動を分析することによって、告知や店頭での情報発信を通じて顧客の興味・関心を高めた度合いや、メッセージや販促の仕組みで顧客の考えや行動がどう変わったか、などをコミュニケーション効果として測定していきます。

　顧客満足度の向上やブランドの構築も、コミュニケーション効果として最終的に達成していきたい要素です。ブランドの構築を数値化することは非常にむずかしいのですが、**顧客のマインドシェアを拡大することはブランドの向上とみなすことができます。**この視点で効果測定を図ることができます。

　コミュニケーション効果は、顧客に認識しているイメージや顧客インサイトの変化など、定性データとして収集することになりますが、定量データ化する工夫で、その効果を評価することが可能です。

302

評価・改善
06 売上効果測定

売上効果測定で直接的な販売促進の成果を評価しよう

　販売促進の効果測定として最も重要な視点は、売上への効果です。

　この**売上効果測定**は、コミュニケーション効果の測定よりもむずかしいといわれています。なぜなら、売上は、景気や消費動向、競合他社の行動、商品・サービスの特性、販売価格の推移など**多くの環境要因に左右されるため、販売促進の効果を明確には区別できない**からです。

　そこで、販促活動を行った時期で増加した売上や客数などを、前月や前年同月と比較して、簡易に判断するケースが多くなります。その売上効果測定の指標には、次のような定量データを活用することが一般的です。

・販売活動時の売上金額、利益
・顧客マインドシェアのステップ別顧客数の増加
　（新規顧客の増加、リピート客の増加、固定客の増加、ファン客の増加）
・売上金額、利益の伸長率
・売上金額、利益の前年同月比
・ROAS（販促コストに対する売上の割合）
・ROI（販促コストに対する利益の割合）

　上記の一般的な数値を、目的に合わせた目標の達成で評価するのが良いでしょう。他にも、過去の販促費と売上データから統計的手法を使って、**販売促進の限界売上効果などを算出する方法**などもあります。

　また、顧客マインドシェアのステップ別に売上効果を見ることで、店舗での顧客の動きや状況を確認して、次回の販売促進の計画で核となる目標を、忘れずに定めておきましょう。

第 9 章／【評価・改善】販促活動の精度を上げる　303

評価・改善 07 個別媒体効果測定

販促活動において告知媒体はどのように評価すれば良いのか

　販売促進では、さまざまな媒体を活用しています。テレビやラジオ、新聞、雑誌などの4マス媒体から、折込チラシ、DM、インターネットなどの媒体までを使って、商品・サービスの販促活動を行います。また、これらの媒体費用はコストとして大きいので、それに見合う効果や効率が求められます。

　そのためには、**顧客がどのような行動をとれば、媒体効果があったと判断するかをあらかじめ決めておく必要があります。**その評価項目はさまざまですが、**媒体の効果測定では、特に『費用対効果』が重要視されています。**これは、媒体に投下したコストに対して、それぞれの媒体が販売促進のゴールとなる購買行動、たとえば、「認知する」「資料請求する」「来店する」「購入する」などを、どれだけ効率的に促すことができたかという指標で測定します。

　次に、個別媒体効果測定での実施ポイントを示しましょう。

ポイント①：成果に焦点を絞る

　展開により、配布数、閲読率、来店率、クーポン利用率、直帰率など、さまざまなデータを収集できます。しかし、**媒体の効果測定では、すべてのデータを見るのではなく、「成果（＝販売促進の目的・目標の達成度）」の把握を最優先に行う必要があります。**そして、その測定データを基に、販促活動の改善につなげることが重要です。

ポイント②：個別媒体を区別する

　媒体効果の測定データを見る際に、大きなかたまりで比較していては、改善につながる媒体の適正な組み合わせを得ることができません。そこで、「**一つひとつの媒体ごと**」に成果を見ることが必要です。

ポイント③：一元化した指標で比較する

　媒体の特性上、測定できるデータが異なる場合がありますが、**異なった指標では各媒体を一律には評価できないので、「一元化した指標」が必須です。**

評価・改善
08

数値的な効果測定の課題

効果測定のベースとなる定量データには大きな問題が

　販売促進の効果測定に限らず、ビジネスのあらゆるシーンでは、定性データも定量データ化して評価することが基本です。数値化されたデータは比較しやすく、目標達成度を判断するのに非常に便利だからです。また、数値を提示することで、誰でもわかりやすく状況を認識することができます。

　しかし、定量データを使った数値的な効果測定には、大きな問題があります。たとえば、ある販促活動の成果で60％目標を達成したとします。みなさんは、この60％という数字が高いのか、それとも低いのか、判断がつきますでしょうか。もうおわかりのことと思いますが、定量データ単体では良いのか悪いのか、判断がつかないことが大きな問題なのです。

　これは60％という微妙な数字だからそうなのではありません。仮に80％であったとしても、一般的には高そうに思えますが、顧客満足度が高い店舗では低く評価されるケースだってありえます。

　これを解決するには、店舗独自の物差しをもっておく必要があります。この物差しは、どの店舗でも使える共通なものではありません。その企業、その店舗ごとにマーケティング環境は異なるので、独自の物差しが必要なのです。

　一般に使われるのは、同じ店舗での販促活動をする前の月や前年同月の同指標です。これを単純に数の増減で比較する場合と、比率に直して比較する場合とがあります。それでも、業種によっては、その時の天候に左右されるケースもあるので、正確とは限りません。

　しかし、**販売促進の効果測定は、正確さを追求するのではなく、次の計画に行かせる改善ポイントを見つけることを第一にすべきなので、ある程度の誤差は許容範囲と考えましょう。**

　また、PDCAサイクルを回していく中で、店舗独自の物差しを得ることができるので、それを使って評価してください。

第 9 章／【評価・改善】販促活動の精度を上げる　　305

評価・改善
09 販促活動の精度をアップ

販促活動の成果や改善ポイントを社内の評価で見直そう

　販促活動を振り返るというのは「販促活動の進め方」について議論することです。その進捗を報告する場ではありません。普段の仕事をするときとは少し視点を変えて、自分たちが行ってきた販促活動の進め方を、第三者が外から見るイメージで考えてみましょう。

　そうすることで、他の効果測定ではわからなかった販促活動の成果や改善したほうが良いと思う点など、社内から定性データを収集していきます。いうなれば、販促活動を行ってきた当事者の社員とスタッフ全員が参加する"反省会"です。

　具体的には、「KPT 法」と呼ばれる手法を活用して行います。KPT 法では、「Keep ＝良かったこと」「Problem ＝悪かったこと」「Try ＝次に試すこと」の3つのフレームワークで考えていきます。

　その準備としては、ホワイトボードと大きめのポストイットを用意します。まずホワイトボードを左右に分けて、さらにその左側を上下に分割します。その3つの枠の左上を「Keep」、左下を「Problem」、右半分を「Try」の枠とします。

　最初に、「Keep」と「Problem」を洗い出していきますが、そのベースになるのは、前回での Try と今回の販促活動の内容です。

　Keep と Problem を出していく際のポイントは、起きた事象そのものだけではなく、良かった点や悪かった点に至るプロセスについても書き込むようにしましょう。

　このときは、とにかく全員でもれなく出すことを優先させますが、一つひとつ議論するとキリがないので、まずは個人でポストイットに書き込み、それをホワイトボードに貼り出していきましょう。

　このホワイトボードに貼り出すことで、個人で抱えていた良い点（K）・悪

い点（P）を、チーム全体の良い点・悪い点として共有していきます。その時に、似たような項目をまとめたり、重要な項目をチェックしたりしましょう。

次に、「Try」を考えます。Tryを考える際のポイントは、具体的なアクションに落とし込むことです。次回の販促活動に活かさないといけないので、次のアクションプランまで落とし込める仮説を立てていくことが重要です。

それを考える際に、KeepからTryにする「改善ポイント」とProblemからTryにする「解決プラン」を意識すると良いでしょう。

KPT法での総括を行うタイミングは、販促活動がひと段落した直後が良いです。まだ記憶が新しく、細かい部分までよく覚えている段階で情報を書き出せば、振り返りの精度が上がるからです。

欲をいえば、**この作業は1週間単位で実施していくのがベスト**です。小さなPDCAサイクルの評価・改善のステップだと考えてください。これにより販促活動の微調整ができて、軌道修正しながらスムーズな運営が実現できます。

また、店舗全体で一緒に改善するためのアイデアを考えることをつづけると、**参加者同士が一つのチームとなる一体感をもつことができます**。もし、店舗単位で独自の文化があるとして、この場は新メンバーにその文化を伝える最も有効な機会にもなります。

さらに、この作業を継続すると、**参加者の中に自分たちで現場を改善しているのだという意識が芽生え、やる気と責任感が出てきます**。それが、店舗のモラルと店舗サービスの向上にもつながることでしょう。

この振り返りを始めると、慣れないうちはいくつか問題が出てきます。たとえば、「うまく3つの項目が出てこない」「進捗会議になってしまう」「マネージャーの説教になる」「やらなくてはいけないことが多くなりすぎて参加したくない」などです。つづけていけば、参加者も慣れて意見も出てくるようになりますから、あせらずに継続していきましょう。

できるだけ気楽に、ざっくばらんにという雰囲気を心がけるほうがKPT法の効果が表れやすいです。運営する人も気負わず、肩の力を抜いて進行しましょう。KPT法の魅力は「手軽さ」と「シンプルさ」にありますので、その"場"の雰囲気にも注意しながら進めることをおすすめします。

第9章／【評価・改善】販促活動の精度を上げる　307

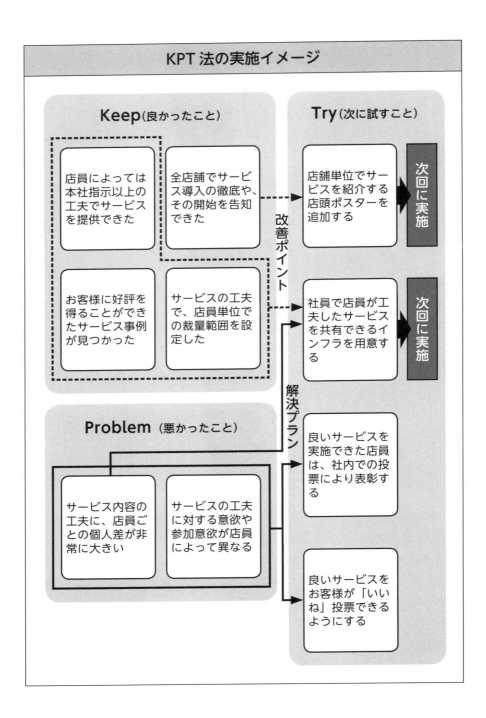

評価・改善
10 モチベーション・マネジメント

社員やスタッフの販促活動へのやる気を高めるために必要なフォロー

　店頭で顧客の前に立つのは、そこで働く社員やスタッフのみなさんです。そのため、販促活動を店内で徹底させ、問題なく運営していくには、社員やスタッフ全員の協力体制が不可欠です。

　この視点に立って考えると、社員やスタッフのやる気（モチベーション）の低下は、仕事への集中力や妥協しない向上心、良いものを生み出そうとする意欲に、直接的な悪影響が出てきます。

　現在、長引く経済の低迷の影響を受けつつも、売上を追求しつづける経営スタイルの企業や店舗の中には、社員のモチベーション低下の危機が深刻化しているケースが少なくありません。事実、上場企業でもこれが要因となって経営の行き詰まりに陥った企業が、ニュースで大きく報道されました。

　したがって、**販促活動の推進に限らず、これからの店舗運営において、社員のやる気を高める施策の『モチベーション・マネジメント』は、非常に重要なテーマといえます。**

モチベーション・マネジメントがなぜ必要となるのか

　ところで、"マネジメント"というと、管理や統制といった「上から押し付ける」「上から目線」のイメージが強いのですが、ここでは、**社員が生き生きと積極的に働きたいと感じる、"働きがい"をもつことができる環境づくりを、店舗が経営方針として目指していくことを基本**とします。

　現在のマーケティング環境では、競合店舗以上の顧客満足を実現しなければ勝ち残れません。それを実現するには、店舗を支える社員やスタッフ全員のモチベーションを引き出していかなければ、目まぐるしく変わる環境への対応やさまざまな顧客のニーズに応えることができません。指示されてこなすのではなく、自らが考えて動くことができる人材育成と環境づくりが必要です。

第 9 章／【評価・改善】販促活動の精度を上げる　309

社員やスタッフのやる気は、最終的には、顧客の満足度に直接的に影響していくことは、『サービス・プロフィット・チェーン』（90p 参照）で解説しました。この流れができれば、顧客の利用が増え、店舗の売上と利益の増大につながります。そして、販売促進の実施体制や成果にも、大きな影響を与えます。

モチベーション・マネジメントの実践ポイント

では、モチベーション・マネジメントを、具体的にどのように進めていけば良いのでしょう。

社員のやる気を高めることを目指す企業活動全体で構成されるため、さまざまな進め方がありますが、ここでは「場づくり」「仕組みづくり」の視点で、実践するうえで最近重視されているポイントについて考えていきましょう。

【実践のキーワード①】参加する

通常、販促活動は、本社や店長の指示で行われています。そのため、社員やスタッフは「店長から指示されたから」「本社が勝手に決めたことだから」と受け身の姿勢となり、"やらされ感"が生まれてしまいがちです。

それを防ぐには、「自分たちで決めた」「自分たちが店舗を動かしている」意識を、社員やスタッフにもたせること。そのために必要となる要素が"**参加する**"ことです。

販促活動を計画し実施することはもちろん、その成果を評価する際にも、**社員やスタッフに参加してもらい、意見を"現場の声"として尊重することが大切**です。販促活動を通して、店舗の一員としての意識や、経営活動に参加できる喜びを実感してもらうことができるので、モチベーションが高まります。

【実践のキーワード②】共有する

販促活動に参加すること自体が、店舗の課題や現状を"**共有する**"良い機会になります。さらに、販促活動を評価する会議の開催は、個々の社員やスタッフがもっている経験や意見を、店舗やチェーン全体の財産として共有し、有効活用することができます。

共有することで、個別に持つ情報を収集し、その中から有効な知見を選別して、店舗のノウハウとして構築するというように、体系的に整理できます。

さらに、「新たな価値をつくり出す」ことも期待されます。共有して整理することで、「店舗のノウハウ」が新たに認識され、全員でそれを活用する取り組みが実現できます。そして、それを盛り込んだ店舗のサービスが充実して、最終的には、店舗ブランドとして顧客に認識されるまでに高めることができます。

【実践のキーワード③】認める

　人間の根本的な欲望の一つに"認められたい"いう要素があります。確かに、社員やスタッフの良い点を"**認める**"ことは、彼ら自身のやる気をさらに高めることができ、周辺の社員にも「そうなりたい」と思わせ、彼ら彼女らも目標をもって努力するようになります。

　このように、社員やスタッフのやる気を育てることは時代の流れとして大きく動きはじめています。意外と手軽にはじめることができそうなものもありますので、これらの3つの実施のキーワードを意識して、できるところからモチベーション・マネジメントをスタートしていきましょう。

第10章

ケース
スタディ

事例で販促活動を
考えてみよう

序論　ケーススタディとワーク

販促活動の事例から学び、ワークで自店舗に置き換えてみよう

　本書では、セールスプロモーションを実践するために必要な知識やポイントを解説してきました。最後に、この章では、販促活動を具体的に考えるヒントにするために、ケーススタディとワーク（WORK）を提示します。

　ただし、販売促進は経営戦略を具体化しているので、ケーススタディでは、守秘義務を考慮して、実施事例をモチーフにした一種の"ストーリー"として掲載します。それぞれのストーリーの中には、販売促進を行ううえで大切なエッセンスが入っていますので、実際のセールスプロモーションを考える際に参考になると思います。

　また、販売促進は、店舗環境やタイミングなどによって条件が変わってくるので、"ケースバイケース"で考えていく必要があります。

　販売促進は、決して"一本道"はありません。実際のケースで具体的にいろいろと考えてみてください。そうすることでのみ、販売促進のスキルを高めることはできます。

　俗に"失敗は成功の素"といいますが、販促活動の失敗を、単なる失敗で終わらせず、その改善を検討するタイミングとして活用することで、より効果的な販売促進の施策につながると考えます。

　このワークは、すべてご自身の店舗で考えてみてください。悩んで考えることが、みなさんのスキルとなって身に付き、いつの日か役に立つはずです。

　さらに、ケーススタディに書かれた内容に関連する項目をさかのぼって、本書を読み直していただけると、より効果的に学べます。

老舗菓子店のチャレンジ

既存顧客を見直して新たな展開を模索した事例

　創業 80 年の老舗菓子店の若き 3 代目は悩んでいました。祖父が創業した当時は、タレントを使ってテレビ CM を展開して事業拡大をしたこともあったものの、最近では有名パティシエの洋菓子店など競合店が乱立しています。

　しかも、海外から毎年新しいトレンドが入ってきては消え、食のスタイルは多様化するばかり。創業以来、焼き菓子などの定番商品の味は守ってきましたが、ここ数年の売上は伸び悩んでいるのが現状です。また、全盛期からの主力顧客はかなり高齢化が進んできており、次の世代の顧客はまったく開拓できていません。この顧客の高齢化が、売上にも大きく影響しはじめてきたのです。

　そこで、オーナーは一念発起しました。「若い世代のお客様を取り込もう」。かといって、これまでの"お得意さま"を失うわけにはいきません。そのため、手始めに、現在の顧客を改めて把握してみる必要があると考えました。

　まず、社内に声をかけ若手の社員を中心に広くプロジェクトメンバーを募り、ミーティングを行いました。出てきた現在の顧客像は、案の定、50 代後半主婦という意見が大半でした。さらに、この顧客像を明確にするために、次のような質問を使って自由に意見を求めたところ、ターゲットの特徴がいくつか挙がりました。

・最近気になっている関心事は？
　　　→「子どもの結婚」「早く孫ができないか」
・誰から情報を得ているのか？
　　　→「近所に住む主婦仲間」「スポーツジムで一緒になる近所の主婦仲間」
・よく話すのは誰か？
　　　→「離れたところに住んでいる母親」「近所に住む主婦仲間」
・1 日の中で一番好きな時間帯は？
　　　→「午前中の家事がひととおり終わり、夕飯の買い物に行く前の午後」

「近所に住む主婦仲間と立ち話している時間」

・最も大切にしていることは？
→「健康」「いまの暮らしがずっと続くこと」「伝統」

・人生やライフスタイルの目標は何か？
→「人生をシンプルに楽しく」「気持ちは若々しく」「ポジティブが一番」

・あなたのお店のどこが気に入っているのか？
→「子供の頃から慣れ親しんでいる」

・あなたはどの商品をよく利用するのか？
→「定番の焼き菓子をバラで数個購入」

・あなたを有名人にたとえると誰？
→「磯野貴理子」「清水ミチコ」

　これらをまとめると、既存顧客はアクティブシニアの女性で、「誰かと話すことが非常に好きで、子供のころから慣れ親しんだ、懐かしいお菓子として、その席で楽しんでいる」となります。

　そして、このターゲットは、「定番商品を買って友人と話しながら食べる」のではないかという仮説にたどり着きました。さらに、既存の顧客を失わずに、若い世代の顧客をどのように開拓できるのかを検討したところ、**既存顧客とその子供が一緒に食べるシーンをつくり上げることで、若い世代を取り込んでいこう**という結論となりました。すでに子供のころから慣れ親しんでいる既存顧客と一緒にコミュニケーションをとる場で、対象の焼き菓子を食べることで、『親子の想い出のお菓子』として定着させていこうと考えたのです。

　そこで、定番商品をベースに、そのシーンに合わせた新しい商品を検討すると共に、パッケージに工夫を施すことにしました。同時に、「家族との思い出」「家族ともっと話そう」という販促テーマを設定して、販促活動を行うことにしました。

【WORK ①】ターゲットを見直してみよう ［ 53 p 参照 ］

　この話のように、ターゲットを把握することは、販売促進を考えるうえで必要なことです。そこで、店舗の既存顧客のプロフィールや購買行動、顧客インサイトを考えてみましょう。そのポイントは本書の「顧客の購買行動を考える」（69p 参照）に解説しましたので、それを参考にして進めてみましょう。

飲食店チェーンでのインナープロモーション

従業員のやる気を高めて店舗サービスを充実させた事例

　5年ほど前、仕事仲間とたまたま立ち寄った飲食店チェーンでの話です。このチェーンでは独自に地方の農場と契約しており、産地直送の素材を活用した地元料理のメニューはどれもおいしく、仕事が終わったあとの仕事仲間との親睦も楽しく過ごせました。

　そこで最も驚いたのは、「従業員のサービス」です。この店の従業員は、外見は茶髪で裾をたくし上げた浴衣姿の、いわゆるいまどきの"ギャル"でしたが、その気遣いは素晴らしく、メニューによっては"おまけ"が付いてきました。この"おまけ"とは、たとえば、残った焼き鳥の油を使って1口分のご飯を炒め、マヨネーズで絵を描いて出すなどの、ちょっとした工夫です。

　ちなみに、このチェーン店のメイン・ターゲットは、仕事帰りのビジネスパーソン。しかも、店内を見渡すと、40代くらいの中間管理職が中心のようです。テーブルでは、会社の将来や仕事での不満、特にいまどきの部下との価値観のギャップなどについて話しているのでしょう。その会話の切れ目に、従業員が気遣って一言二言テーブルごとに声をかけ、ちょっとした"おまけ"で花を添えています。

　きっと、仕事の不満や疲れをいやして、楽しい時間を過ごすことができていたはずです。事実、私だけでなく同行した仕事仲間にも好評で、以後の会合をこの店で行うことにしたほどです。そう考えると、この従業員の気遣いやちょっとした"おまけ"は、店舗サービスとして顧客のニーズにマッチしています。

　顧客のニーズに合致する店舗サービスは、トライアル客をリピートさせ、固定客にまで育成していくことができます。しかし、店舗サービスは、マニュアルなどで規定するだけでは、従業員に浸透しません。従業員自らが店舗サービスの意味を理解し、自ら店舗のことを考えて、はじめて自らの意思で動くこと

ができるようになります。そうなってこそ、店舗サービスが徹底され、店舗ブランドにもつながるのです。まさに、第3章で紹介した『サービス・プロフィット・チェーン』（90p参照）がうまく機能している事例だといえます。

　では、この飲食店チェーンでは、どのように従業員に自ら考えて行動できるように教育しているのでしょう。調べてみると、このチェーンが本社として行っている展開は、たった3つだけでした。

　1つは、**従業員がちょっとした"おまけ"を実行するためのコストに、一定の原価以内であれば、個人の采配を認めること**。これにより、従業員がそれぞれ自由に工夫することができます。また、従業員が社員だけでなくアルバイトに至るまで、店舗のコストを意識して働くようになります。

　2つめは、従業員が行った"おまけ"をチェーン全体の店舗で共有するためのインフラを用意したこと。

　最後の3つめは、インフラを活用して、**工夫した従業員を従業員同士で認め合う機能を付けた**ことです。

　この要素で、彼女たちは、自分の行った"おまけ"を積極的にすべての従業員に知らせ、評価されることで自分の仕事にやりがいを見出しています。この仕組みでは、本部からの指示としてマニュアルでルール化するのでは実現できない、店舗でのサービスを"自分ごと化"することができています。従業員たちでルールをつくり上げていくスタイルは、従業員の間に共感を大きくして、それぞれのやる気を育てることができるのです。

　そして、この活動こそが、この店の販売促進の大きな柱になり、店舗ブランドを構築する要素にもなっています。

【WORK ②】従業員にやる気を出させる仕組みを考えてみよう ［90p参照］

　『サービス・プロフィット・チェーン』の考え方を活かして店舗ブランドを構築するためには、従業員のやる気を育てることは重要なことです。まず、この『サービス・プロフィット・チェーン』をあなたの店舗に導入した場合、店舗の中ではどのような変化が起こるかを考えてみてください。

　そして、インナープロモーション（社員やスタッフを対象とする施策）を組み込み販促活動の体制を強化するためには、どのような仕組みやしかけが必要となるかを考えてみましょう。

ケーススタディ 03 ヘアサロンの固定客育成プログラム

競争が激化する商圏で顧客を囲い込む施策を導入した事例

　ある駅周辺のエリアでは、若い美容師が独立して次々と新しいヘアサロンを開店しており、商圏内の顧客を取り合う競争が激化していました。そのため、このエリアに1店舗出店している『ヘアサロンA』チェーンでは、チェーン全店に先駆けて、このエリアから固定客育成プログラムをテスト導入することを、ワンマン社長の鶴の一声で決めました。

　しかし、導入を任されたヘアサロンAの店長は困りました。セールスプロモーションをはじめて担当することになり、そもそも固定客育成プログラムとは何をするのか、どうすれば良いのか、まったくイメージできませんでした。

　そこで、固定客育成プログラムについて、ネットで自分なりに調べて資料をつくり、自分の店のスタッフ会議で相談してみることにしました。

　その会議では次のような意見が出てきました。

「私のよく立ち寄る居酒屋では、行った回数で名刺の役職が昇格するというプロモーションをやっています」

「あ、それ知っている。役職が上がると、何かサービスでもらえるんだよ」

「車のタイヤを、そろそろ新しいのに買い替えようかなと思う時期になると、会員になっているクルマ用品店からDMが来たことがありました」

「飛行機とかで先に乗れるとか、ラウンジが使えるとか、いろいろ特典があって、しかもステータスがある感じがうらやましく思ったことがあります」

「そういえば、うちの店でも数件ですが、自分の担当のお客様からの紹介で、お客様が新しく来たこともありました」

　どうやら、すでにさまざまな業種で顧客を囲い込むための施策が導入されており、店のスタッフも全員何らかの会員になっていることが判明しました。そして、会員として店舗を利用するには特典が重要な要素で、場合によってはステータスを感じさせるほど"特別扱い"することも必要だとわかりました。

第10章／【ケーススタディ】事例で販促活動を考えてみよう　319

次に、自分の店舗の顧客が、どのような状態にあるのかを調べると、ここ最近は固定客になる顧客がリピート客の半数しかなく、2年以上継続して通うファン客はまったく増えていないことがわかりました。

固定客の育成が必要だと感じた店長は、特典をどうするか、どういう形で"特別扱い"できるか、再度、スタッフ会議で話し合いました。そこでいろいろなアイデアが出され、すぐに実行できそうで、コストをあまりかけずに済むものを中心に選び、次のような固定客育成プログラムをつくりました。

・会員には金・銀・銅で色分けしたカードを配布し、受付時に提示してもらう
・カードの裏面に次の予約を書き込むようにして、埋まったら上のカードを渡す仕組みで、顧客のランク分けをする（次の予約は帰るときに受ける）
・顧客ランクに応じて、ドリンクサービスやタオルなどのアメニティを区別するという特典を用意する
・誕生日や顧客ランクのアップ時に、担当者がDMを手書きで送る

このプログラムを実施している途中、スタッフ全員でアイデアを出し合って顧客ランクを具体化していったためか、プログラムの内容を全員が理解しており、問合せの対応はもちろん、受け付けや送り出しの際に、きちんと声かけできていることに、店長は気づきました。

こうして1年後、ヘアサロンAでは、チェーン全店舗で同様の固定客育成プログラムを導入しはじめました。最初の店舗での導入状況がスムーズで成果も上がったこと、そのときに培ったスタッフ参加型の運営ノウハウが役立ったことが"カギ"となったといえます。

【WORK ③】固定客を育成する仕組みを考えてみよう ［30p参照］

実は、『顧客のマインドシェアを拡大していくステップ』（30p 参照）の考え方で、このプログラムは構築されています。このように、**店舗の顧客の状態とそれを動かすための顧客インサイトを想定することで、より効果的な販売促進を考えること**ができます。あなたの店舗での顧客の状態はどうなっていますか。それを拡大させていくためには、どんな販促活動が必要かを考えてみてください。

そして、インナープロモーションを組み込み販促活動の体制を強化するために、どのような仕組みやしかけが必要なのかを考えましょう。

ケーススタディ 04

洋菓子店の
業界イベントへの出店

業界イベントで成果を出すために効果測定を実施した事例

　若いパティシエが海外で修行したあとに、都内に洋菓子店を開いて8年。開店当初は新進気鋭のパティシエとマスコミにも騒がれ、店舗には全国各地からお客が来店してにぎわっていました。しかし、ここ数年、各シーズンで新商品を開発してリピート顧客は増えているものの、新規顧客が伸び悩んでいます。そこで、出店のお誘いを受けていたイベント『洋菓子フェア』に出店して、新商品の洋菓子を大々的にPRしようと決意しました。

　この件を店舗スタッフに伝えたところ、1人のスタッフが「イベントには多くの洋菓子店が出るでしょうから、うちの店に来てもらうのって大変ですね」といいました。それを聞いて、オーナーのパティシエは気付きました。「そうだ、新商品には自信があるけれど、ただイベントに出店するだけでは、求めている効果が得られない」。

　そこで、そもそもイベントに出店して、どうしたいのかを改めて考えてみました。その結論として「イベントに出店するのであれば、多くの人に洋菓子店を知ってもらい、イベント終了後に自店舗や自社のサイトに誘導したい」と考えたのです。そして、ただ出店するのではなく、この2つの目的を達成するために効果的と考えるPRブース展開を行って、できれば今後も継続してイベントに出店するという方針を打ち立てました。

　継続して出店していくためには、PDCAサイクルを回してより効果的なPRブースの展開を築いていく必要があります。それには、目的を明確にして、どのようなPRを行うかを計画し、どのようにその効果を測定し改善ポイントを見つけ出していくのかを、考える必要があります。

　まず、イベントに出店する目的として、「多くの人に自店舗や新商品を知ってもらうこと」と「自店舗や自社サイトに誘導すること」の2つを設定し、それぞれに目標値を設定して効果測定を行うのが適切だろうと考えました。

第10章／【ケーススタディ】事例で販促活動を考えてみよう　321

しかし、この2つの目的をどのように効果測定して、評価していけば良いのか見当がつきません。効果測定そのものを行いたいわけではないので、まずは、2つの目的を果たすために、どのような展開にすべきなのか、再びブレスト会議を開き、店舗スタッフの意見を聞くことにしました。

その結果、イベント開催中に自店舗のPRブースに集客するため、ブース内でミニイベントの1日3回開催を決めました。ミニイベントの内容は、1口大に切り分けた新商品を全種類テイスティングしてもらい、その感想を投票するコンテストに決めました。新商品への注目を高めることを狙うことにしました。開催時にPRブースに立寄らせる仕掛けとして、イベント会場の入口でチラシを配布して、そのチラシを持参するとコンテストに参加できる形式にしました。

この施策で効果を測定したい内容を、「どれだけの来場者を呼び込めたか」「どれだけ多くの立寄り者に新商品を試食してもらえたか」の2つに絞りました。そのためPRブースでは開催時に、チラシ配布数、ブース立寄り数、チラシ持参数をカウントして評価しました。また、投票時には新商品の感想などを書き込んでもらい、定性データも収集できるようにしました。

さらに、イベント終了後に店舗とホームページに集客するために、新商品コンテスト参加者およびPRブース立寄り者には、店舗とホームページで半年間有効の特別割引券を配布しました。この施策では、「イベント終了後にどれだけの人が実際に店舗やホームページに来ているのか」「その効果はどれくらいつづくのか」を見るために、来店数、ホームページPV（ページビュー）数、EC（電子商取引）利用件数、それぞれの特別割引券利用数を時系列で見ることにしました。

この洋菓子店では、この効果測定の結果、イベント開催期間の目標値の目安と、イベント終了後の店舗やサイトへの利用実態が把握できたので、次年度も同じ仕組みを活用して出店することに決めました。

【WORK ④】効果測定の進め方を考えてみよう　　［ 299p参照 ］

販売促進はただ実施するだけでなく、効果を測定し改善することで、より効果的な展開に変わります。そのため目的に合わせた効果測定を、販売促進の計画の段階で組み入れて検討することが必要となります。

あなたの企業や店舗での販促活動の中から1案件を選んで、その展開の目的に合わせた効果測定が、どのように実施できるかを検討してみてください。

322

雑貨店の年間を通じた販促プロモーション

従業員のやる気を高めて店舗サービスを充実させた事例

　2017年2月末から経済産業省や日本経団連、各業界団体が連携して、毎月最終金曜日には午後3時に退社することを奨励し、個人消費を活性化する取り組み『プレミアムフライデー』が始まりました。

　いくつかのショッピングモールに店舗がある雑貨店のオーナーは、開始当初は様子を見ることにしていましたが、他の店舗でさまざまな展開を見るにつけ、この取り組みを自分たちも活用したいと考えはじめました。対象日は最終金曜日の1日しかないのですが、毎月あることにビジネスチャンスを感じていました。

　しかし、『プレミアムフライデー』をどう活用するのかが大きな問題で、毎月最終金曜日で早めに退社したあとにどのように個人消費に結び付けていくかは、店舗や商業施設単位でそれぞれ知恵を絞る必要がありました。

　この雑貨店では、海外で買い付けてきたインテリア小物を中心に、さまざまな生活雑貨を取り扱っています。メインの顧客は30代後半の主婦で、自分の家を飾って生活に彩りをつけて楽しむ女性。ただし、ショッピングセンターの中に店舗があるため、幅広い層がふらっと立ち寄って商品を購入するケースが多く見られます。そのため、リピート客を増やすことと、何かしら共感や興味がもてる話題性がある店舗として差別化することが、店舗の課題となります。

　そこで、『プレミアムフライデー』に合わせて、前の通路からも見える場所に専用の陳列棚を設け、『プレミアムフライデー』が提唱する「ちょっと豊かな生活」の具体的なシーンを、店舗の雑貨でコーディネートして提案できないかと考えました。

　しかし、陳列棚を苦労してつくっても、たった1日だけでは店舗の提案として波及できないだけでなく、陳列棚をつくる時間と手間を考えると非常にもっ

たいない話です。オーナーは「1日しかない『プレミアムフライデー』をもう少し長く活用する方法はないのか」「毎月訪れる『プレミアムフライデー』で何を売れば良いだろうか」と悩み始めました。

そこで、『プレミアムフライデー』当日の1週間前から陳列棚をつくり、その棚に『プレミアムフライデー★ウィーク』というコーナータイトルをつけ、その月の『プレミアムフライデー』に向けた提案を行うことにしました。**月別の『プレミアムフライデー』を毎月来る楽しみな日として、ちょっと豊かな生活を楽しめる1日にするべく、1週間前から雑貨を買うなどして準備してもらえたらと考えたのです。**

そして、『プレミアムフライデー』は毎月やって来るので、これを活用して**毎月その提案内容を変えてみよう**と、思いつきました。そのため、月ごとに30代後半主婦の主な生活パターンや歳時記、年間行事をリストアップして、その項目の中から一つテーマを選び、店舗で『プレミアムフライデー』らしい生活を提案していこうと考えました。

たとえば、8月末では「夏休みの終わり」「新学期の準備」「残暑夏バテ対策」「花火大会」などのキーワードが挙げられるので、その中から「夏休みの終わり」を取り上げ、家族で夏休みのフィナーレを楽しむ『プレミアムフライデー』を提案することができます。そこで、8月の『プレミアムフライデー★ウィーク』のテーマは「夏の想い出キャンプ・プレミアムフライデー」として、アウトドア・テイストの雑貨で統一しながら、家の中でアウトドアライフの雰囲気を楽しみながら、エスニック料理を囲んで夏の想い出を語る食卓を提案しました。

このような展開を年間の12カ月で検討して、マトリックスにまとめ、計画的に陳列棚を設置できる体制をつくり、それに合わせて商品の仕入れ計画も行うことにしました。

【WORK ⑤】年間で販促プロモーションを考えてみよう [102p参照]

販売促進は、1期間だけの展開の場合もありますが、**ターゲットの社会・時代の変化に伴う変化や、季節に応じた生活パターンの変化に合わせ、販促テーマを変えて展開することも重要な視点です。**この販促テーマを考える際には、ネットで公開されている販促カレンダーなども活用すると良いでしょう。

それをベースに、あなたの店舗の販促活動を年間で考えてみましょう。

主な参考文献・ウェブサイト

『この1冊ですべてわかる 販促手法の基本』岩本俊幸著／日本実業出版社

『お店の売上を倍増したいならお金をかけずにアイデアで勝負する！—販促ウエポン100』
販促ウエポン推進委員会著、岩本俊幸監修／商業界

『確実に販売につなげる 驚きのレスポンス広告作成術』岩本俊幸著／同文舘出版

『プロモーショナル・マーケティング』
日本プロモーショナルマーケティング協会編纂／宣伝会議

『コストをおさえてリピート客を増やす！効率3倍アップのニッチメディア広告術』
内藤 真一郎著／ダイヤモンド社

『ハーマンモデル—個人と組織の価値創造力開発』ネッド・ハーマン著／東洋経済新報社

株式会社サンエイ企画 オフィシャルサイト
http://www.3aaa.co.jp/

日本生活情報紙協会 (JAFNA) オフィシャルサイト
http://www.jafna.or.jp/

執筆協力者

第3章、第9章、第10章

秋田 昌康（あきた まさやす）

合同会社オルト代表パートナー。大手広告代理店でマーケティングプランナーを務めた後、コンサルタントとして独立。現在、企画制作をお手伝いするとともに、企業や店舗のブランディングや販売戦略、事業開発、提案営業の支援などの領域で活動中。プロモーショナル・マーケッター、1級販売士、登録支援専門家。

合同会社オルト　http://www.llc-alt.com/

第4章

榎本 真弓（えのもと まゆみ）

一般財団法人ブランド・マネージャー認定協会 アドバイザー。株式会社イズアソシエイツ 経営企画室。大手印刷会社セールスプロモーション部、コンサルティング会社を経て、マーケティング企画・販促企画・商品企画・市場導入調査の他、企業・事業ブランディングに携わる。現在、女性ならではの視点を活かした健康・環境・美容・癒し分野のブランディングを得意としている。

株式会社イズアソシエイツ　http://www.is-assoc.co.jp/
一般財団法人ブランド・マネージャー認定協会　http://www.brand-mgr.org/

第8章

小園 浩之（こぞの ひろゆき）

株式会社ジーニアスウェブ代表取締役。宮崎県出身。大阪市立大学大学院修了。マサチューセッツ工科大学Essential IT for Non-IT Executivesコース修了。建設会社、ソフトウェア会社を経て独立。全国1400社の取引実績。ホームページを中心にDM、FAX、看板など幅広い販売方法を支援。「ネット販売成功バイブル」「SEO SEMテクニック」（ともに翔泳社）に記事掲載。『この1冊ですべてわかる 販促手法の基本』（日本実業出版社）執筆協力。

株式会社ジーニアスウェブ https://www.genius-web.co.jp/

■デザイン

株式会社イズアソシエイツ　**吉野 博**

岩本俊幸（いわもと　としゆき）
株式会社イズアソシエイツ 代表取締役
一般財団法人 ブランド・マネージャー認定協会 代表理事
1991年、株式会社イズアソシエイツ設立。長年にわたり広告
制作、コンサルティングに携わる。主な取引先は、商社、銀
行、人材派遣会社、メーカー、政府外郭団体から飲食店、美
容室、小売店などの店舗ビジネス、通販会社まで幅広い。宣
伝会議、SMBCコンサルティング、三菱UFJリサーチ&コン
サルティング、みずほ総合研究所、百五総合研究所、浜銀総
合研究所、日本経営合理化協会、ダイヤモンド社など講演実
績多数。（一財）ブランド・マネージャー認定協会の発起人で
もあり、また自身が代表取締役を務めるイズアソシエイツは
（一財）日本情報経済社会推進協会（JIPDEC）発行のプライ
バシーマークのロゴデザイン開発など初期のブランド構築を
手がけた実績を持つ。
著書『この1冊ですべてわかる 販促手法の基本』（日本実業出
版社）、『確実に販売につなげる 驚きのレスポンス広告作成
術』『BtoBマーケティング&セールス大全』（以上、同文舘出
版）をはじめ、『月刊商業界』の連載、『販促会議』など執筆
多数、共著に『社員をホンキにさせるブランド構築法』（同文
舘出版）、監修書に『お店の売上を倍増したいならお金をかけ
ずにアイデアで勝負する！』（商業界）がある。

株式会社イズアソシエイツ　http://www.is-assoc.co.jp/
一般財団法人ブランド・マネージャー認定協会　http://www.brand-mgr.org/

担当になったら知っておきたい
「販売促進」実践講座

2017年10月1日　初版発行

著　者　岩本俊幸 ©T.Iwamoto 2017
発行者　吉田啓二

発行所　株式会社日本実業出版社　東京都新宿区市谷本村町3-29 〒162-0845
　　　　　　　　　　　　　　　　大阪市北区西天満6・8・1 〒530-0047
　　　　　編集部 ☎03-3268-5651
　　　　　営業部 ☎03-3268-5161　振　替　00170-1-25349
　　　　　　　　　　　　　　　　http://www.njg.co.jp/

印刷／理想社　　製本／共栄社

この本の内容についてのお問合せは、書面かFAX（03-3268-0832）にてお願い致します。
落丁・乱丁本は、送料小社負担にて、お取り替え致します。

ISBN 978-4-534-05528-6　Printed in JAPAN

日本実業出版社の本

担当になったら知っておきたい
「プロジェクトマネジメント」実践講座

目標を自ら設定し、期限内に自らコントロールして達成に向けて活動（プロジェクト）する能力【プロジェクトマネジメント】に注目度が高まっています。本書は具体的知識とツールを「目標設定」「計画」「実行」の視点から解説。ISO21500：2012に準拠！

伊藤大輔・著
定価 本体2200円（税別）

この1冊ですべてわかる
広告の基本

マーケティングにかかわる人のための広告入門書。各広告媒体の特徴や出稿フロー手順はもちろん、最新の広告手法や業界動向まで、すべてをコンパクトにまとめました。必ず押さえておくべきポイントとともに、実務内容も自然に理解できる1冊です。

波田浩之・著
定価 本体1500円（税別）

この1冊ですべてわかる
広報・PRの基本

採用されやすいプレスリリースの作り方、マスメディアの使い方、インターネット広報の実践方法、広報の効果測定、危機対応、ブランディング戦略など、IT化が進む現代において重要度を増す広報・PRの仕事の基本が過不足なくわかる1冊です。

山見博康・著
定価 本体1800円（税別）

定価変更の場合はご了承ください